中國傳統 經典與解釋
Classici et commentarii

中國傳統 經典與解釋

　　入其國，其教可知也……其爲人也：溫柔敦厚而不愚，則深於《詩》者也；疏通知遠而不誣，則深於《書》者也；廣博易良而不奢，則深於《樂》者也；絜靜精微而不賊，則深於《易》者也；恭儉莊敬而不煩，則深於《禮》者也；屬辭比事而不亂，則深於《春秋》者也。

——《禮記‧經解》

中國傳統 經典與解釋

Classici et commentarii

古學縱橫

劉小楓●主編

《左傳》讀法兩種

林紓●選評　陳朝爵●著

潘林●編注

華東師範大學出版社

華東師範大學出版社六點分社　策劃

出版説明

如何重新獲得已然丟失的古典傳統，關係到中國學術未來的基本取向和大學教育的基本品質。現代之後的中國學人不得不在兩條道路、兩種"命運"面前做出自己的選擇：要麽跟從種種"後現代主義"以比現代精神更爲徹底的解構方式破碎大道，要麽切實回歸古典學問——倘若選擇後者，勢必首先質疑並革除我們自"五四"以來養成的凡事以現代觀點衡量古典的新傳統。

如今我們能否取得世紀性的學術成就，端賴於我們是否能够在現代之後的學術語境中重新擁有自己的古學傳統。本系列旨在積極開拓對中國古典學術大傳統做全面、深入的理解，重新收拾我們自家的古學傳統，爲開創中國學術新氣象的心願和意氣奠定基礎——在此基礎上，我們面對現代之後的種種文化論説或"主義"學術時才會有心胸坦盪、心底踏實的學術底氣和見識根底。

古典文明研究工作坊
中國典籍編注部甲組
2005 年 10 月

目　錄

編注説明 / 1

左傳擷華 / 1

左傳擷華序 / 3

左傳擷華卷上 / 7

  楚武王侵隨　桓公六年(前706年) / 7

  連稱、管至父之亂　莊公八年(前686年) / 9

  鄭厲公自櫟侵鄭　莊公十四年(前680年) / 11

  晉侯使太子申生伐東山皋落氏　閔公二年(前660年) / 13

  宮之奇諫虞公　僖公五年(前655年) / 16

  管仲斥鄭子華　僖公七年(前653年) / 18

  陰飴甥會秦伯　僖公十五年(前645年) / 20

  楚人伐宋以救鄭　僖公二十二年(前638年) / 22

  呂郤畏偪　僖公二十四年(前636年) / 24

  介之推不言禄　僖公二十四年(前636年) / 26

  展喜犒師　僖公二十六年(前634年) / 28

  城濮之戰　僖公二十八年(前632年) / 29

  燭之武見秦君　僖公三十年(前630年) / 36

秦三帥襲鄭　僖公三十二年(前628年)／37
秦師襲鄭　僖公三十三年(前627年)／39
原軫敗秦師于殽　僖公三十三年(前627年)／41
秦康公送公子雍于晉　文公七年(前620年)／43
河曲之役　文公十二年(前615年)／46
士會歸晉　文公十三年(前614年)／48
楚人滅庸　文公十六年(前611年)／50
鄭子家抗晉　文公十七年(前610年)／52
晉靈公不君　宣公二年(前607年)／54
楚子問鼎　宣公三年(前606年)／58
鄭穆公刈蘭　宣公三年(前606年)／59
鬬椒之亂　宣公四年(前605年)／61
解揚將命　宣公十五年(前594年)／63
邲之戰　成公二年(前589年)／66
申公巫臣取夏姬　成公二年(前589年)／72
楚子歸知罃於晉　成公三年(前588年)／74
齊侯朝晉　成公三年(前588年)／76
晉侯觀於軍府　成公九年(前582年)／77
晉侯夢大厲　成公十年(前581年)／78
聲伯之母　成公十一年(前580年)／79
呂相絕秦　成公十三年(前578年)／81
蕩澤弱公室　成公十五年(前576年)／86
鄢陵之役　成公十六年(前575年)／87
厲公誅三郤　成公十七年(前574年)／94

左傳擷華卷下／97

魏絳戮揚干之僕　襄公三年(前570年)／97
魏絳和戎　襄公四年(前569年)／99
鄭人從楚　襄公八年(前565年)／101

目 錄

晉受鄭盟　襄公九年（前 564 年）／ 104

偪陽之役　襄公十年（前 563 年）／ 106

遷延之役　襄公十四年（前 559 年）／ 109

衛侯出奔　襄公十四年（前 559 年）／ 112

晉逐欒盈　襄公二十一年（前 552 年）／ 116

欒盈之亂　襄公二十三年（前 550 年）／ 119

穆叔答范宣子　襄公二十四年（前 549 年）／ 122

張骼、輔躒致師　襄公二十四年（前 549 年）／ 122

崔杼弑君　襄公二十五年（前 548 年）／ 124

宋公殺其世子痤　襄公二十六年（前 547 年）／ 128

衛侯殺甯喜　襄公二十七年（前 546 年）／ 130

慶封攻崔杼　襄公二十七年（前 546 年）／ 131

齊人尸崔杼　襄公二十八年（前 545 年）／ 133

子產爲政　襄公三十年（前 543 年）／ 135

子產毀垣　襄公三十一年（前 542 年）／ 136

鄭放游楚於吳　昭公元年（前 541 年）／ 139

齊使晏嬰請繼室於晉　昭公三年（前 539 年）／ 141

穆子去叔孫氏　昭公四年（前 538 年）／ 144

躄由對楚　昭公五年（前 537 年）／ 147

芊尹無宇對楚王　昭公七年（前 535 年）／ 149

伯有爲厲　昭公七年（前 535 年）／ 151

屠蒯諫晉侯　昭公九年（前 533 年）／ 152

楚子狩於州來　昭公十二年（前 530 年）／ 153

叔向斷獄　昭公十四年（前 528 年）／ 156

無極害朝吳　昭公十五年（前 527 年）／ 157

宣子求環　昭公十六年（前 526 年）／ 158

駟乞之立　昭公十九年（前 523 年）／ 160

費無極害伍奢　昭公二十年（前 522 年）／ 161

齊豹之亂　昭公二十年（前522年）／ 163
華貙為亂　昭公二十一年（前521年）／ 166
華登以吳師救華氏　昭公二十一年（前521年）／ 167
吳公子光之亂　昭公二十七年（前515年）／ 170
晉殺祁盈　昭公二十八年（前514年）／ 172
吳滅徐　昭公三十年（前512年）／ 174
晉侯將以師納公　昭公三十一年（前511年）／ 175
叔孫成子逆公喪　定公元年（前509年）／ 177
公侵齊門於陽州　定公八年（前502年）／ 179
陽虎之亂　定公八年（前502年）／ 180
陽虎歸寶玉、大弓　定公九年（前501年）／ 182
晉敗鄭師　哀公二年（前493年）／ 183
黃池爭長　哀公十三年（前482年）／ 186
齊陳逆之亂　哀公十四年（前481年）／ 188
白公勝之亂　哀公十六年（前479年）／ 190

讀左隨筆 ／ 195

讀左隨筆序 ／ 197

讀左隨筆卷上 ／ 199

讀左隨筆卷上補錄 ／ 226

讀左隨筆卷下 ／ 231

附錄　經說 ／ 283

　　古祭祀用尸記 ／ 283

　　《春秋》譏二名辨 ／ 285

　　書顧棟高《春秋不書河從論》後 ／ 286

主要參考文獻 ／ 288

編注説明

　　《左傳》是先秦時期儒家的一部重要典籍，也是中國歷史上少有的熔經學、史學、文學於一爐的傑作，對中國傳統文化有着深遠的影響。就經學而言，與《公羊》《穀梁》偏重義理不一樣，《左傳》偏重事實，借事立義，推見至隱，闡明聖人筆削之旨，最後由傳升爲經，成爲"十三經"之一。就史學而言，《左傳》是我國第一部比較完備的編年體史書，爲後世史書之典範。就文學而言，《左傳》文采華美，辭義贍富，堪爲"叙事之最"。① 故當代臺灣學者張高評認爲："《左傳》一書，其義，爲經；其體，爲史；其用，則爲文；其旁枝，衍而爲諸子、爲哲理。"② 二千多年來，解讀《左傳》的古籍可謂汗牛充棟，傳世者無慮數百種。③ 從内容上看，有側重探討經義者，有側重評論史事者，有側重揭示文法者，亦有經義、史事、文法兼顧者。

　　桐城派作爲清代最有影響的文學流派之一，倡導"以文見道"，鎔裁經史，推崇《左傳》、《史記》、唐宋八家文章，主張義理、考

---

① 劉知幾，《史通通釋》卷八，浦起龍釋，上海古籍出版社，1978，頁222。
② 張高評，《春秋書法與左傳學史》，上海古籍出版社，2005，頁10。
③ 檢《中國古籍總目·經部》（中華書局、上海古籍出版社，2012），該書著録的《左傳》類存世占籍達605種，除去因版本不同而重複著録者，不下400種。

據、詞章兼長相濟,以一種"凝練而又明暢的文風"左右文壇二百餘年。桐城派向以"義法"自詡,而"義法"肇端於始祖方苞,他曾指出:

> 《春秋》之制義法,自太史公發之,而後之深於文者亦具焉。"義"即《易》之所謂"言有物"也;"法"即《易》之所謂"言有序"也。義以爲經而法緯之,然後爲成體之文。①

義經與法緯並舉,體現了內容與形式的有機統一。方苞認爲,古文義法源自六經,而"義經、體史而用文"之《左傳》,其義法可謂至精至備。方苞口授、其弟子整理之《左傳義法舉要》,選錄《左傳》六篇文章,"於首尾開闔、虛實詳略、順逆斷續,包括貫穿之法,推闡爲詳"。② 此後,桐城派學人皆推崇《左傳》,解讀《左傳》之作甚夥,③多致力於揭橥古文義法。"五四"以降,桐城派日漸式微,但亦有一些文人爲抗衡西學,接續桐城文統,留下了不少古文評釋著作,林紓《左傳擷華》、陳朝爵《讀左隨筆》便是其中力作。

林紓(1852—1924),原名琴玉,字琴南,號畏廬,別署冷紅生。福建閩縣(今屬福州市)人。出身寒微,勵學有成。光緒八年(1882年)中舉人。曾相繼執教於福州蒼霞精舍、杭州東城講舍、北京金臺書院、五城學堂等學校,後受聘京師大學堂講席。著述等身,有《畏廬文集》《畏廬續集》《畏廬三集》《畏廬詩存》《韓柳文研究法》《春覺齋論文》《文微》《左孟莊騷精華錄》《左傳擷華》等及百數十種譯著行世。林紓宗桐城義法,認爲左、馬、班、韓之文乃

---

① 方苞,《又書貨殖傳後》,見《方望溪全集》卷二《讀子史》,中國書店,1991,頁29。
② 《續修四庫全書總目提要·經部》,中國科學院圖書館整理,中華書局,1993,頁686。
③ 檢劉聲木《桐城文學淵源撰述考》(黃山書社,1989),該書著錄的清代桐城派學者的《左傳》評釋著作達21種左右。

"天下文章之祖庭"。① 所撰古文爲桐城人吴汝綸、馬其昶、姚永樸、姚永概輩所推許。據朱羲胄編《林畏廬先生年譜》載,《左傳擷華》成書於民國五年(1916年)。是書分爲上下兩卷,選《左傳》文八十三篇,其中二十九篇與《左孟莊騷精華録》重複。每篇皆先録原文,間有雙行小注、眉批,然多本杜預注釋。各篇之末,皆綴以評語。

陳朝爵(1876—1939),字慎登,號苞廣,湖南長沙人。早年入長沙府學,受知於湖南提學使吳慶坻。後執教於湖南長沙楚怡學堂、安徽省立第一中學、安徽秋浦宏毅學舍、安徽大學等多所學校。陳朝爵覃研經史、小學、詩文,著有《漢書藝文志集説》《文學釋詞》《文法在我》《字學淺詁》《歷代聖哲學粹後編》《文選隨筆》《讀左隨筆》等。陳朝爵客居安徽時,曾向桐城人方守彝、方守敦請教詩文義法,並與姚永樸、姚永概等交厚,"講義論學,垂二十年"。據作者自序,《讀左隨筆》是陳朝爵在秋浦學舍授課所用講義基礎上整理而成,成書於民國十四年(1925年)閏四月。是書分上下兩卷,不具載經傳原文,但於所見,分條臚列,參稽諸説,詳加訓釋。全書共收文一百七十條,其中包括書末所附三篇經説文章。

事實上,林、朝二人乃桐城别支,皆戮力爲桐城張目。不過,由於學術背景與學術取向不同,二人解讀《左傳》的風格有較大差異。《左傳擷華》繼承並發展了明清盛行的文章評點之學,注重探討文法、意境:"因本其(編者注:指杜預)説,以點論左氏之文。然核其所論,大抵皆古文起承轉合、遣調鍊詞之法。"②《讀左隨筆》則頗受乾嘉徵實學風之影響,於經史考證、文法探討並重,如陳朝爵所言:"古字訓故爲文章鈐鍵,皆弗可略,亦復引申先儒義例,要以通經而止","於文章義法,批卻導窾,殆無遺蘊"。

---

① 錢基博,《現代中國文學史》,中國人民大學出版社,2004,頁164。
② 《續修四庫全書總目提要·經部》,中國科學院圖書館整理,中華書局,1993,頁710。

在二十世紀初葉的古今文白之爭中，林、朝等桐城派後學以發揚舊學爲己任，試圖"力延古文之一綫"，由於被新派人士貼上"封建復古派""國粹派"的標籤，其學術成果長期沒有得到應有的重視。其實，他們留下的大量著述，致力談藝論道、訓故通經，具有重要的學術價值，對當今學子研讀古傳經典、弘揚傳統文化頗有裨益。有鑒於此，筆者不揣淺陋，將《左傳擷華》和《讀左隨筆》編注成"《左傳》讀法兩種"，以供當今学子參讀。

《左傳擷華》由商務印書館於民國十年（1921年）三月發行排印本之後，又多次印刷。《讀左隨筆》有民國十四年（1925年）秋浦館油印本，後收入《安徽大學月刊》民國二十三年（1934年）第二卷第三、四期。本次校注，即分別以上述商務印書館、《安徽大學月刊》版本爲工作底本。此外，《左傳擷華》部分還參校了林紓評註、商務印書館於民國十四年出版的《左孟莊騷精華錄》。

茲將本次校注的體例分述如下：

一、全書採用繁體橫排，施以現代標點，於難解字詞、人名地名、典章制度等作簡明注釋。對於原書引文，盡量考證並註明其出處。需要指出的是，《左傳擷華》原書有斷句，《讀左隨筆》原文亦有標點，但均存不少錯誤，或前後體例不一致，或不盡合現代標點符號用法，故有必要適當重新標點。

二、正文一般用小四號宋體字，原有注釋和校注者新增注釋用小五號宋體字。新增注釋採用隨文夾注形式，外加圓括號（單獨註音除外）。此外，對於長段引文，採用"獨立引文"格式、仿宋字體；對於篇幅較長者，酌情加以分段。

三、《左傳擷華》作如下調整：原有眉批排入正文相應位置，前以"〇"示之；原有雙行小注改爲單行排列；考慮到排版的困難及實際參考價值，原有圈點盡行略去；《左傳》選文後的評語採用五號宋體字，左縮進兩格排列。

四、《讀左隨筆》作如下調整：原文注釋外的圓括號盡行略去，每則條目字體一律加粗。

五、原有四篇（則）文章未按《左傳》紀年順序編排，分別是：《左傳擷華》之《聲伯之母》《魏絳戮揚干之僕》，《讀左隨筆》之"紀叔姬""齊辟司徒之妻"。此當係原編者疏忽，故本次校注參照原有體例予以調整。

六、對於底本中的譌、脱、衍、倒文字，一般予以校改，並在頁下出校記說明；但如果僅是筆劃小誤，如日曰、戊戌、己巳等之類混淆，則徑改不出校。

七、凡原文爲避聖諱、清諱所改字，徑予回改，不出校記。

八、凡原文字迹漫漶而無法辨認者，用"□"表示。

九、原文中的異體字、古今字和通假字，一般保持原樣。爲規範起見，將舊字形悉改爲新字形。

十、增列主要參考文獻，附於全書末。

本書係重慶大學中央高校基本科研業務費專項"儒家思想與西方哲學的會通：文獻譯注和研究"的階段性成果，項目批准號：CDJKXB14006。

潘　林

戊戌年孟春識於緝熙室

左傳擷華

林紓　選評

左傳擷華序

紓按，三傳之列於學官者，《左氏》爲最後出。然而《公》《穀》二傳，已爲老師宿儒所寢饋（本指寢食，此指廢寢忘食地鑽研），其治《左傳》者，至杜元凱（即杜預，字元凱），始尊爲不刊之書，且謂："經之條貫，必出於傳；傳之義例，總歸諸凡。推變例以正褒貶，簡二傳而去異端，此丘明之志也。"（杜預《春秋經傳集解·春秋左氏傳序》）其推獎《左氏》至矣！蓋其崇《左》之心，以爲"膚引《公》《穀》，適足自亂"（出處同前），似蔑視二傳爲不足重輕。

善乎宋朱長文《春秋通志》（原書已佚，序言保存在朱氏所著《樂圃餘稿》中）之序言曰："孟子深於《春秋》，惜不著書。其後作傳者五，而三家存焉。二家，啖助（唐代經學家。著有《春秋集傳》《春秋統例》，已佚）、趙匡（唐代經學家。著有《春秋闡微纂類義疏》，已佚）也。左氏①盡得諸國之史，故長於叙事；公、穀各守師傳之說，故長於解經。要亦互有得喪。"實則精於《公羊》者，董仲舒（西漢經學家，著有《春秋繁露》等）、平津侯（即公孫弘，西漢政

---

① 左氏，原書誤作"左史"，據朱長文《樂圃餘稿》改。

治家、經學家。著有《公孫弘》,已佚)也。精於《穀梁》者,劉向(西漢經學家、目錄學家、文學家。著有《五經通義》《春秋穀梁傳説》等,已佚)也。而《左氏》之得列於學官,實劉歆(西漢經學家、目錄學家、天文學家。著有《春秋左氏傳章句》等,已佚)、賈逵(東漢經學家。著有《春秋左氏傳解詁》《春秋左氏長經章句》《春秋三家經本訓詁》等,已佚)之力。乃其篤好,咸不如杜元凱。元凱之心醉《左氏》,謂其能"先經以始事,後經以終義,依經以辨理,錯經以合異"(杜預《春秋經傳集解·春秋左氏傳序》),真能徹《左氏》之中邊(內外)矣。鄙意元凱此言,不惟解經,已隱開後世行文之塗轍。所謂先經者,即文之前步;後經者,即文之結穴(比喻文辭的歸結要點);依經者,即文之附聖以明道;錯經者,即文之旁道而取證。試覩(同"睹")蘇潁 yǐng 濱(即蘇轍,晚號潁濱先生。潁,同"穎")非宋之古文大家耶?然有《春秋集解》之著。雖因王介甫(即王安石,字介甫)詆毁《春秋》,故有此作。余則私意蘇氏必先醉其文,而後始託爲解經之説,以自高其位置。身在尊經之世,斷不敢貶經爲文,使人指目其妄。但觀蘇氏之叙《集解》,述杜預之言曰:"其文緩,其旨遠,將令學者原始要終,尋其枝葉,究其所窮。優而柔之,使自求之;饜(yàn,飽食)而飫(yù,義同"饜")之,使自趨之。若江海之浸,膏澤之潤,涣然冰釋,怡然理順。"味以上所云,則余所謂元凱之言,隱開後世行文之塗轍,不信然耶?夫文家能優柔饜飫,則古書之足浸潤吾身者,已自不淺。葉夢得(宋代文學家、經學家,著有《春秋傳》《春秋讞》《春秋考》等)斥潁濱,謂"左氏解經者無幾,且多違忤,疑出己意爲之,非有所傳授,不若《公》《穀》之合於經"(馬端臨《文獻通考》卷一百八十三《經籍考十》引),此言非知潁濱者也。以解經論,《公》《穀》

之文,經解之文也;以行文論,左氏之文,萬世古文之祖也。唐陳氏岳作《春秋折衷》(原書已佚,部分内容載宋人章如愚《山堂考索》中),岳自述曰:"左氏釋經義之外,復廣記當時之事,備文當時之辭。"夫記當時之事而文之,則已以左氏爲文家矣。

　　僕恆對學子言,天下文章能變化陸離不可方物(比擬)者,只有三家:一左(左丘明)、一馬(司馬遷)、一韓(韓愈)而已。左氏之文,無所不能,時時變其行陣,使望陣者莫審其陣圖之所出。譬如首尾背馳,不能係緤(xiè,以長繩係之。係緤,指捆綁、束縛)爲一,則中間作鎖紐之筆,暗中牽合,使隱渡而下,至於臨尾一拍即合,使人瞀mào然(垂目下視貌)不覺其艱瑣,反羨其自然者。或叙致一事,赫然如荼火,讀者人人争欲尋究其結穴,乃讀至收束之處,漠然如淡煙輕雲,飄渺無迹,乃不知其結穴處轉在中間,如岳武穆過師,元帥已雜偏稗而行,使人尋迹不得。又或一事之中,斗出一人。此人爲全篇關鍵,而偏不得其出處。乃於閒閒(從容悠閒)中補入數行,即爲其人之小傳,卻穿插在恰好地步,如天衣無縫。較之司馬光之爲《通鑑》,到(通"倒")叙補其本人之地望族姓,於無罅xià隙(縫隙)處强入,往往令人棘目,相去殆萬里矣。又或叙戰事之規畫,極力叙戰而不言謀,或極力抒謀而略言戰,或在百忙之中而間出以閒筆,或從紛擾之中而轉成爲針對。其叙戰事,尤極留意,必因事設權,不曾一筆沿襲、一語雷同,真神技也。其下於短篇之中,尤有筋力。狀奸人之狙詐(猶狡詐),能曲繪而成形,寫武士之驍烈,即因奇而得韻,令人莫可思議。僕亦不能窮形盡相而言之,當於逐篇之後,細疏其能,庶讀者於故紙之中,翹然侈爲新得,庶幾不負僕之苦心矣。

閩縣林紓叙於煙雲樓(1916年,清廢帝溥儀親書"煙雲供養"春條頒賜林紓,故林紓名其室曰"煙雲樓")。

附記

余夙有《左孟莊騷精華録》四卷,極蒙海内諸君子見賞。近者學子請余講《左史》《南華》(《南華真經》的省稱,即《莊子》的别名),及姚(姚鼐)選之《古文辭類纂》,各加評語。今《類纂》已成書付印,《左傳》較前亦增至三倍,因作爲單行本付印。至於評隲失當之處,則年老精神弗及,識者諒之。《南華淺説》及《史記讀法》當續出。紓記。

左傳擷華卷上

楚武王侵隨桓公六年（前706年）

楚武王侵隨（國名，都城在今湖北隨州市南），使薳wěi章（楚大夫）求成（和解）焉，軍於瑕（隨地）以待之。隨人使少師董成（主持和談）。

鬭dòu伯比（楚大夫）言於楚子曰："吾不得志於漢東（指漢水之東諸姬姓小國）也，我則使然。我張吾三軍，而被（同"披"，披戴，整頓）吾甲兵，以武臨之，彼則懼而協以謀我，故難間（離間）也。漢東之國，隨為大。隨張，必棄小國。小國離，楚之利也。少師侈（驕傲自大），請羸師以張之。"熊率且jū比（楚大夫）曰："季梁（隨國賢臣）在，何益？"鬭伯比曰："以爲後圖，少師得其君。"王毀軍（毀壞軍容）而納少師。

少師歸，請追楚師。隨侯將許之。季梁止之，曰："天方授楚，楚之羸，其誘我也，君何急焉？臣聞小之能敵大也，小道大淫（小國有道，大國無度）。所謂道，忠於民而信於神也。上思利民，忠也；祝史正辭，信也。今民餒（něi，飢餓）而君逞欲，祝史矯舉（詐稱功德，以欺鬼神）以祭，臣不知其可也。"

公曰："吾牲牷(quán，毛色純一的牲畜。牲牷，泛指祭祀用的犧牲)肥腯(tú。《說文·肉部》："牛羊曰肥，豕曰腯。"肥腯，泛指肥壯)，粢盛(zī chéng，又稱齍盛。盛放在祭器內的穀物)豐備，何則不信？"對曰："夫民，神之主也，是以聖王先成民，而後致力於神。故奉牲以告曰'博碩肥腯'，謂民力之普存也，謂其畜之碩大蕃滋也，謂其不疾瘯蠡(cù luǒ。孔穎達疏："瘯蠡，畜之小病，故以為疥癬之疾也。")也，皮病。謂其備腯咸有也；奉盛以告曰'絜(同"潔")粢豐盛'，謂其三時(指春、夏、秋三季農作之時)不害，而民和年豐也；奉酒醴以告曰'嘉栗(杜預注："嘉，善也；栗，謹敬也。")旨酒'，謂其上下皆有嘉德，而無違心也。所謂馨香，無讒慝(tè。奸佞邪惡)也。故務其三時，修其五教(指父義、母慈、兄友、弟恭、子孝五種倫理道德教育)，親其九族，以致其禋祀。於是乎民和而神降之福，故動則有成。今民各有心，而鬼神乏主，君雖獨豐，其何福之有？君姑修政，而親兄弟之國，庶免於難。"隨侯懼而修政，楚不敢伐。

紓按：

此篇製局極緊。前半豎一"張"字，正面決策，對面料敵，均就"張"字著想，無句無意不是"張"字作用。下半豎一"懼"字，與"張"字反對。見得張則必敗，懼則獲全。

夫侵人之國，反先求成，雖無鬬伯比之言，已寫出楚王張隨之意。少師之來，亦正挾一張隨之意而俱來。故鬬伯比羸師之請，即以明白看出少師之囂張，因痛陳楚張三軍之弊。此第一次清出(超拔，突出)"張"字意也。惟楚盛張其軍，則小國懼滅而附隨，隨轉不張。隨不張，則楚雖盛張其軍，轉為小國附隨之益。故欲隨之棄小國，必先張隨。此第二次清出"張"字意也。

此時楚之君臣，運籌極審，勢在必勝，在隨宜敗滅。於此時，其所以不敗與滅者，以隨之能懼也。顧文字極寫張隨，而楚師既示以羸，少師復增其侈，文勢欲拗到"懼"字意，則萬萬費力。乃忽插入熊率且比一言，提醒"季梁"二字，則楚國君臣聚謀，一時皆成瓦解。以戒懼之言，必即出自季梁之口也。大抵南人信鬼，懼鬼責重於懼人禍。左氏文章，即借鬼神寫出隨侯恐懼之意，閒閒(從容悠閒)將"張"字撒去。其中卻加無數莊論，似不關涉於嚴兵在境、籌備應敵之言，不知針對鬼神言，即步步藏宜戒懼之意。"懼"字寫得愈透，則"張"字撒得愈遠。妙在寫"懼"字正面，並不點清字面。及到"隨侯懼而修政，楚不敢伐"句，畫龍點睛，始將全局作一收束，湧現出一"懼"字，以抵上半無數"張"字。論文勢亦不過開闔。妙在中間論祭品一節，寬綽與題若不相屬，實則步步不肯拋離，所謂游刃有餘也。

連稱、管至父之亂 莊公八年(前686年)

　　齊侯(指齊襄公)使連稱、管至父(二人皆齊大夫)戍葵丘(齊地，在今山東淄博市臨淄區西)。瓜時而往，曰："及瓜而代(換防)。"期(jī，一周歲)戍，公問不至。請代，弗許。故謀作亂。

　　僖公之母弟曰夷仲年，生公孫無知，有寵於僖公，衣服禮秩如適(同"嫡"，嫡子)。襄公絀(通"黜")之。二人因之以作亂。連稱有從妹在公宮，無寵，使間(窺視)公。曰："捷，吾以女(同"汝")爲夫人。"

　　冬十二月，齊侯游於姑棼(fén。齊地，在今山東博興縣)，遂田(田獵)於貝丘(齊地，在今山東博興縣南)。見大豕。從者曰："公子彭生也。"公怒，曰："彭生敢見(同"現")！"射之。豕人立而啼。公懼，隊(同"墜")於車。傷足，喪屨。反，誅(責，求)履於徒人①費bì。弗得，鞭之，見血。走出，遇賊於門。劫而束之。費曰："我奚禦哉？"袒而示之背，信之。費請先入，伏(藏匿)公而出，鬭，死於門中。石之紛如(侍人)死於階下。遂入，殺孟陽(侍人)於床，曰："非君也，不類。"見公之足於戶下，遂弒之，而立無知。

初，襄公立，無常(指政令無常)。鮑叔牙曰："君使民慢，亂將作矣。"奉公子小白(僖公庶子，襄公弟，後入爲桓公)出奔莒(國名，都城在今山東莒縣)。亂作，管夷吾、召忽(二人皆齊大夫，公子糾之傅)奉公子糾來奔。

初，公孫無知虐於雍廩(齊地葵丘大夫)。九年春，雍廩殺無知。

紆按：

齊國大亂之萌，不始於連、管；襄公取死之道，亦不出於連、管。必以連、管爲襄公收局者，即昌黎所謂引繩而斷、斷必有處者也(語出《韓愈集·張中丞傳後叙》)。此篇叙瓜期不代，則致亂之由也；紲無知僭禮，則孕亂之由也；從妹閒公，則助亂之由也；白晝見鬼，則兆亂之由也。遇弒之先，已種種可危。至其殉節者，不過兩三小臣。當軸大臣，匪特無討賊之人，而且無從死之義。不如是寂寞荒涼，亦不見襄公之無道，此亦明白易曉。

惟此篇用縮筆，用省筆，節卻無數閒語，人自不覺耳。夫作亂必有擁戴之人，無知是也。顧(但是)不詳無知歷史，則叙事近突。故入僖公之母弟夷仲年數語，述其所

---

① 清人王引之《經義述聞》謂"徒人"當爲"侍人"之誤，侍人即寺人。《漢書·古今人表》所載"齊寺人費"，即此處"徒人費"。

生,述其怙寵,述其見絀,縮成無知一小傳,夾入行間,此亂人所必資以爲主。更夾入連稱女弟(妹之別稱。《説文·女部》:"妹,女弟也。"),設間公宮,此又亂人所必資以爲輔。於是圖亂之計已成,亂成又不能無因而發,故突入公子彭生見形一節。初無一字言鬼,從者但曰"公子彭生也",作驚怪語,而鬼形已見於白晝。此時若説成公亦驚怪,則文勢轉平衍無味。乃見豕而怒,見啼而懼,至於墜車,寫得懼處,較從者爲甚,以公預懷虞心,從者則坦然非有冤對之懼也。曰"誅屨"、曰"伏公",此均省筆。且叙徒人費死義處,閒閒(從容悠閒)帶出石之紛如、孟陽二人,不問來歷,即知爲徒人費之黨人。當先入伏公時,已一一部署,大概命石之紛如當階而禦賊,孟陽臥床而僞公耳。省卻無盡張皇,俾(bǐ,使)讀者一目即了。第(但是)倉卒中部署斷不完密,故户下之足,已爲賊覺。中間無盡曲折,本宜用無數筆墨,左氏但作簡語了結。淺人以爲序事筆墨宜詳盡,若果能如是結構,則雖簡亦詳,雖略亦盡。凡彼自爲詳盡,均不能用縮筆與省筆者也。

鄭厲公自櫟侵鄭莊公十四年(前680年)

鄭厲公自櫟(lì,鄭邑,在今河南禹州市)侵鄭,及大陵(鄭地,在今河南新密市與新鄭市之間),獲傅瑕(鄭大夫)。傅瑕曰:"苟舍我,吾請納君。"與之盟而赦之。六月甲子,傅瑕殺鄭子(指鄭國之君,名嬰,字子儀。以無謚號,故稱鄭子)及其二子,而納厲公。

初,内蛇與外蛇鬭於鄭南門中,内蛇死。六年而厲公入。公(指魯莊公)聞之,問於申繻(xū,魯大夫)曰:"猶有妖乎?"對曰:"人之所忌,其氣燄(同"焰")以取之,妖由人興也。人無釁(空隙,缺陷)焉,妖不自作。人棄常,則妖興,故有妖。"

厲公入,遂殺傅瑕。使謂原繁(鄭大夫,厲公之伯父)曰:"傅瑕貳(有二心,指對厲公不忠),周有常刑,既伏其罪矣。納我而無二心者,吾皆許之上大夫之事,吾願與伯父圖之。且寡人出,伯父無裏言(杜注"無納我之言")。入,又不念寡人,寡人憾焉。"對曰:"先君桓公命我先人典司宗祏(shí。宗祏即宗廟中藏神主的石室,借指宗廟)。社稷有主,而外其心,其何貳如之?苟主社稷,國內之民,其誰不爲臣?臣無二心,天之制也。子儀在位十四年矣,而謀召君者,庸(豈)非貳乎?莊公之子猶有八人,若皆以官爵行賂勸貳而可以濟事,君其若之何?臣聞命矣。"乃縊而死。

紓按:

此篇是寫厲公之淫刑,不是斥原繁之中立。原繁中立,呂東萊(南宋呂祖謙。因郡望爲東萊,世稱東萊先生。著有《春秋集解》《左氏博議》《左氏傳說》《左氏傳續説》等)已斥之不遺餘力。寫厲公之殺傅瑕,猶宋文帝之殺傅亮、徐羨之(南朝宋景平年間,中書令傅亮、司空徐羨之等弑少帝,迎立劉義隆[史稱文帝]稱帝。劉義隆俟帝位穩固後,即將二人誅殺)意。能殺子儀,則必能殺己,宋文帝之於傅、徐亦然。

若原繁者,典司宗祏之人,猶趙宋之祠祿(宋制:大臣罷職,令管理道教宮觀,以示優禮,無職事,但借名食俸,謂之祠祿),無拳無勇(典出《詩·小雅·巧言》:"無拳無勇,職爲亂階。"毛亨傳:"拳,力也。")。既不與逐君之謀,亦不爲納公之舉,庸庸一臣耳。厲公殺之,已屬無爲,即原繁有言,亦無關緊要。左氏何由記之?記之即所以證厲公之濫刑也。左氏不直(不以……爲是)厲公之意,初不明説。先寫厲公、傅瑕與盟,盟弑逆之賊也;後寫入國即殺傅瑕,刑弑逆之賊也;再寫迫殺原繁,討中立之賊也。以中立爲不是,則納己者是矣,乃先殺納己之人;以納己爲不是,則中立附子儀者是矣,乃又殺中立之人。既無所懲,又無所勸,果言納己而無二心,其人到底爲誰?則又不明言以示原繁,但造爲臆説,曰"納我而無二心"。吾意原繁口中所駁之言,均左氏渲染以駁(同"駁")厲公者也。"社稷有主,而外其心",即斥"納我而無二心"之言。以身事子儀十四年之臣僕,而求其無二心於在櫟之寓公,難矣!故納己而無二心之人,不特無其人,亦並無其事。"行賂勸貳"一語,即明明罵煞厲公。不用史評體,但用原繁臨縊之言以代之,已爲厲公一生之定讞,文字警鍊極矣。

尤奇者,中間夾入内蛇、外蛇一段,又夾入申繻議論一段,將本局文勢忽然推開,似難收拾。然中間有"六年而厲公入"一語,其下即將"厲公入"三字帶起本文,復歸宿到下文。收局文字,此法亦不可不知。凡整篇中文字,應夾叙他事,爲探本事之原由者,欲歸到本文,甚不易易(容易)。無已,則以甲子年分爲另起之筆,亦可與上文截斷,不至膠聯牽強。然終不如此"厲公入"三字之渾成。平日與學子談《左傳》,曾舉"伯宗(晉大夫)辟重(令重載之車避讓。辟,同"避")"(典出《左傳》成公五年)四字,其下忽接入重人之言。試問此"重人"二字何本?譬移到他處,凡擔夫、輿夫之屬,皆可呼之爲重人乎?雖明知其出《左傳》,亦不敢用。獨此處"伯宗辟重",即以載重之人爲重人,閒閒帶下,並不杜撰,亦自然入古。吾讀此篇"厲公入"三字,方知左氏往往用順帶之法也。

晉侯使太子申生伐東山皋落氏 閔公二①年(前660年)

晉侯(指晉獻公)使太子申生伐東山皋落氏(赤狄的一支,居

---

① 二,原書誤作"三"字,據林紓《左孟莊騷精華録》改。

住在今山西垣曲縣一帶)。里克(晉大夫)諫曰:"太子奉冢祀(宗廟之祀。冢,大也)、社稷之粢盛,以朝夕視君膳者也,故曰冢子。君行則守,有守則從。從曰撫軍,守曰監國,古之制也。夫帥師,專行謀,誓軍旅,君與國政(國之正卿)之所圖也,非大(同"太")子之事也。師在制命而已,稟命則不威,專命則不孝,故君之嗣適(猶嫡嗣。適,同"嫡")不可以帥師。君失其官,帥師不威,將焉用之?且臣聞皋落氏將戰,君其舍之!"公曰:"寡人有子,未知其誰立焉!"不對而退。

見大子。大子曰:"吾其廢乎?"對曰:"告之以臨民,教之以軍旅,不共(同"恭",恭敬)是懼,何故廢乎?且子懼不孝,無懼弗得立。修己而不責人,則免於難。"

大子帥師,公衣之偏衣(左右異色之衣,其半與國君之服相同),佩之金玦(青銅製成之玦)。狐突(晉大夫)御戎(駕馭戎車),先友(晉大夫)爲右(車右或戎右,執戈盾位於車乘右邊的武士)。梁餘子養(晉大夫。梁氏,名養,字餘子)御(擔任……馭手)罕夷(晉下卿),先丹木(晉大夫)爲右。羊舌大夫(晉大夫。羊舌氏,名突)爲尉(軍尉,在軍帥之下,衆官之上)。先友曰:"衣身之偏,握兵之要,在此行也,子其勉之!偏躬無慝(tè,邪惡),兵要遠災,親以無災,又何患焉?"狐突嘆曰:"時,事之徵也;衣,身之章(標記)也;佩,衷(心意)之旗也。故敬其事,則命以始(意謂賞賜當在春夏之時);服其身,則衣之純;用其衷,則佩之度(按,古以佩玉爲士君子之常度)。今命以時卒(按,太子出征在冬十二月,爲四時之終),閟(bì,關閉,阻止)其事也;衣之尨(máng,雜色)服,遠其躬也;佩以金玦,弃其衷也。服以遠之,時以閟之,尨涼、冬殺、金寒、玦離(杜注:"涼、殺、寒、離,言無温潤。"),胡可恃也?雖欲勉之,狄可盡乎?"梁餘子養曰:"帥師者,受命於廟,受脤(shèn,祭肉)於社,有常服(軍之常服為韋弁服)矣。不獲而尨,命可知也。死而不孝,不如逃之。"罕夷曰:"尨奇無常,金玦不復,雖復何為?君有心矣(杜注"有害大子之心")。"先丹木曰:"是服(指偏衣)也,狂夫阻之(杜注:"阻,疑也。言狂夫猶知有疑")。曰:'盡敵而反',敵可盡乎?雖盡敵,猶有內讒,不如違(離去,逃離)之。"狐突欲行,羊舌大夫曰:"不可。違命不孝,弃命不忠。雖知其寒,惡不可取。子其死之!"

大子將戰,狐突諫曰:"不可。昔辛伯(周大夫)諗(shěn,規諫)周桓公云:'內寵並(同)后,外寵二政(指與正卿分權),嬖 bì 子(猶庶子,姬妾所生之子。嬖,受寵愛之人)配適,大都耦(匹敵)國,亂之本也。'周公弗從,故及於難。今亂本成矣,立(指立為太子)可必乎?孝而安民,子其圖之,與其危身以速罪(招致罪禍)也。"

紆按:

此篇製局最奇,有起無結,文凡兩截:使太子時,有里克一人獨諫獻公,此一截也;太子既帥師,則有狐突數人羣諫太子,此又一截也。而皋落氏到底抗命與否,行成與否,初不一言。就文字而言,實無收束之地,然天下文如《左氏》,乃有無收束者耶?觀兩"不可"字,即可用為此篇之收束:狐突欲行,羊舌大夫曰"不可";太子欲戰,狐突曰"不可"。羊舌之阻狐突,為諸人進言之收束;狐突之止太子,即為出師不戰之收束。危身速禍一言,見得功高則身愈危,內嬖之謀且愈急。師之無功而歸,獻公不責,大抵亦望太子此行,不有戰功,易為他日易儲之地。左氏並不說盡,但凜凜然拈出危身速禍字為煞尾,見得嬖寵奪嫡之禍往往如此,身危由於功高,禍速由於名立也。

雖然，左氏之載筆，尤有深意存乎其間。里克者，終始與人家事者也。此次見太子失寵，翻然乃與驪姬（晉獻公妃子，奚齊生母）圖廢太子。既而又殺奚、卓（奚齊、卓子）二子，而卒爲惠公所戮。小人反覆，終亦不保其身。左氏全錄其言者，即爲下文驪姬與中大夫成謀之張本（張本指爲了事情的發展而預先所做的安排）。但觀里克聞公未知誰立一言，即不對而退。不對者，知太子之終不立，此時已有成算，歸附驪姬矣。退面太子，寥寥數言，全是不關痛癢，較之狐突諸人忠告，相去遠矣。《左傳》終始不指出里克奸點，而但就本事直書，使人自爲尋繹，辨其忠奸。文字寫生之法，真神化不可思議也。

此篇文法，《平淮西碑》（韓愈撰）亦嘗取而用之：曰某人以兵出某路，錯錯雜雜言之，言出諸君也。此篇進諫之言，亦錯錯雜雜出之，言出諸臣也。曾文正（即曾國藩，諡文正）《金陵昭忠祠記》，則反其道而用之：鋪叙戰功，亦錯錯雜雜，出以將弁（biàn。武官服皮弁，因稱武官爲將弁）之口，面目皆有變換，非以呆相學古人也。《嘯亭雜錄》（清人昭槤所撰學術筆記）記辛亥兵敗事，亦極力摹仿，惜其太似耳。文字摹人不加以變化，即使盡態極妍，到底假啼僞笑，非復真相。

宮之奇諫虞公 僖公五年（前655年）

晉侯（指晉獻公）復假道於虞以伐虢。宮之奇（虞大夫）諫曰：「虢，虞之表也；虢亡，虞必從之。晉不可啟（指使野心開啟），寇不可翫（同「玩」，玩忽）。一之爲甚，其可再乎？二年滅下陽（虢邑，在今山西平陸縣）也。諺所謂『輔（車兩旁之板）車相依，唇亡齒寒』者，其虞、虢之謂也。」公（指虞公）曰：「晉，吾宗也，豈害我哉？」對曰：「太伯、虞仲，太王（即古公亶父）之昭（昭、穆爲古代宗廟中神主的排列次序，始祖居中，以下父子遞爲昭穆，左爲昭，右爲穆。太王爲后稷第十二代孫,爲穆,其子爲昭)也;太伯不從,是以不嗣①(繼承王位)。虢仲、虢叔,王季(文王之父,名季歷,武王時追尊爲王季)之穆也;爲文王卿士,勳在王室,藏於盟府。司盟之官。將虢是滅,何愛於虞?且虞能親於桓、莊乎?其愛之也,桓、莊之族何罪,而以爲戮,不惟偪(同"逼",逼迫,威脅)乎?桓叔(晉獻公曾祖)、莊伯(晉獻公祖父)之族,獻公之從祖昆弟,盡殺之。在莊公二十五年。親以寵偪,猶尚害之,況以國乎?"公曰:"吾享祀豐絜,神必據我。"安也。對曰:"臣聞之,鬼神非人實親,惟德是依。故《周書》(《尚書》組成部分之一,相傳爲記載周代史事之書,今本包括自《泰誓》至《秦誓》三十二篇)曰:'皇天無親,惟德是輔。'(此係《尚書》逸文,今見僞《古文尚書‧蔡仲之命》)又曰:'黍稷非馨,明德惟馨。'(此係《尚書》逸文,今見僞《古文尚書‧君陳》)又曰:'民不易物,惟德繄 yī 物。'(此係《尚書》逸文,後收入僞《古文尚書‧旅獒》作:"人不易物,惟德其物。")繄,是也。如是,則非德,民不和,神不享矣。神所憑依,將在德矣。若晉取虞,而明德以薦(進獻)馨香,神其吐之乎?"弗聽,許晉使。宮之奇以其族行,曰:"虞不臘(臘爲歲終祭衆神之名,此指舉行臘祭)矣,在此行也,晉不更舉(舉兵)矣。"

紓曰:

　　此一篇是愚智之互鏡。虞公開口抱一"宗"字,繼此抱一"神"字,其愚駁(同"呆")處已從兩語描出。宮之奇即分兩項駁他。

　　説到"宗"字,宮之奇即將"宗"字分出親疏。虞、虢視晉,則虢近於虞。猶恐駁他不倒,又出桓、莊二族,不但同宗,

---

① 嗣,原書誤作"祀"字,據阮刻本《春秋左傳正義》改。

且屬近支。近支尚爾,何況遥遥之華胄!一步緊似一步。
"將虢是滅",是叫他從虢一邊翻轉看;視親於桓、莊,又叫他從晉一邊翻轉看。"猶"字是縱筆,"況"字是收筆,文字精透極矣,詞鋒亦便利極矣。

乃猶不悟,拈出"神"字,以爲可據。此直是璧馬(璧馬指僖公二年晉賄賂虞公之"屈産之乘與垂棘之璧",以假道伐虢)之餘情,貪心不已,以爲尚有後酬。"據"之爲言安也,謂神安其享,即是親己。宮之奇心憫其愚牢不可破,連舉七個"德"字,苦苦醒他:曰"依"者,必主之謂也;曰"輔"者,舍是不可也;曰"馨"者,德足感神也;曰"繄"者,言舍此別無所仗也;曰"非"者,德外無第二途也;曰"將"者,揣摩其決如此也;曰"明"、曰"薦"者,自己丢卻機會以授人,人能虔事神靈,神亦不好意思以峻卻之。綜言德之關係於存亡,無所不至,故言之重疊,不惟不見其沓,且反覆辨論,亦一步緊似一步。

已乃用"弗聽"二字,將其忠言截住。宮之奇兩用"矣"字,一斷虞之亡,一決晉之得,此雙鎖之筆,文筆既含蓄而又完滿。或謂必增下文,始謂之有歸結,吾意殊不謂然。試視開頭一個"復"字,宮之奇口中一個"再"字,虞之國家,已了此兩字之中,何必再讀下文邪?

管仲斥鄭子華 僖公七年(前653年)

秋,盟於寧母(魯地,在今山東魚臺縣東),謀鄭故也。
管仲言於齊侯(指齊桓公)曰:"臣聞之:招攜(招撫離心之國。攜,離也)以禮,懷遠以德。德禮不易,無人不懷。"齊侯修禮於諸侯,諸侯官受方物。諸侯各使官司取齊約束,受其方所當貢天子之物。

鄭伯(指鄭文公)使太子華聽命於會,言於齊侯曰:"洩(xiè)氏、孔氏、子人氏三族(杜注:"三族,鄭大夫。"),實違君命(指逃盟而從楚)。若君去之以爲成,我以鄭爲内臣,君亦無所不利焉。"如封内之臣也。齊侯將許之。管仲曰:"君以禮與信屬(zhǔ,會)諸侯,而以姦終之,無乃(未免,恐怕)不可乎?子父不奸(gān,犯)之謂禮,守命共時之謂信,共(同"恭",恭奉)時事。也作"供"(指依時供給貢品)。違此二者,姦莫大焉。"公曰:"諸侯有討於鄭,未捷。今苟有釁(嫌隙),從之,不亦可乎?"對曰:"君若綏之以德,加之以訓辭,而帥諸侯以討鄭,鄭將覆亡之不暇,豈敢不懼?若總其罪人以臨之,總,將領(率領)也。鄭有辭矣,何懼?且夫合諸侯,以崇德也。會而列姦,何以示後嗣?夫諸侯之會,其德、刑、禮、義,無國不記。記姦之位,君盟替矣。廢也。作而不記,非盛德也。君其勿許!鄭必受盟。夫子華既爲太子,而求介(因,憑藉)於大國,以弱其國,亦必不免(指免於禍患)。鄭有叔詹、堵叔、師叔三良爲政,未可間也。"齊侯辭焉。子華由是得罪於鄭。

冬,鄭伯使請盟於齊。

紓曰:

通篇寫桓公之劣處,在一個"從"字,寫桓公之佳處,在一個"辭"字。此章不是寫管仲,正是寫桓公。試問桓公若不聽子華之言,仲雖有一段直道正辭,如何發洩?用一"從"字、"不亦可",遂引出管仲一篇衎 kǎn 衎烈烈(剛直貌)之文章。

然而入手"招攜以禮,懷遠以德"八字,已足以鎮子華之姦心,尤足以息桓公之慾念,下語莊重極矣。子華之來,全不曉管仲德禮之作用,冒冒失失,貢一"利"字,正投入霸者之心坎。其始將許,其繼將從,此兩項不是寫子華,正爲"德禮"二字作一反震。篇中累用"德"字,處處與"姦"字對照,字挾風霜,自不消說。脫(假使)齊侯仍爲"利"字所中,如虞公之戀璧馬,管仲又將如何?幸末幅得一個"辭"字,則此會安穩到十分矣。

凡讀文於炳炳煌煌處,孰不知其佳?然必須看其閒閒著筆,爲佳文之引子;又閒閒著筆,作佳文之收場。從平淡無奇中看出,方妙。

陰飴甥會秦伯僖公十五年(前645年)

十月,晉陰飴甥(晉大夫,名飴甥。亦稱瑕甥、瑕呂飴甥、呂甥。蓋陰、瑕、呂皆其采邑。說見楊伯峻《春秋左傳注》)會秦伯(指秦穆公),盟於王城。武鄉(地名,在今陝西大荔縣東)也。

秦伯曰:"晉國和乎?"對曰:"不和。小人恥失其君(指晉惠公被俘)而悼喪其親,不憚征繕(徵收賦稅、修整軍備)以立圉(yǔ,晉惠公太子,後即位,史稱晉懷公)也,曰:'必報讎,寧事戎狄。'君子愛其君而知其罪,不憚征繕以待秦命,曰:'必報德,有死無二(二心)。'以此不和。"秦伯曰:"國謂君何?"對曰:"小人慼(qī,憂傷),謂之不免;君子恕(寬恕),以爲必歸。小人曰:'我毒秦,秦豈歸君?'君子曰:'我知罪矣,秦必歸君。貳而執之,服而舍之,德莫厚焉,刑莫威焉。服者懷德,貳者畏刑,此一役(指秦晉韓之戰)也,秦可以霸。納而不定,廢而不立,以德爲怨,秦不其然!'"秦伯曰:"是吾心也。"改館(館用作動詞,指安置在賓館)晉侯,饋七牢(牛羊豬各一頭爲一牢。七牢爲古代款待諸侯之禮)焉。

紓曰:

此文妙處,重在用四個"必"字,又連用四個"德"字,都有來歷:"必"字根秦伯"必歸晉君"一語而來,"德"字即爲下文秦伯"姑樹德焉"一語之伏脈。

呂甥本非正人,忠誠不如韓簡(晉大夫),愚直不如慶鄭(晉大夫),而詐譎善于詞令,又其才頗能應變。觀其僞傳惠公之命,作爰田(孔疏引東漢服虔曰:"爰,易也。賞衆以田,易其疆畔。")以賞衆,作州兵(杜注:"五黨爲州,州二千五百家也。因此又使州長各繕甲兵。")以設備,胸中頗有把握。惠(晉惠公)即不歸,尚可輔圉爲背城之一戰。故見秦伯能作壯語,亦不盡爲恫疑虛喝之辭。報讎,本意也;報德,謙詞也。用代字訣,把報讎一節推在無知小人之身上,已隱隱漏出爰田、州兵之豫備。雖假託小人之語,亦半屬實事。至"必報德"之下,而曰"有死無二",夫報德何必死! 其言"有死無二"者,見得君若不歸,亦但有與秦決一死戰。名託君子,其實與小人聯貫一氣,無甚分別。又複述前語,曰"以此不和"。

然秦伯胸中已有成竹,見呂甥如是乖巧,知國中必有宿備,方敢放膽如此。因再挑逗之,曰:"國謂君何?"此語不是問晉人,是自詡晉惠生死在我掌握之中,我如何便如何耳。呂甥一挑即動,又用小人作盾,以抵秦伯,曰小人眼中自然謂之不免,君子眼中自然信其必歸。以君子信君子,是尊秦伯爲君子,且爲敵國君子之所信,而秦伯又有"必歸晉君"之言,自然聲入心通,則小人報讎之言,此時已歸無用。遂專就君子身上發論,運用三個"德"字,極力贊揚,把秦伯口舌手足閉塞束縛,至于無可伸剖,無可轉旋,使他不得不允。而秦伯亦只好順水行舟,閒閒作答曰:"是吾心也。"

或謂秦伯發問"晉國和乎"及"國謂君何"兩語,是豫蓄求和之意,余大不謂然。"晉國和乎"四字,似長輩對孺子説話,又似財東對負債者言,似問他近來尚淘氣否,有飯到口否,閒暇中微帶驕盈之氣。"國謂君何"四字,言下更極有權力。呂甥出口一説不和,秦伯已不期愕然一震。及呂甥説出報仇報德,尚不著意,而著意卻在"不憚征繕"四字,似爰田、州兵,已有所聞矣。故曰"國謂君何",雖生死之權操於己手,亦頗憚晉人之致死。呂甥此時已露匣劍帷燈之光氣,只好舍剛用柔。彼此針鋒之巧利,好看煞人。

楚人伐宋以救鄭僖公二十二年(前638年)

楚人伐宋以救鄭。宋公(指宋襄公)將戰,大司馬固(公孫固,宋莊公孫。一説"固"非人名,乃堅決之意;大司馬、司馬、子魚實爲一人,即公子目夷)諫曰:"天之棄商久矣,君將興之,弗可赦也已。"弗聽。

冬十一月己巳朔,宋公及楚人戰於泓(水名,在今河南柘城縣北)。宋人既成列,楚人未既濟。司馬曰:"彼衆我寡,及其未既濟也,請擊之。"公曰:"不可。"既濟而未成列,又以告。公曰:"未可。"既陳(同"陣",列陣)而後擊之,宋師敗績。公傷股,門官(護衛親兵)殲焉。

國人皆咎公。公曰:"君子不重 chóng 傷(傷害已受傷之人),不禽(同"擒")二毛(指頭髮花白者)。古之爲軍也,不以阻隘也。寡人雖亡國之餘,不鼓不成列。"子魚曰:"君未知戰。勍(qíng,強也)敵之人,隘而不列,天贊我也。阻而鼓之,不亦可乎？猶有懼焉。且今之勍者,皆吾敵也。雖及胡耇(gǒu。指年老者。胡、耇,皆長壽之意),獲則取之,何有(有何顧慮)於二毛？明恥教戰,求殺敵也。傷未及死,如何勿重？若愛(憐惜)重傷,則如勿傷；愛其二毛,則如服焉。三軍以利用也,金鼓以聲氣也。利而用之,阻隘可也。聲盛致志,鼓儳(chán。鳴鼓而攻擊隊列不整齊者)可也。"

紓曰：

凡駁難文字,取其遒緊(剛健深刻)。宋公滿腔迂腐,子魚滿腹牢騷；君臣對答之言,針鋒極準。通篇用五"可"字:公曰"不可",又曰"未可"。子魚則曰"不亦可乎",此猶作商量語。至末段用兩"可也",則直自出兵謀,爲教導襄公語矣。一步緊似一步,詞鋒之便利,令讀者動色。

此章似與曹劌(guì。魯莊公時大夫)觀戰時,同作一知兵之口吻。俞氏寧世(即俞長城,字寧世。清初制義名家,著有《可儀堂文集》,編纂有《可儀堂一百二十名家制義》《可儀堂左選》等)謂："將士聞此,幾不測襄公胸中有多少甲兵；及後此說出迂腐可笑之言,受子魚痛斥,不能更置一詞矣。"不知古人行文之妙,舉得不高,亦跌得不碎。

襄公雖劣,然假仁僞義,名在五霸之列。觀其以區區一宋,敢與楚抗,膽量亦自不小。兩曰"不可",口吻極壯闊堅定。至於一敗塗地,若不支撐,則辱乃愈甚。"不重傷,不禽二毛",不阻隘,"不鼓不成列",連用四"不"字,亦未必皆屬無根之言。子魚不更與辯,但曰"君未知戰"一語,已將以上腐話掃盡。"隘而不列,天贊我也",開口便破他不阻隘、不成列之闊論。然後將二毛、重傷反覆警醒一番。胡耇者,元老之稱。獲胡耇者,破他不禽二毛之假仁。殺敵者,盡敵也,破他不肯重傷之僞義。又恐不透,"則如勿傷","則如服焉",讀者似以"則"字代"不"字用,實則非是。"則"字,急語也,趣之之詞也。趣之服,趣之勿傷,皆激烈之談。至此知公無言可對,于是子魚從容談兵矣。"三軍以利用也"一語,語氣和緩,是匡正導以知兵之意。其下兩"可也",又箴公後此之不可如是。儳,不齊也,猶言未整陳也。

呂郤畏偪 僖公二十四年(前636年)

呂、郤(xì。呂甥、郤芮,皆晉惠公舊臣)畏偪(同"逼",逼迫,迫害),將焚公宮而弒晉侯(指晉文公)。寺人披(宦官,名披)請見,公使讓之,且辭焉,曰:"蒲城之役(僖公五年,晉獻公命寺人披伐蒲城,誅重耳。蒲城,晉邑,在今山西省隰縣西北),君(指晉獻公)命一宿(指住宿一晚),女(同"汝")即至。其後余從狄君以田渭濱(宋林堯叟注:"田獵於渭水之濱。"),女爲惠公來求殺余,命女三宿,女中宿至。雖有君命,何其速也?夫袪(qū,衣袖)猶在(按,蒲城之役,重耳逾牆而走,"披斬其袪"),女其行乎!"對曰:"臣謂君之入也,其知之矣(指知爲君之道)。若猶未也,又將及難。君命無二,古之制也。除君之惡,惟力是視。蒲人、狄人,余何有焉?(杜注:"當二君世,君爲蒲、狄之人,於我有何義?")今君即位,其無蒲、狄乎?齊桓公置射鉤(按,管仲曾奉公子糾,射齊桓公,中其帶鉤),而使管仲相。君若易之,何辱命焉?(杜注:"言若反齊桓,己將自去,不須辱君命。")行者甚衆,豈唯刑臣(受過宮刑之臣)?"公見之,以難(指上文所言呂、郤之密謀發難)告。三月,晉侯潛會秦伯(指秦穆公)於王城(秦地,在今陝西大荔縣東)。己丑晦,公宮火。瑕甥(即呂甥)、郤芮不獲公,乃如河上,秦伯誘而殺之。晉侯逆(迎)夫人嬴氏(秦穆公女文嬴)以歸。秦伯送衛於晉三千人,實紀綱之僕(猶得力之僕)。

初，晉侯之豎（近侍小臣）頭須，守藏（zàng。看守庫藏）者也，其出也，竊藏以逃，盡用以求納之。及入，求見。公辭焉以沐（洗頭）。謂僕人曰："沐則心覆，心覆則圖反（思考問題顛倒），宜吾不得見也。居者爲社稷之守，行者爲羈紲（jī xiè，馬絡頭和馬韁繩）之僕，其亦可也，何必罪居者？國君而讎匹夫，懼者甚眾矣。"僕人以告，公遽見之。

紓按：

寺人披者，反覆之小人也；頭須者，愚妄之小人也。一以告訐陰謀，爲進身之地；一以潛邸（國君即位前的住所）小人，求覆水之收。叙其事者，頗難著筆。

若寺人一啟口，即訐呂、郤之發難，則文公斷斷不信，明謂賣呂、郤以徼（同"邀"，求）功。即披之狡獪，亦斷斷不爲此冒失之舉動。左氏閒閒把舊事一提，説到蒲城斬袪，是骨肉痛心之事，咎在惠公，又不敢明斥惠公，但推卸惠公，以"速"字定寺人之罪。抒其大度，以"行"字見不殺之仁。此一著甚險，一斬寺人，禍事即不旋踵而至。然文公言到此處，豁然不校，似仁至義盡，以下別無餘語矣。而寺人忽斗然發冷雋驚駭之語，一矢口（猶開口）即布一疑團，令文公必釋憾而下問。四句中作三折："其知之矣"，句。聞者已摸索不著；"若猶未也"，句。則自下轉語，留爲待問之地；"又將及難"，句。則更偪進一層，勢在不能不問。試思披之得罪，文公憾至次（入）骨，以新得國之故，許多大仇尚留而未報，不欲人心解體；故赦披不殺，非真不殺也。披在萬死之中，更求進身之地；則第一語開頭，雖貢其百般之誠款，皆不能迴公之心、釋公之憾。非用此恫疑虛喝之筆，萬不見功。凡文字中能一針見血者，必如此簡捷，不特切於事情，亦足動人心目。三語中皆未露出一個"難"字，圖窮匕見，必漏呂、郤二人姓名矣。顧乃不然，但把舊事一提，公溯到蒲、狄之難，寺人即還他一個蒲、狄。且張其包天之膽，以刑人而自侔仲父（即管仲。唐人楊倞曰："仲者，夷吾之字；父者，事之如父。故號爲仲父。"），此非妄也。小人眼中矜救命之功，固以爲不世出，亦知文公閲歷久，料事聰明，告則必見。自擬管仲，擬公桓公，亦是用此爲諂媚之具。且明明欲見，卻説到"何辱命焉"，故意推開，而陰恃有上文"又將及難"之語，自爲擒縱。緊切簡括，極行文之能事矣。

至於頭須之罪，又與寺人不同。寺人者，以殺公爲己功，其來也反顔事仇者也；頭須者，以入公爲己功，其來也自明心迹者也。然竊藏之罪，公憶之；求納之計，公不知也。寺人有本事在先，讀者已悉；故起筆直用寺人披，不必述其事實。頭須之已事（往事）無傳，則不能不爲補叙。"心覆圖反"四字雖新，究不甚切要。重在"國君而仇匹夫"六字，打入英雄心坎，勢亦不能不見。

文字寫兩小人作兩樣寫法，一關緊要，一則不關緊要。妙在能將小人之言，説得侃直近理，到似文公之理，轉歉於此二豎。文人狡獪（kuài。狡獪機靈）工夫，神注那裏，而筆力即爲是人張大。不即不離，能使人人首肯，真詞林妙品也。

介之推不言禄僖公二十四年（前636年）

晉侯（指晉文公）賞從亡者，介之推（晉大夫。之，語助詞。《史記·晉世家》作"介子推"）不言禄，禄亦弗及。推曰："獻公之子九人，唯君在矣。惠、懷無親，内外棄之。天未絶晉，必將有主。主晉祀者，非君而誰？天實置之，二三子以爲己力，不亦誣乎？竊人之財，猶謂之盜，況貪天之功以爲己力乎？下義其罪（以其罪爲義），上賞其姦；上下相蒙，難與處矣。"其母曰："盍（猶何不）亦求之？以死誰懟（duì，怨）？"對曰："尤(罪過)而效之,罪又甚焉。且出怨言,不食其食。"其母曰："亦使知之,若何？"對曰："言,身之文也。身將隱,焉用文之？是求顯也。"其母曰："能如是乎！與女(同"汝")偕隱。"遂隱而死。晉侯求之不獲,以綿上(地名,在今山西介休市東南)爲之田(祭田),曰："以志吾過,且旌(旌表)善人。"

紓曰：
　　天下好文章,不是好手能憑空虛構而出,一一本之天然,經好手一安頓,便覺前後都有照應。
　　此篇重在"不言"及"弗及"四字。既不言,自不及,那裏(猶哪裏)尚有文字？看他不言而偏有言,且言之痛快,使公聞之,節節痛心。在理,禄宜即及。然及其生前,文字又屬平衍。叙"及"字,偏及他身後。倒似開頭"不言""弗及"四字,有意作反面,使他下文轉入正面者。試問此是天然耶？或左氏之杜譔？
　　觀他起手,大書晉侯賞從亡者。從亡者到底幾人,公胸中當已了了,何至遺漏一個介子推？然貪天之功以爲己力,如狐偃(晉文公之舅,曾任晉國上卿)者,即屬其人。子推冷眼旁觀,不覺氣填胸臆。有貪功者之言,則不自爲功者自然不言。面前不言,背後自然生出議論。此不是寫子推之激,正是寫晉侯之梟。然晉侯方以譎假仁,萬不聽子推之向隅(據險以抗),以形己之不義。求之不獲,放火以速其出,此真強盜之行爲。左氏不書,但曰"遂隱而死"。不言病,不言自盡,而死期恰在求之之時,則晉侯顛倒謬亂之行爲,但於"遂隱而死"四字中包涵都盡。至以田旌善,此粉飾盡人知之,不必論也。然結到不賞之賞,無心與篇首相應。至子推與其母對答云云,均是文中應有之波瀾,亦不必確有其事。

展喜犒師僖公二十六年(前634年)

　　夏,齊孝公伐我北鄙。衛人伐齊,洮之盟(按,僖公二十五年,魯、衛結盟於魯國洮地)故也。公使展喜(魯大夫)犒師,使受命於展禽(魯大夫)。齊侯未入境,展喜從之,曰:"寡君聞君親舉玉趾,將辱(謙辭,指使對方受辱)於敝邑,使下臣犒執事(左右從事之人。不敢斥言尊者,故婉言執事)。"齊侯曰:"魯人恐乎?"對曰:"小人恐矣,君子則否。"齊侯曰:"室如懸罄(杜注:"言居室而資糧縣盡。"如,而也。罄,盡也。服虔、劉炫謂"罄"借作"磬",以懸掛之磬比喻空無所有,亦通),野無青草,何恃而不恐?"對曰:"恃先王之命。昔周公、大公(姜尚,齊國始祖。大,同"太")股肱周室,夾輔成王。成王勞之,而賜之盟,曰:'世世子孫,無相害也!'載(載書,盟書)在盟府,大(同"太")師職之。桓公是以糾合諸侯,而謀其不協,彌縫其闕,而匡救其災,昭舊職也。及君即位,諸侯之望曰:'其率(遵循)桓之功!'我敝邑用(因)不敢保聚,曰:'豈其嗣世(繼位)九年,而棄命廢職?其若先君何?君必不然。'恃此以不恐。"齊侯乃還。

　　文字中有下一字,造一語,重如山岳,震如雷霆,聞者立動其顏色,即此篇"恃先王之命"五字是也;文字中有使人歡悅,使人疑駭,聞者必加以考問,即此篇"小人恐矣,君子則否"八字是也。《國策》(《戰國策》的別名)中亦間用此法,顧多拗折之筆,宛轉盤繞,本求明顯,以盤繞過多,轉致沉晦,亦比比而是。左氏則堂堂正正,一下字,即使人無可移易。

　　觀齊孝公之來,實襲其先公之餘烈,輕貌魯國,一開口便曰"室如懸罄,野無青草",明明指其無恃。而展喜即拈此

"恃"字,爲當頭之棒喝。孝公早已愕然撟(jiǎo,翹)舌,而展喜卻雍容閒暇。述及周公、太公,然周公、太公之間,不著一"與"字,正有講究。蓋著一"與"字,是將二公隔膜,不成一家人矣。周、太平列者,見得二公初無分別,而子孫生出不協,即爲二公之罪人。故以下清出"相害"二字,不言害魯,而曰相害。且魯亦引過,是語氣之和平處。轉到桓公身上,更見得與魯親上加親。不溯鴻功,但言舊職,復歸到二公盟誓之至意,嚴切束縛孝公,使之無可挪動。"率桓之功"四字,明明責他不能躬承先業,棄命廢職,直是當面抹殺。幸有"豈其"二字爲之根,則雖抹煞孝公,尚是駕空立論;意謂能率桓功,即是不廢其職,不率桓功,即是自棄其命,點清君子有恃不恐之意。且下"君子"兩字,尤有分寸,得見君子自待如此,對待孝公亦如此。孝公不副君子之望,則孝公已不自居於君子之列,而淪於小人。"師直(出師理直)爲壯,曲(理曲)爲老(疲病)"(《左傳》僖公二十八年),孝公經此一番申斥,默然無言。文自首至尾,無一懈筆。

城濮之戰僖公二十八年(前632年)

二十八年春,晉侯(指晉文公)將伐曹,假道於衛,衛人弗許。還,自南河(即南津,在今河南淇縣南)濟,侵曹、伐衛。正月戊申,取五鹿(衛地,在今河南濮陽市南)。二月,晉郤縠(xì hú。晉中軍將)卒。原軫(zhěn。即先軫。食邑於原,故稱原軫)將中軍,胥臣佐下軍,上(同"尚")德也。晉侯、齊侯(指齊昭公)盟於斂盂(衛地,在今河南濮陽市東南)。衛侯(指衛成公)請盟,晉人弗許。衛侯欲與楚,國人不欲,故出其君,以說(同"悅")於晉。衛侯出居於襄牛(衛地,今地不確。錢穆《史記地名考》謂當在今河南濮陽市、滑縣間)。

公子買(魯人)戍衛,兩面討好。楚人救衛,不克。公懼於晉,殺子叢(即公子買,字子叢)以説(同"悦")焉。謂楚人曰:"不卒戍也。"

晉侯圍曹,門(攻打城門)焉,多死。曹人尸諸城上,晉侯患之。聽輿(衆)人之謀,①稱"舍於墓"。師遷焉(指遷至曹人墓地),曹人兇懼(猶恐懼),爲其所得者,棺而出之。因其兇也而攻之。三月丙午,入曹,數之以其不用僖負羈(曹大夫。重耳流亡至曹國時,曾善待之),而乘軒者三百人也,且曰獻狀(諸家解釋不一。或謂當年曹共公近觀重耳裸浴,使之獻駢脅之狀)。令無入僖負羈之宮,而免其族,報施也。魏犫(chōu。晉大夫,重耳流亡時的隨從之一)、顛頡(xié。晉大夫,重耳流亡時的隨從之一)怒曰:"勞之不圖(考慮),報於何有(猶何有於報)?"爇(ruò,燒)僖負羈氏。魏犫傷於胸,公欲殺之,而愛其材。使問(慰問),且視之。病,將殺之。魏犫束胸見使者,曰:"以君之靈,不有寧也?"距躍(説法不一。或謂向上跳)三百(形容多次),曲踊(説法不一。或謂向前跳)三百。乃舍之。殺顛頡以徇(xùn,示衆)於師,立舟之僑以爲戎右(執戈盾位於戎車右邊的武士)。

宋人使門尹般(宋大夫,名般)如晉師告急。公曰:"宋人告急,舍之則絶(意即捨宋而不救,則將與晉絶交),告楚(請楚退兵)不許。我欲戰矣,齊、秦未可,若之何?"先軫曰:"使宋舍我而賂齊、秦,藉之告楚。我執曹君,而分曹、衛之田以賜宋人。楚愛曹、衛,必不許(指不許齊、秦爲宋之請)也。喜賂怒頑(杜注"齊、秦喜得宋賂而怒楚之頑"),能無戰乎?"公説,執曹

---

① 原書"謀"後從《左傳》通行本衍"曰"字,據敦煌寫卷、日本金澤文庫《春秋經傳集解》删。

伯,分曹、衛之田以畀(bì,給予)宋人。

楚子(指楚成王)入居於申(楚邑,在今河南南陽市北),使申叔去(離開)穀(齊邑,在今山東省東阿縣),使子玉(楚國令尹。按,令尹猶相國)去宋,曰:"無從(追擊)晉師!晉侯在外,十九年矣,而果得晉國。險阻艱難,備嘗之矣;民之情偽,盡知之矣。天假之年,而除其害,天之所置,其可廢乎?《軍志》(古代兵書,已佚)曰:'允當則歸。'又曰:'知難而退。'又曰:'有德不可敵。'此三志者,晉之謂矣。"子玉使伯棼(fén。即鬬椒,字伯棼,亦字子越。楚大夫)請戰,曰:"非敢必有功也,願以間執(趁機堵塞)讒慝(奸佞邪惡)之口。"王怒,少與之師,唯西廣(guǎng。楚王的兵車分爲東廣和西廣,西廣即右廣)、東宮(指太子的親兵)與若敖之六卒(一百八十乘。按,一卒三十乘。若敖本爲楚君熊儀的謚號,若敖之六卒,疑爲若敖初設之宗族親軍)實從之。

子玉使宛春(楚大夫)告於晉師曰:"請復衛侯而封曹,臣亦釋宋之圍。"子犯(即狐偃,字子犯)曰:"子玉無禮哉!君取一,臣取二,不可失(指失去有利的戰機)矣。"先軫曰:"子與(許)之!定人(使人安定)之謂禮,楚一言而定三國,我一言而亡之。我則無禮,何以戰乎?不許楚言,是棄宋也;救而棄之,謂諸侯何(意即無法向諸侯交代)?楚有三施,我有三怨,怨讎已多,將何以戰?不如私許復曹、衛以攜(離間)之,執宛春以怒楚,既戰而後圖之。"公說。乃拘宛春於衛,且私許復曹、衛。曹、衛告絕於楚。

子玉怒,從晉師。晉師退。軍吏曰:"以君辟(同"避")臣,辱也。且楚師老矣,何故退?"子犯曰:"師直爲壯,曲爲老,豈在久乎?微(無)楚之惠不及此,退三舍(九十里。按,一舍三十里)辟之,所以報也。背惠食言,以亢(庇護)其讎(指宋國），我曲楚直，其衆素飽，不可謂老。我退而楚還，我將何求？若其不還，君退臣犯，曲在彼矣。"退三舍。楚衆欲止，子玉不可。

夏四月戊辰，晉侯、宋公、齊國歸父（國氏，名歸父，齊大夫）、崔夭（齊大夫）、秦小子憖（yìn。秦穆公子）次于城濮（衛地，在今山東鄄城縣）。楚師背酅（xī，險要的丘陵）而舍，晉侯患之，聽輿人之誦，曰："原田（高原之田）每每（草盛貌），舍其舊而新是謀。"公疑焉。子犯曰："戰也！戰而捷，必得諸侯。若其不捷，表裏山河（意即外有黃河，內有太行山，以爲屏障），必無害也。"公曰："若楚惠（恩惠）何？"欒貞子（即欒枝，諡貞子。時任晉下軍將）曰："漢陽諸姬，楚實盡之。思小惠而忘大恥，不如戰也。"晉侯夢與楚子搏，楚子伏己而盬（gǔ，吸吮）其腦，是以懼。子犯曰："吉。我得天，楚伏其罪，吾且柔（懷柔，馴服）之矣。"

子玉使鬭勃（楚大夫）請戰，曰："請與君之士戲（角力，意即交戰），君馮（同"憑"）軾（車前橫木）而觀之，得臣與寓目（指觀戰）焉。"晉侯使欒枝對曰："寡君聞命矣。楚君之惠，未之敢忘，是以在此。爲大夫退，其（豈）敢當（抵擋）君乎？既不獲命（指停戰之命）矣，敢煩大夫，謂二三子：'戒爾車乘，敬爾君事，詰朝（猶明朝）將（請）見。'"

晉車七百乘，韅（xiǎn，馬背上之皮帶）、靷（yǐn，馬胸前之皮帶）、鞅（yāng，馬頸部之皮帶）、靽（bàn，拴馬足之繩。此句言其車馬裝備之齊全）。晉侯登有莘（莘爲古國名，今地不詳。有爲名詞詞頭，常用於國名、族名、物名前。王引之曰："有，語助也。一字不成詞，則加'有'字以配之。"）之虛（同"墟"）以觀師，曰："少長有禮，其可用也。"遂伐其木，以益其兵。

己巳,晉師陳於莘北,胥臣以下軍之佐當陳、蔡。子玉以若敖之六卒將中軍,曰:"今日必無晉矣。"子西(即鬬宜申,字子西)將左,子上(即鬬勃,字子上)將右。胥臣蒙馬以虎皮,先犯陳、蔡。陳、蔡奔,楚右師潰。狐毛(晉上軍將)設二旆而退之。欒枝使輿(戰車)曳柴(拖著樹枝)而僞遁,楚師馳(驅逐)之,原軫、郤溱(xì zhēn,晉中軍佐)以中軍公族橫擊之。狐毛、狐偃以上軍夾攻子西,楚左師潰。楚師敗績。子玉收其卒而止,故不敗。

晉師三日館、穀(指宿於楚舍、食楚穀三日),及癸酉而還。甲午,至於衡雍(鄭地,在今河南原陽縣西),作王宫於踐土(鄭地,在今河南原陽縣西南)。

鄉(往昔)役之三月(杜注"城濮役之前三月"),鄭伯(指鄭文公)如楚致(送)其師。爲楚師既敗而懼,使子人九(子人氏,名九,鄭大夫)行成(求和)於晉。晉欒枝入盟鄭伯。五月丙午,晉侯及鄭伯盟於衡雍。

丁未,獻楚俘於王(指周襄王),駟介(駟馬披甲者)百乘,徒兵(步兵)千。鄭伯傅(相)王,用平(周平王)禮也。己酉,王享醴(設醴以享賓客。醴,一種甜酒,釀之一宿而成),命晉侯宥(通"侑",指敬酒酬謝)。王命尹氏及王子虎、内史(官名,協助周王掌爵禄廢置等政務)叔興父(杜注:"尹氏、王子虎,皆王卿士也。叔興父,大夫也。")策命晉侯爲侯伯,賜以大輅 lù 之服、戎輅之服(今人趙生群《左傳疑義新證》謂與大輅、戎輅相應之器物儀仗。輅,本作"路"。東漢劉熙《釋名》:"路,亦車也。謂之路者,言行於道路也。"大輅,天子之車;戎輅,將帥之戰車),彤(赤色)弓一、彤矢百,玈音廬,黑弓、弓矢千,秬鬯 jù chàng 黑黍香酒。一卣,中尊也。虎賁(通"奔"。如虎之賁,指勇士)三百人,曰:"王謂叔父(指晉文公),'敬服王命,以綏(安)四國,糾逖王慝（糾察懲治周王之所惡。逖，通"剔"，治也）。'"晉侯三辭，從命，曰："重耳敢（表敬副詞，無實義）再拜稽 qǐ 首（叩頭至地，古時最恭敬的跪拜禮），奉揚天子之丕顯（宏大而顯明）休命（賞賜與策命）。"受策以出，出入三覲。

紆按：

是篇敘晉文以譎謀陷曹、衛，因之敗楚，文似《國策》，實非《國策》。《國策》造句甚喫（同"吃"）力，轉折旋繞，必欲讀者知其設謀之深、敘事之曲。然往往為不曲之曲，匪深之深；若一二語衍文，便百索不得其解矣。觀左氏之敘曹、衛事，簡易顯豁。明明是曲，讀之則直而易曉；明明是深，讀之似淺而無奇。凡文字頭緒繁多，事體膠轕（jiāo gé，交錯雜亂），總在下字警醒；則一目了然，不至令人思索。此等文境，亦大不輕易走到。

試觀先軫之謀曰："使宋舍我而賂齊、秦，藉之告楚。我執曹君，而分曹、衛之田以賜宋人。楚愛曹、衛，必不許也。喜賂怒頑，能無戰乎？"寥寥數行中，若入《國策》文字，必千盤百轉，幾令讀者身入其中，無有出路。此亦關人之能用簡筆不能用簡筆也。此數行全著眼在"喜賂怒頑"四字，應上必使齊、秦之可。讀者當知左氏此時，用筆不注在楚，不注在曹、衛，注在齊、秦也。何以言之？文公之意，決戰無疑。齊、秦不助，亦不能戰。問先軫，是問齊、秦之可，不是問楚之能戰與否。執曹公，分曹、衛以干楚怒，是饋送一"頑"字與楚子玉也。使宋舍我而賂齊、秦，又隱導齊、秦以貪。貪而不遂，則始喜而終怒，勢在必戰。以上所謀，是構三國以興訟。"喜賂怒頑"四字，是定三國之爰書（記錄供詞的文書），斬截碻（同"確"）當，歸結本謀。以下再敘戰事，至子玉請復衛侯而封曹，楚亦釋宋之圍，見得楚子玉千伶百俐，破此鬼蜮（yù。《說文·蟲部》："蜮，短狐也。似鼈，三足，以氣射害人。"鬼蜮猶害人精）

之機關。若入《國策》,便有曲折之議論。而左氏述先軫之言,只用一"攜"字、一"怒"字。曹、衛見晉之許復,安得不攜?楚子玉見晉之拘使,安得不怒?晉又是激他必戰之策。綜言之,定策雖佳,須在戰後分曉,捷則諸計全中,不捷則百事瓦解。此左氏敘城濮未戰之前計畫。勝負之定,實不在此。讀者不能謂此計一行,晉國便勝著也。

文敘事至此,正在百忙之中,忽徐徐寫出楚子在申,下教調去穀、宋二軍,且從容作問語曰:"晉侯在外,十九年矣。險阻艱難,備嘗之矣。民之情偽,盡知之矣。"三用"矣"字,有欷惋意,有逆料意,有畏懼意,不是寫楚子之度,是寫晉侯之能。觀其下欒枝之言,其度尤勝。唯左氏有兼人之神力,不肯盡逞才鋒,爲喧天之鐃náo吹(軍中樂歌。鐃,古代軍中用以止鼓退軍的樂器)。在兵事喫緊時,仍能爲此整暇(嚴謹而從容)之筆。太史公有時能之,然語多矜莊,不如左氏之舒泰。昌黎則筋骨呈露,亦不能有此整暇之筆。

不特此也,《左傳》敘數大戰,如鞌(ān,齊地,在今山東濟南市。鞌之戰見成公二年)也、邲(bì,鄭地,在今河南滎陽市東北。邲之戰見宣公十二年)也、鄢陵(鄭地,在今河南鄢陵縣。鄢陵之戰見成公十六年)也,車馳卒奔,頗極喧鬧。而此篇敘計畫獨多,文字佳處,俱在戰事之前,千瀾萬波,全爲制勝張本。及歸到戰狀,寥寥不過數行而結。凡鉅篇文字,最忌相犯。城濮之戰,君臣輯睦,上下成謀,故勝。鞌之戰,極敘齊侯(指齊頃公)之驕,極寫郤克(晉正卿兼中軍將)之憤,亦勝。邲之戰,則晉大夫咸有虞心,人多口雜,彘子(晉中軍佐先縠。因食邑於彘,故稱彘子)亂之,故敗。鄢陵之戰,則晉大夫咸不欲戰,而倖勝由子反(即公子側,字子反,楚司馬)醉而共王(楚共王)傷也。鄢陵之戰,用虛寫之筆尤佳。故作文必先自定其局,不自相龔;則每篇始各具精神,然亦關才、學與識耳。

燭之武見秦君 僖公三十年（前630年）

九月甲午，晉侯（指晉文公）、秦伯（指秦穆公）圍鄭，以其無禮於晉，且貳於楚（指於晉、楚兩面討好。按，城濮之戰中，鄭助楚攻晉，後見楚師不利而與晉講和）也。晉軍函陵（地名，在今河南新鄭市北），秦軍汜 fàn 南（汜水之南，在今河南中牟縣一帶）。

佚之狐（鄭大夫）言於鄭伯（指鄭文公）曰："國危矣，若使燭之武（鄭大夫）見秦君，師必退。"公從之。辭曰："臣之壯也，猶不如人；今老矣，無能為也已。"公曰："吾不能早用子，今急而求子，是寡人之過也。然鄭亡，子亦有不利焉。"許之。夜，縋（zhuì，以繩繫之吊下）而出。見秦伯曰："秦、晉圍鄭，鄭既知亡矣。若亡鄭而有益於君，敢以煩執事？越國以鄙遠，君知其難也，焉用亡鄭以陪（增益）鄰？鄰之厚，君之薄也。若舍鄭以為東道主，行李之往來，共（通"供"）其乏困，君亦無所害。且君嘗為晉君（指晉惠公）賜矣，許君焦（晉邑，在今河南三門峽市西）、瑕（晉邑，疑在今山西芮城縣南），朝濟而夕設版（築城）焉，君之所知也。夫晉，何厭（同"饜"，滿足）之有？既東封鄭（東略鄭以為封疆），又欲肆（延伸）其西封（西部疆界）。若不闕（損害）秦，將焉取之？闕秦以利晉，唯君圖（考慮）之。"秦伯說，與鄭人盟，使杞子、逢 páng 孫、揚孫（三人皆秦大夫）戍之，乃還。

子犯請擊之。公曰："不可。微（無）夫人（那人，指秦穆公）之力不及此。因人之力而敝之，不仁；失其所與，不知（同"智"）；以亂易整，不武。吾其還也。"亦去之。

天下求文字之緊湊，用"利害"兩字，轆轤（比喻如轆轤般圓轉）爲用，移步換形，言簡詞悚，能使人不得不聽者，此篇是也。

燭之武雖老，技癢人也，故一叩即鳴。想其辭謝鄭伯時，亦未必即有把握。一經鄭伯提起"鄭亡，子亦不利"一語，立時參透晉強，秦亦不利。機關一動，即用鄭伯速己之言，爲搖動秦伯之術。觀其一肆口即曰："亡鄭而有益於君，敢以煩執事。"此即鄭伯言中之意也。"越國以鄙遠，君知其難也"句，是言秦爲其難，以利歸晉。亡鄭陪鄰，爲計更左，似患晉之無利，用力以附益之。鄰厚君薄，已撩動秦伯妬心，使之趨利而避害。繼以甘爲東道，願供行李困乏，謂秦雖無大利，亦據其小利。不說以鄭屬秦，但小餌之以此，兩兩與亡鄭陪鄰比較，爲利已多。顧不言利，而曰亦無所害者，以所挾持餌秦者，爲禮薄也，不好出口；且不將晉人攀倒，以往事動秦伯之怒，亦不見功。焦、瑕負約，是惠公時事；然惠負而文不酬，秦伯本有怏怏之心，一經觸發，立形解體。東封西封之害，秦人本不懼此，特行文應有之言。

全篇重在"闕秦利晉"四字，使秦伯不能不聽。匪特燭之武敏給（猶敏捷），非左氏文字曲曲傳寫，敏給亦無從見。文無他妙巧，但極緊極靈，代他體貼，代他估量，代他不平，代他計較，代他抱屈，一一若貢忠誠，實一一皆關利害。"利害"兩字，或平列，或側重，或挪移抽換，但覺一步緊似一步。行文能解此法，殊游刃有餘。

秦三帥襲鄭僖公三十二年（前628年）

冬，晉文公卒。庚辰，將殯於曲沃（晉文公祖廟所在地，在今山西聞喜縣東）。出絳（晉都，在今山西曲沃縣、翼城縣交界處），柩有聲如牛。卜偃(晉卜筮之官，名偃)使大夫拜，曰："君命大事：將有西師過軼我，擊之，必大捷焉。"

　　杞子自鄭使告於秦曰："鄭人使我掌其北門之管(鑰匙)，若潛師以來，國可得也。"穆公訪諸蹇叔(秦大夫)，蹇叔曰："勞師以襲遠，非所聞也。師勞力竭，遠主備之，無乃(未免,恐怕)不可乎？師之所爲，鄭必知之。勤而無所，必有悖心。且行千里，其誰不知？"公辭焉。召孟明、西乞、白乙，使出師於東門之外。蹇叔哭之，曰："孟子(即孟明)！吾見師之出，而不見其入也！"公使謂之曰："爾何知？中壽，爾墓之木拱矣。"蹇叔之子與師，哭而送之，曰："晉人禦師必於殽(同"崤"xiáo，山名，在今河南洛寧縣西北)，殽有二陵焉。其南陵，夏后皋(夏帝，名皋，夏桀之祖父)之墓也；其北陵，文王之所辟風雨也。必死是間，余收爾骨焉！"秦師遂東。

　　　　文字須講聲響，此篇聲響高極矣。襲鄭之師，百里奚(秦國賢相。原爲虞大夫，後秦穆公以五羖贖之，稱"五羖大夫")不諫，仍在虞之故智。故文中出色之人，但寫蹇叔。秦師將出，君臣咸求吉利之語，叔乃哭送，事已大奇；不知有此一哭，而文之聲響，即由是而高。抗聲呼曰"孟子"，其下即曰："吾見師之出，而不見其入也。""孟子"宜小頓，其中有千言萬語，礙著秦君說不出，礙著孟子之少年盛氣，亦說不出。但曰"孟子"兩字，如繪出老年人氣結聲嘶，包蘊許多眼淚。"吾"字亦宜作一小頓，纔見得老人若斷若續之口吻。以下便衝口吐出不吉之語，寫蹇叔憤激，遂至口不擇言。

　　顧蹇叔之聲響即高，苟秦伯以悠泛之詞答之，便不成文體。"爾何知"三字，聲亦高騫(高揚)。"中壽"宜活讀，當作宜死說。其下曰"爾墓之木拱矣"，是說少年將帥出師，正爲英雄立功之日,汝老悖垂死,墓木且拱,有何知識,語涉咒詛。蓋見出而不見入一言,蹇叔分明詛孟明之死,故秦伯亦以此報之。凡文字有根苗者,上呼下應,自不突兀。今試將秦伯之言作高聲拖延一誦,亦至悲抗。

至於蹇叔復告其子,遥想二陵曰:"其南陵,夏后皋之墓也;其北陵,文王之所避風雨也。"音節直帶楚聲。不言險地渡兵,為人刧躡,但虚寫險阻之狀,隱詔三帥早為之備。不以審勢應敵為言,但於悲哭中帶出兵謀,吾不知左氏胸中,蘊何機軸。行文之高,至於如此!"必死是間",正是必備是間;惜三帥無謀,岸然不顧。

文末以四字結句,曰"秦師遂東","東"字亦響極,正寫此三帥喜功好戰之心,全把老成之言,拋諸腦後,慨然東邁,于無意中作一結束,而敗兆已寓其中。此四字雖在《檀弓》(《禮記》篇名。篇中多言喪禮之事)册,亦不可多得,故文字之結響,令人心醉神馳。舍左、馬二氏,無出其右者。

秦師襲鄭_{僖公三十三年(前627年)}

三十三年春,秦師過周北門,左右(指車左、車右,分別為射者、執戈盾者)免胄(脱下頭盔)而下,超乘(跳躍上車)者三百乘。王孫滿(鄭樵《通志》認為係周頃王孫,後為周大夫)尚幼,觀之,言於王曰:"秦師輕而無禮,必敗。輕則寡謀,無禮則脱。入險而脱(疏略),又不能謀,能無敗乎?"

及滑(國名,在今河南偃師市南),鄭商人弦高將市於周,遇之,以乘韋(四張熟牛皮)先,牛十二犒師,曰:"寡君聞吾子將步師出於敝邑,敢犒從者。不腆(tiǎn。不豐厚,謙辭)敝邑,為從者之淹(久留),居則具一日之積,行則備一夕之衛。"且使遽告於鄭。

鄭穆公使視客館,則束載(捆束行裝)、厲兵、秣(餵)馬矣。使皇武子(鄭大夫)辭焉,曰:"吾子淹久於敝邑,唯是脯資餼xì牽(泛指各種食物。脯,乾肉。資,食糧。餼,活牲口。牽,牛、羊、豕)竭矣。爲吾子之將行也,鄭之有原圃(鄭國苑圃名,在今河南中牟縣西),猶秦之有具囿(秦國苑囿名,疑在今陝西鳳翔縣)也,吾子取其麋鹿,以閒敝邑,若何?"杞子奔齊,逢孫、揚孫奔衛。

孟明曰:"鄭有備矣,不可冀也。攻之不克,圍之不繼,吾其還也。"滅滑而還。

此一篇是上篇蹇叔言論之注腳,事事皆應其口。蹇叔曰"師之所爲,鄭必知之",而隱隱已伏下一個弦高,似弦高之十二牛及乘韋已爲蹇叔所見者;蹇叔曰"師勞力竭,遠主備之",似皇武子請客獵于原圃,而逢孫、揚孫之奔齊奔衛又爲蹇叔之所見者;蹇叔曰"勤而無所,必有悖心",猶言師出無功,必行悖逆之事,以洩其忿,則滅無罪之滑,使晉人有所藉口,又爲蹇叔之所見者。通篇爲前後兩篇作過脈文字,明乎蹇叔之意,全注在霸餘之晉國。而此篇偏不題起"晉"字,如雷聲將起,先密布下無數陰雲,而雲中隱隱已洩電光。如王孫滿之觀師而料敵,弦高之愛國而行權,一則決秦師之必不勝,一則示鄭國之不易取,全在蹇叔勞師遠襲一語,爲之關軸。然文字雖屬過脈,而起訖仍然自成篇法。王孫滿一開口,即曰"能無敗乎";孟明一悔悟,亦曰"不可冀也":此二語是天然之照應,亦天然之對仗。尤妙叙王孫滿而加以"尚幼"二字,又與上篇"爾何知?中壽"作一照應。穆公怒中壽人之老悖無知,而不知適落中壽人逆料之中。且不止中壽之人知之,而幼沖之人亦知之；所不知者，穆公耳。左氏在百忙中，尚能隱隱出以冷雋之趣語，真神閒氣定之文。

　　大凡行文有首有尾者，易于結構。若緣起在前篇，而結穴（比喻文辭的歸結要點）又在後篇，中間最難安頓：一著力爲下文處處留下地步，便生出許多痕迹；若照應上文，又不免拖泥帶水。此篇妙在全用叙事法。初若另起鑪竈，而步步咸有根據而來，一副眼光，全行注射下文。但觀弦高之犒來師，柔中帶剛。所云"具一日之積"者，言爲汝備也；"備一夕之衛"者，言將逐汝出于境外也。詞極柔順，意極剛果。而皇武子請客行獵，尤多妙語解頤（開顏歡笑。頤，面頰）。至于滅滑而還，則三帥之無聊可想。然書滅滑，則秦師未嘗及鄭，但及滑耳。若説成是時秦師在滑，滅滑而還，于文字亦未嘗非簡。乃左氏已先用插筆，寫與弦高相見時，正剛剛及滑，已埋下滅滑根株，至此直書滅滑，簡便極矣。

原軫敗秦師于殽僖公三十三年（前627年）

　　晉原軫曰："秦違蹇叔，而以貪勤民，天奉（與）我也。奉①不可失，敵不可縱。縱敵，患生；違天，不祥。必伐秦師！"欒枝曰："未報秦施，而伐其師，其爲（有）死君（指晉文公）乎？"先軫曰："秦不哀吾喪，而伐吾同姓，秦則無禮，何施之爲（有）？吾聞之：'一日縱敵，數世之患也。'謀及子孫，可謂死君乎！"遂發命，遽興姜戎。子（指晉襄公）墨（使……染成黑色）衰絰（cuī dié，喪服。衰，粗麻布製成的喪服。絰，喪服所用的麻帶），梁弘御戎，萊駒爲右（車右或戎右，執戈盾位於車乘右邊的武士）。

---

① 奉，原書誤作"秦"字，據阮刻本《春秋左傳正義》改。

夏四月辛巳，敗秦師于殽，獲百里孟明視、西乞術、白乙丙以歸。遂墨以葬文公，晉於是始墨。

文嬴（晉文公夫人）請三帥，曰：「彼實構（挑撥離間）吾二君，寡君（指秦穆公）若得而食之，不厭，君何辱討焉？使歸就戮於秦，以逞寡君之志，若何？」公許之。先軫朝，問秦囚。公曰：「夫人請之，吾舍之矣。」先軫怒，曰：「武夫力而拘諸原，婦人暫而免諸國，暫猶卒也。墮（同「隳」huī，毀）軍實而長寇讎，亡無日矣！」不顧而唾。公使陽處父（晉大夫）追之，及諸河，則在舟中矣。釋左驂（cān。車駕中居左旁之馬），以公命贈孟明。孟明稽首曰：「君之惠，不以纍臣（俘囚）釁鼓（殺人以血塗鼓，以祭祀神靈），使歸就戮于秦，寡君之以為戮，死且不朽。若從君惠而免之，三年將拜君賜。」

秦伯素服（凶服）郊次（指出居郊外），鄉師而哭，曰：「孤違蹇叔，以辱二三子，孤之罪也。」不替（廢）孟明，曰①：「孤之過也，大夫何罪？且吾不以一眚（shěng，眼病，引申為過失）掩大德。」

紓按：

此篇仍是活畫老謀壯事之蹇叔，不是寫秦、晉之勝負也。前一篇語語皆蹈蹇叔伏中，已詳批而顯揭矣，然尚為蹇叔對穆公言時之應驗。此篇則為蹇叔哭師之應驗矣，蹇叔不云乎「晉人禦師必於殽」。而此篇開頭，即大書晉「原軫曰」三字，其下復特書「夏四月辛未，敗秦師於殽」，直捷老當，把蹇叔所料，切實捧出。但觀原軫之言曰「秦違蹇叔」，其後秦伯哭師，亦曰「孤違蹇叔」，首尾兩提蹇叔，則愚所謂此篇活畫蹇叔，不

---

① 原書從通行本脫「曰」字，據敦煌寫卷、日本金澤文庫《春秋經傳集解》補。

是寫秦、晉之勝負，然乎？否乎？

　　而三帥之所以得歸者，其中亦微有天道。晉人之待秦，純用狡猾；而秦公之待晉，頗近忠厚。惟伐鄭留戍而先歸，與勞師襲遠一事，亦頗近貪利，所以取敗。若三帥授首，而蹇叔忠裔，亦在其中，未免過無天道。饒倖有文嬴爲請，而原軫不知，處父追及，而孟明已在舟中，生死關頭，僅容一髮。此是爲王官一役（秦軍復仇之戰，詳《左傳》文公三年），留下張本。且吾所謂狡猾、忠厚之分，其事亦正明顯。欒枝念死君，是忠厚語。原軫謂不哀喪而伐同姓，是矯曲爲直語。晉不愛虞、虢，不愛桓、莊之族，何有于一滑？其言愈慷慨奪理，正其愈狡猾處。

　　至于秦伯之饗師而哭，自行引罪，此原軫所萬不肯爲，亦晉文生時所萬不肯爲者。忠厚之氣，挾哭聲而俱出。一引罪，一認過，一不以眚掩德，想蹇叔在旁而聽，亦當揮淚不止。則晉人雖勝，固不如敗者之君臣契合、元氣渾淪也。

　　此篇與上篇詞令皆佳，弦高語句句藏鋒，皇武子語咄咄逼人，而又出以溫婉，文嬴語委過于下，孟明語隱寓復仇，皆言中有物，神妙無匹。

秦康公送公子雍于晉_{文公七年（前620年）}

　　秦康公送公子雍于晉，以前年晉使先蔑、士會（二人皆晉大夫）迎之也。曰：＂文公之入也無衛，故有呂、郤之難。＂僖二十四年，文公入。乃多與之徒衛。

　　穆嬴（晉襄公夫人）日抱大子以啼於朝，曰：＂先君何罪？其嗣亦何罪？舍適（同＂嫡＂）嗣不立，而外求君，將焉寘（同＂置＂）此？＂出朝，則抱以適（往）趙氏，頓首於宣子（趙宣子，即趙盾），曰：＂先君奉此子也而屬（同＂囑＂）諸子，曰：'此子也才，吾受子之賜;不才,吾惟子之怨。'今君雖終,言猶在耳,而弃之,若何?"宣子與衆大夫皆患穆嬴,且畏偪(同"逼",逼迫、迫害),乃背先蔑而立靈公,以禦秦師。

箕鄭(晉上軍將)居守,趙盾將中軍,先克佐之;克,先且居(先軫之子,曾任中軍將)子。荀林父佐上軍;以箕鄭居守也。先蔑將下軍,先都佐之。步招御戎,戎津爲右。及堇陰(晉地,在今山西臨猗縣東)。先蔑、士會逆公子雍前還晉,晉人始以立雍出軍。卒然變計,立靈公,故車右、戎御猶在職。堇音謹,一音靳。宣子曰:"我若受秦,秦則賓也;不受,寇也。既不受矣,而復緩師,秦將生心。先人(先發制人)有奪人之心,軍之善謀也。逐寇如追逃,軍之善政也。"訓卒利兵,秣馬蓐食(蓐食指在床蓐中就食,意即夜食;或指飽食,蓐者,厚也),潛師夜起。蓐,音辱。戊子,敗秦師於令狐,至于刳 kū 首(令狐、刳首皆晉地,在今山西臨猗縣)。己丑,先蔑奔秦,士會從之。刳,苦胡反。

先蔑之使(指使秦迎公子雍)也,荀林父止之,曰:"夫人、大(同"太")子猶在,而外求君,此必不行。子以疾辭,若何?不然,將及(杜注"禍將及己")。攝卿(派大夫代理卿職)以往,可也,何必子?同官爲寮(同"僚"),吾嘗同寮,敢不盡心乎?"弗聽。爲賦《板》之三章(《詩·大雅·板》第三章:"我雖異事,及爾同寮。我即爾謀,聽我嚻嚻。我言維服,勿以爲笑。先民有言,詢于芻蕘。"杜預注:"義取芻蕘之言,猶不可忽,況同寮乎?"),又弗聽。及亡,荀伯(即荀林父)盡送其帑(通"孥"nú,妻小)及其器用財賄於秦,曰:"爲同寮故也。"

士會在秦三年,不見士伯(即先蔑)。其人曰:"能亡人於國,言能與人俱亡于晉國。不能見於此,焉用之?"士季(即士會,字季)曰:"吾與之同罪,非義之也,將何見焉?"及歸,遂不見。

紓按：

此篇文字似貶先蔑不值一錢，故有人言經罪趙盾，經書"戊子，晉人及秦人戰于令狐"，趙盾廢嫡而外求君，故貶而稱人也。傳罪先蔑。試問遣先蔑者，趙盾也，左氏何以舍盾而罪蔑？實則讀傳而爲此言者，粗心浮意，殊可笑也。傳中大書特書曰"背先蔑而立靈公"，此何語耶？靈公應立，而趙盾且受顧命。觀穆嬴所言，則襄公臨死之哀鳴，趙盾萬不宜背，而盾居然背之。左氏深惡其所爲，故不書背襄公，而大書背先蔑。背先蔑，非改過也，欲委其背公之罪，而加之先蔑也。荀伯早已知之，故力止先蔑之行曰"夫人、大子猶在，而外求君"，言下已隱隱斥趙盾背顧命，背夫人，又背大子矣。及送帑之事，則荀伯不背先蔑，正以反映趙盾之背襄公也。於宣子並無一言，而罪狀顯然。至於士會之惡先蔑，私意也，以爲先蔑果辭謝不行者，己亦可免。乃先蔑貪功而獻媚，多此一舉，竟至與之同罪，此蓋無關緊要之贅筆，不能據此爲先蔑之罪。

然就文論文，似穆嬴一哭，而盾立萌其改過之心，潛師一起，而盾又擅其用兵之能，其實皆非也。更立靈公，直畏偪耳；敗秦令狐，直背信食言，而行刦於不備耳。然左氏寫穆嬴之哀痛迫切處，聞者幾爲淚下。但觀在朝數語，謂"先君何罪？其嗣亦何罪？舍適嗣不立，而外求君，將焉寘此？"此指大子也，即所謂厓山塊肉（指在崖山海戰失利後遇難的南宋少帝趙昺。崖山，在今廣東江門市新會區）也。讀者試閉目凝想其神情，國君新喪，夫人及大子皆斬衰，抱哭於朝，而謂舉朝大臣皆置之不理，國人能無不平？穆嬴此舉，已據勝著。乃更抱大子適諸趙氏，萬目共覩，見麻衣如雪之母子，則夫人、大子也，竟至頓首於宰相之門，哀求嗣立。此不是寫穆嬴，直寫趙盾喪心昧良，至於使人難堪地步。於是趙盾計窮，乃生出背先蔑之一策，至禦秦師之舉。而秦人一團高興，以爲結好邦交，乃不知已墜入伏中。左氏寫趙盾論兵，如火如荼，乃不知是個明眼人暗中狙擊瞎子，萬無不勝之理。外觀似寫趙盾之知兵，按之不足值人一笑，而此意早爲荀伯所覺，故力勸先蔑勿行。荀伯似早知穆嬴之有智略，國人之思舊君，顧命之不宜遽背，國本之不宜動搖，外諫先蔑，而目光全注趙盾。而先蔑不悟到底，遂墜趙盾術中。讀者當知此篇文字，與先蔑一毫無干，純是寫趙盾之粧（zhuāng，裝扮）神搗鬼也。

然篇中書"先蔑將下軍"，此時先蔑尚在秦師，何以能將？但觀經書"先蔑奔秦"，不言出者，在外奔也，而疏言先蔑、士會前還晉，晉人始以迎雍出師，卒然變計耳，此論頗近牽強。在理，《左傳》當書"先都佐下軍"，如荀林父，可也。時箕鄭將上軍，以居守，故但書荀林父。先蔑在秦，故但書先都，則合矣。

河曲之役 文公十二年（前615年）

秦爲令狐之役故，冬，秦伯（指秦康公）伐晉，取羈馬（晉邑，在今山西永濟市南）。晉人禦之。趙盾將中軍，荀林父佐之；郤缺將上軍，臾駢佐之；欒盾將下軍，胥甲佐之。范無恤御戎，以從（迎戰）秦師於河曲（晉地，在今山西永濟市南）。臾駢曰："秦不能久，請深壘固軍以待之。"從之。

秦人欲戰，秦伯謂士會曰："若何而戰？"對曰："趙氏新出其屬曰臾駢，必實爲此謀，將以老我師也。趙有側室（旁支子弟）曰穿，晉君（指晉襄公）之壻也，有寵而弱，不在（察）軍事；好勇而狂，且惡臾駢之佐上軍也。若使輕者肆焉（服虔謂"言使輕銳之師往趨突晉軍"），其可。"秦伯以璧祈戰于河。

十二月戊午，秦軍掩（突襲）晉上軍。趙穿追之，不及。反（同"返"），怒曰："裹糧坐甲（攜帶糧食，披甲以待），固敵是求。敵至不擊，將何俟焉？"軍吏曰："將有待也。"穿曰："我不知謀，將獨出。"乃以其屬出。宣子（即趙盾）曰："秦獲穿也，獲一卿矣。秦以勝歸，我何以報？"乃皆出戰，交綏（雙方皆退卻）。

秦行人（通使之官）夜戒晉師曰："兩軍之士皆未憖 yìn 也，○憖，缺也，魚覲反。明日請相見也。"臾駢曰："使者目動而言肆，懼我也，將遁矣。薄（逼近）諸河，必敗之。"胥甲、趙穿當（阻擋）軍門呼曰："死傷未收而弃之，不惠也；不待期而薄人於險，無勇也。"乃止。秦師夜遁。復侵晉，入瑕（晉邑，疑在今山西芮城縣南）。

紓曰：

此篇以士會爲主，以臾駢、趙穿爲客；士會是客中之主，駢、穿又主中之客。蓋河曲之役，爲士會歸朝之張本，是士會爲此篇之主矣。然而諸將之出，不知會爲秦畫策也，則明明是主，又爲客矣。臾駢首畫一個"待"字，秦果不能待也；繼定一個"薄"字，晉之力固能薄也。而趙穿曰"我不知謀"，又曰"不惠無勇"，明恃其巨族，以過新進之士。似此篇專爲此二人寫照，則二人又似爲此篇之主。然而二人一精一麤（同"粗"），一純一暴。而士會意中已了了知之，且明白爲秦伯言之，謂臾駢雖爲晉謀，不敵貴族趙穿之武斷，一口吸盡二人，則二人雖主，仍爲士會之客。然中間有一"待"字爲定盤針，又有一"薄"字爲收束法。如臾駢所言，則士會之料敵是虛寫，臾駢之定策是實寫，趙穿之敗謀是旁襯之筆，則又似臾駢爲此篇之主人翁。迷離惝 chǎng 恍（恍忽），究不辨誰主誰客。文心之變幻，令人捫捉不得。

總之，一路寫趙穿之狂謬，隱爲下文弒君伏線；寫趙盾之縱任趙穿，亦爲下文不敢討賊伏線。春秋爲世族之天下，《鶡 hé 冠子》（先秦道家著作，相傳爲楚國隱士鶡冠子所撰）所謂"萬賤之直，不能撓一貴之曲"，信哉信哉！

士會歸晉 文公十三年（前614年）

十三年春，晉侯（指晉靈公）使詹嘉（晉大夫）處瑕（意即賜以瑕邑），以守桃林之塞（在今河南靈寶市西，與瑕隔河相對）。

晉人患秦之用士會也，夏，六卿相見於諸浮（晉都外近郊之地）。趙宣子（即趙盾）曰："隨會（即士會。因食邑於隨，故稱隨會）在秦，賈季（即狐射姑。食邑於賈，字季）在狄，難日至矣，若之何？"中行桓子（即荀林父，又稱中行伯、荀伯。僖公二十八年，始將中行，故以爲氏，謚桓子。按，行爲晉軍事編制，建制次於軍，當時有上中下三行）曰："請復（使……返回）賈季，能外事，且由舊勳。"郤成子（即郤缺）曰："賈季亂，且罪大，不如隨會。能賤而有恥，柔而不犯，其知（同"智"）足使也，且無罪。"

乃使魏壽餘僞以魏叛者，以誘士會。執其帑（通"孥" nú，妻小）於晉，使夜逸。請自歸於秦，秦伯（指秦康公）許之。履士會之足於朝。秦伯師于河西，魏人在東，壽餘曰："請東人（即晉人）之能與夫二三有司言者，吾與之先。"使士會。士會辭，曰："晉人，虎狼也。若背其言，臣死，妻子爲戮，無益於君，不可悔也。"秦伯曰："若背其言，所不歸爾帑者，有如河（意謂有河伯作證，倘背此言，則當受禍。按，古代凡盟誓，皆質諸河伯、日神、上帝等神靈，以禍罰相要。說見日本竹添光鴻《左氏會箋》)!"乃行。繞朝(秦大夫)贈之以策(馬鞭),曰:"子無謂秦無人,吾謀適不用也。"既濟,魏人譟(同"噪",歡呼)而還(杜注"喜得士會")。秦人歸其帑。其處(留)者爲劉氏。

紓曰:

士會爲秦畫策,似已爲晉人所覺。不然,斷不能斗出一個"患"字。不言六卿相見於諸浮,謀士會也,乃先患士會,而後六卿始行聚議,似又爲臾駢之所覺。言六卿者,臾駢在內也。蓋臾駢料敵如神,詎(jù,豈)有不知士會之理?此文之用省筆也。復賈季,是陪筆。復士會,是正意。

壽餘之詐降,即《三國演義》之黃蓋也。秦伯之縱士會,亦《三國演義》曹操之不追關羽也。壽餘曰"請東人之能與二三有司言者",明明是指士會,全秦之人,豈有不知?即秦伯亦明明知之。蓋留士會,亦必不爲己用,又知士會之來奔,爲無罪之人,晉人必不之舍,而會一心戀晉,不如聽之自行。但觀其答士會曰:"若背其言,所不歸爾帑者,有如河",然則明明知其不反矣。此亦晉侯觀軍府(軍中府庫,亦用以囚禁俘虜),見南冠(楚式冠服),而釋鍾儀之意也。(事見《左傳》成公九年。鍾儀,楚鄖公。在氾之戰中爲鄭所囚禁,獻之於晉。)不然,士會所云"不可悔"三字是何語?秦伯竟無所疑,且與之立誓,則兩心相印,已躍然現於紙上。

然文字貴點眼。士會行時,忽然突出一個繞朝,把士會隱情和盤托出,此即顧虎頭(即東晉畫家顧愷之,字長康,小字虎頭)傳神阿堵(阿堵爲六朝口語,猶這個。典出南朝宋劉義慶《世說新語·巧藝》:"顧長康畫人,或數年不點目睛。人問其故,顧曰:'四體妍蚩,本無關於妙處;傳神寫照,正在阿堵之中。'"),亦張僧繇(南朝畫家)之畫龍點睛(典出唐張彥遠《歷代名畫記·張僧繇》)。一嚮悶葫蘆,至此爲繞朝揭破。文字用醒筆,乃毫不着意,真屬神品!

楚人滅庸 文公十六年（前611年）

楚大饑，戎伐其西南，至于阜山（楚邑，在今湖北房縣南），師于大林（楚邑，在今湖北荊門市西北）。又伐其東南，至于陽丘（楚邑，今地不詳），以侵訾 zī 枝（楚邑，在今湖北枝江市）。庸人率羣蠻以叛楚。麋(jūn，國名，在今湖北鄖縣)人率百濮（江、漢以南的少數民族。因部族衆多，總稱百濮）聚於選（楚地，在今湖北枝江市），將伐楚。於是申（楚地，在今河南南陽市北）、息（楚地，在今河南息縣）之北門不啟。

楚人謀徙於阪高（楚險地，疑在今湖北當陽市長阪）。蒍 wěi 賈（字伯嬴，楚大夫）曰："不可。我能往，寇亦能往，不如伐庸。夫麋與百濮，謂我饑不能師，故伐我也。若我出師，必懼而歸。百濮離居，將各走其邑，誰暇謀人？"乃出師。旬有五日，百濮乃罷。

自廬（楚邑，在今湖北南漳縣東）以往，振廩同食（打開倉廩，讓將士共同食用）。次于句澨(gōu shì，地名，在今湖北丹江口市)。使廬戢黎（廬邑大夫）侵庸，及庸方城（庸地，在今湖北竹山縣東）。庸人逐之，囚子揚窗（廬戢黎部屬，字子揚，名窗）。三宿而逸，曰："庸師衆，羣蠻聚焉，不如復（復起）大師，且起王卒，合而後進。"師叔（即潘尪，楚大夫）曰："不可。姑又與之遇以驕之。彼驕我怒，而後可克，先君蚡 fén 冒（即楚厲王）所以服陘隰(xíng xí，今湖北荊州以東之地，多山溪之險，故稱陘隰)也。"又與之遇，七遇皆北，唯裨、鯈 chóu、魚（三者皆庸邑。裨、鯈，今地不詳；魚在今重慶奉節縣東）人實逐之。

庸人曰："楚不足與戰矣。"遂不設備。楚子（指楚莊王）

乘驛(一本作"馹"rì,傳車,即驛站專用車),會師于臨品(楚地,在今湖北丹江口市均縣鎮),分爲二隊,子越(即鬬椒,字子越,楚大夫)自石溪(楚地,在今湖北丹江口市均縣鎮)、子貝(楚大夫)自仞(楚地,在今湖北丹江口市均縣鎮)以伐庸。秦人、巴人從楚師。羣蠻從楚子盟,遂滅庸。

紓曰:

此章迎頭大書"楚大饑"三字,見得其下斷無更能出兵滅人之理。復繼之以戎患,西南、東南、陽丘、訾枝,幾于無處不被兵禍,而庸人、麇人、羣蠻、百濮,其來也如蝗之蔽天。申、息閉關,全國謀徙,寫得手忙腳亂,楚之危岌岌矣。而蔿賈曰"不可",此二字鎮定如山岳。其下分析兵謀,處置麇人、百濮,瞭如指掌,于是舉國人心因之略定,而百濮果罷。不叙麇人,以百濮罷,則麇人亦罷,麇固與百濮相約而來,因亦相將而去,此是文中省筆處。

兩路之兵既撤,則專意於戎,而戰又不利。子揚窗爲廬戢黎部曲,復見禽(同"擒")於虜,幸而逃歸,盛張敵衆,軍心復爲之亂。師叔曰"不可",此兩字又鎮定如山岳。其下亦分析兵謀,詐敗以誘不整寡謀之小醜,乃果不出所料。

通篇以兩"不可"字爲之關軸,與申生伐東山皋落氏時微同。然用字同,而用意實又不同。衆欲戰,狐突不可;狐突欲行,羊舌不可。借此爲不戰之收束,是縮其結穴(比喻文辭的歸結要點)處於中間。此篇之兩"不可"作兩層看:蔿賈之不可,合戎、蠻、百濮、麇、庸而統言之,此結前半之戰局也;師叔之不可,則專爲庸人之倖勝,乘其驕懈而潛襲之,結後半之戰局也。蓋皋落氏之役,用兩"不可",識不戰也;滅庸之役,用兩"不可",識作戰也。

孫執升(即孫琮,字執升,清初文學家、藏書家,編有《山曉閣選古文全集》《山曉閣左傳選》等)曰："前之出師，不足而示以有餘，虞詡之增竈也；(據《後漢書·虞詡傳》載，虞詡初任武都太守，領兵平羌人之亂。因兵力分散，故意令吏士逐日增竈，造成官兵衆多的假象，迫使羌人不敢貿然進逼。)後之七北，有餘而示以不足，孫臏之減竈也。(據《史記·孫子吳起列傳》載，戰國時，魏將龐涓攻韓，齊派田忌、孫臏相救。孫臏故意逐日減竈，使龐涓誤以爲齊軍大半潰逃而輕敵，齊軍因而一舉擊敗魏軍。)謀臣如此，天固不能爲之災。"實則蔿賈、師叔之用兵，亦以智襲愚，以文明對蠻野耳。百濮何知？庸又何知？二子一能料敵，一能行兵，均屬兵家之常法；不過經左氏一點染，分外出奇耳。此章仍重文字，不重兵法。

鄭子家抗晉 文公十七年(前610年)

晉侯(指晉靈公)蒐(sōu，閱兵)于黃父(晉地，在今山西翼城縣東北)，遂復合諸侯于扈(鄭地，在今河南原陽縣西)，平宋(與宋國講和)也。公(指魯文公)不與會，齊難故也。書曰"諸侯"，無功也。

於是晉侯不見鄭伯(指鄭穆公)，以爲貳於楚也。鄭子家(即公子歸生，字子家，鄭大夫)使執訊而與之書，○執訊，通訊問之官。以告趙宣子，曰：

寡君即位三年，召蔡侯(指蔡莊侯)而與之事君。九月，蔡侯入于敝邑以行。敝邑以侯宣多(鄭大夫)之難，○侯宣多立穆公，恃寵專權。寡君是以不得與蔡侯偕。十一月，克減侯宣多，○減，損也。難未盡也。而隨蔡侯以朝于執事。十二年六月，歸生佐寡君之嫡夷(鄭穆公嫡子名夷,即後來的靈公),以請陳侯于楚,而朝諸君(使諸君朝於晉)。十四年七月,寡君又朝以蕆 chǎn 陳事。○蕆,勑也,勑成前好。十五年五月,陳侯自敝邑往朝于君。往年正月,燭之武往,朝夷(使夷朝晉)也。八月,寡君又往朝。以陳、蔡之密邇於楚,而不敢貳焉,則敝邑之故也。雖敝邑之事君,何以不免(指不免於罪)? 在位之中,一朝于襄(晉襄公),而再見于君。夷與孤之二三臣相及於絳(晉都,在今山西曲沃縣、翼城縣交界處),雖我小國,則蔑(無)以過之矣。今大國曰:"爾未逞吾志。"敝邑有亡,無以加焉。古人有言曰:"畏首畏尾,身其餘幾?"又曰:"鹿死不擇音。"○音,蔭也。小國之事大國也,德,則其人也;不德,則其鹿也,鋌而走險,○鋌,疾走貌,言急則欲求蔭于楚,如鹿赴險。急何能擇? 命之罔極(無準則),亦知亡矣,將悉敝賦(兵賦,指軍隊)以待於鯈(chóu,地名,在鄭晉交界處),唯執事命之。文公二年六月壬申,朝于齊。四年二月壬戌,爲齊侵蔡,亦獲成於楚。居大國之間,而從於彊令,豈其罪也? 大國若弗圖,無所逃命。

晉鞏朔(晉大夫)行成於鄭,趙穿、公壻池(晉侯女壻,名池)爲質焉。

紓曰:

大書晉侯不見鄭伯,以爲"貳於楚",此三字是晉人定鄭之罪案。然新城之盟,晉受齊賂而班師(事見《左傳》文公十五年),討宋之役,仍立弒君之公子鮑(事見《左傳》文公十七年),晉之不見直於鄭,鄭已輕之。然貳楚無明文,經傳所不見,"以爲"者,晉臆度之詞也。

　　乃子家之書,將"楚"字隱隱約約叙出,似貳非貳。迎頭說召蔡侯而與之事君,夫蔡附于楚已久,鄭何能召？則鄭之通楚,陽爲和事之老可知。然蔡侯入鄭,隨蔡朝晉,又明明是一種實事,無可諱者。十二年,歸生與大子夷朝楚,此明明貳楚,偏説是請陳侯。至十五年,陳侯始朝晉,事隔三年,此三年中,不知作何鬼蜮之計畫？然將年月縮短而言,似經鄭一請,而陳侯即來,乃不知其爲三年之久也。往年,去年也,燭之武輔大子朝晉。八月,鄭伯又自來。將陳、蔡之事一束,中間著一"楚"字,似陳、蔡畏鄭,而公然背楚,實鄭隱通楚,故用陳、蔡以欺晉。把一種陰謀,融化無迹,忼 kāng 爽(慷慨爽直)言曰"則敝邑之故",直似一篇鳴寃陳情之文。使晉人聞之,惝恍迷離,不能指實揭其罪狀。文之關鎖,嚴密極矣。以下將所有朝晉之時期,作一總結,自謂蔑過,則歸罪於晉,方爲有辭。"今大國曰"四字,是代晉吐不道之語,揣意以爲言。晉逞志,則鄭知亡,似晉之罪狀,已在歸生掌握之中。遂引古語,用以自剖其不得已。所謂悉率敝賦,以待於鯈,豈真有其事？亦隱隱於背後恃有楚在。所謂"鋌而走險,急何能擇",率性明明告他真事楚矣。觀其下有"獲成於楚""從於彊令"八字,則鄭之可晉可楚,一望而知。

　　是時晉已偷懦無力,不能表率諸侯,故子家得灑灑洋洋,説他一頓。理本不直,卻能自成爲直；詞本難壯,卻能自成爲壯。鄭之善於詞令,豈待東里(即子產,鄭卿。居住地名曰東里,因以爲氏。據《左傳》襄公三十一年載,叔向曰"子產有辭,諸侯賴之")哉？

晉靈公不君 宣公二年(前607年)

晉靈公不君：厚斂以雕(繪飾)牆；從臺上彈人,而觀其辟丸(躲避彈丸)也；宰夫胹(ér,煮)熊蹯(fán,足掌)不熟，殺之，寘諸畚(běn,簸箕)，使婦人載以過朝。趙盾、士季見其手，問其故，而患之。將諫，士季曰："諫而不入，則莫之繼也。會(即士季,名會)請先，不入，則子繼之。"三進，及溜(通"霤"，指屋檐下滴水處)，而後視之，曰："吾知所過矣，將改之。"稽首而對曰："人誰無過？過而能改，善莫大焉。《詩》曰：'靡不有初，鮮克有終。'(《詩·大雅·蕩》)夫如是，則能補過者鮮矣。君能有終，則社稷之固也，豈唯羣臣賴之？又曰'袞職有闕，唯仲山甫(周宣王卿士,曾輔佐宣王中興)補之'(《詩·大雅·烝民》)，能補過也。君能補過，袞不廢矣。"

猶不改，宣子(趙宣子,即趙盾)驟諫。公患之，使鉏麑(chú ní,晉力士)賊(殺害)之。晨往，寢門闢矣，盛服將朝。尚早，坐而假寐。麑退，歎而言曰："不忘恭敬，民之主也。賊民之主，不忠；弃君之命，不信。有一於此，不如死也。"觸槐而死。

秋九月，晉侯飲趙盾酒，伏甲，將攻之。其右(戎右)提彌明(人名)知之，趨登，曰："臣侍君宴，過三爵(猶三杯)，非禮也。"遂扶以下。公嗾(sǒu,使喚)夫獒焉，明搏而殺之。盾曰："弃人用犬，雖猛何爲！"鬬且出，提彌明死之。

初，宣子田(田獵)於首山(又名首陽山,在今山西永濟市東南)，舍於翳 yì桑(地名)，見靈輒(人名)餓，問其疾。曰："不食三日矣。"食之，舍其半。問之。曰："宦三年矣，未知母之存否，今近焉，請以遺之。"使盡之，而爲簞食與肉，寘諸橐(tuó,口袋)以與之。既而與(yù,參與)爲公介(靈公的甲士)，倒戟以禦公徒，而免之。問何故。對曰："翳桑之餓人也。"問其名居，不告而退，遂自亡也。

乙丑,趙穿攻靈公於桃園。宣子未出山而復。太史書曰"趙盾弑其君",以示於朝。宣子曰:"不然。"對曰:"子爲正卿,亡不越竟(同"境"),反不討賊,非子而誰?"宣子曰:"嗚呼!'我之懷(指懷戀)矣,自詒(遺,取)伊慼',(杜注以爲係逸《詩》。《詩·邶風·雄雉》"我之懷矣,自詒伊阻"、《詩·小雅·小明》"心之憂矣,自詒伊戚",與此相類。)其我之謂矣。"孔子曰:"董狐,古之良史也,書法不隱。趙宣子,古之良大夫也,爲法受惡。惜也,越竟乃免。"

宣子使趙穿逆公子黑臀於周而立之。壬申,朝於武宮(晉武公之廟)。

此篇叙述晉靈,實則不是專寫晉靈,是寫三壯士;又不止寫三壯士,是兼寫一個良史。趙盾是一篇中之幹,晉靈爲之開場,董狐爲其收局。

鉏麑似秀州刺客(詳見南宋羅大經《鶴林玉露》甲編卷三),提彌明似樊噲,靈輒似食馬之野人(詳見《史記·秦本紀》)。狀其勇概,此都易寫,難在寫鉏麑之來,不見宣子,與秀州刺客略異,又不殺人,又非爲宣子所殺,作何收束?左氏無可如何,忽爲鉏麑之言,歎息宣子之忠,自明不忍,遂死於槐樹之下。初未計此二語是誰聞之。宣子假寐,必不之聞。果爲舍人(私府吏員)所聞,則鉏麑之臂,久已反覆,何由有閒暇工夫説話,且從容以首觸槐而死?文字中諸如此類甚衆。柳下惠之坐懷不亂(典出《荀子·大略》《詩·小雅·巷伯》毛傳),此語又對誰言?言出自己,則一錢不值;言出諸女,則萬無其事。他如黃仲則(即黃景仁,字仲則。清中葉詩人,著有《兩當軒集》等)之《焦節婦吟》(又作《焦節婦行》),如"汝近前來妾不懼"云云,時夜靜人眠,節婦見鬼,與鬼作語,且見髑髏,且見血衣,是誰在旁作證？然詩情悲惻，人人傳誦，固未察其無是事理也。想鉏麑之來，懷中必帶匕首，觸槐之事，確也。因匕首而知其爲刺客，因觸槐而知其爲不忍。故隨筆粧點出數句慷慨之言，令讀者不覺耳。

提彌明帶劍入侍，此根苗亦由鉏麑而來。宣子知刺客爲君所遣，不能不用壯士以防身，然亦恃有備無患之思想，不期果然遇伏。彌明死狗之後，宜書伏甲争出，而左氏但用一"鬭"字了之。既鬭自然是鬭伏甲，百忙中省卻無數筆墨。凡能用省筆者，文未有不簡絜者也。"提彌明死之"句斷，此時不能突出倒戟戰内禦之人。

用"初"字起，亦是常法。然使庸手爲之，"不言而退"四字已足了卻靈輒矣。不知以介士禦公徒，直是反叛，即退而大罪尚存。不聲明"自亡"二字，此局仍不之了。此是隨手作結穴法。以下再説別事，始與此節不再糾纏。

通篇中弑君之罪，全在宣子。文寫宣子忠愛處，卻似與宣子初不干涉。得董狐鐵筆一書，如力排雲翳，仰見皎日，宣子之罪案始定。顧無端插入孔子一言，似不討賊可以無罪，只斤斤（計較細處）望宣子越竟，即可以免罪，竊疑不類夫子口吻。憶前三十年，亡友鄭大令（大令爲縣令的尊稱）籛jiǎn爲之説曰："'越竟乃免'是惜董狐立言之失體，不是爲宣子寬其罪名。此句承上'書法不隱'來，謂董狐既有如此鐵筆，宣子亡即越境，寧自免乎？'惜'者，惜其何必作此'越境乃免'之言，以亂人意。且不討賊，即爲罪矣，何須越境？"時吾師鄭虞臣先生擊節稱賞，謂此語恨不令歐公見之（歐陽修辨趙盾弑君見《春秋論》下，載《歐陽修全集·居士集》）。愚細審後文，趙盾使穿迎公子黑臀，是極力爲趙穿出脱，此弑君心迹，即無董狐亦足了了。文到妙處，於著意處佳，於不著意處亦佳。以上諸節，皆左氏著意筆也。此句則似不著意，而著意正在是間。左氏惡弑君，既大書董狐，又復證以孔子。二者又不足，復清出趙穿迎立新君。以彌天罪惡之人，奉迎乘輿，則爲功爲罪，識者咸能辨之矣。

楚子問鼎宣公三年（前606年）

楚子（指楚莊王）伐陸渾之戎（戎之一支，居住在今河南嵩縣、伊川縣一帶），遂至於雒（洛水），觀兵（陳兵以示威）於周疆。定王使王孫滿勞楚子。楚子問鼎之大小、輕重焉。對曰："在德不在鼎。昔夏之方有德也，遠方圖物，貢金九牧，○使九州牧貢金。鑄鼎象物，百物而爲之備，使民知神姦（神姦指山澤之精怪，即下文之"魑魅罔兩"）。故民入川澤、山林，不逢不若。① 魑魅罔兩（杜注："魑，山神，獸形。魅，怪物。罔兩，水神。"罔兩，又作"魍魎""蝄蜽"），莫能逢之。用（因）能協於上下，以承天休。○若，順也。休，佑也。桀有昏德，鼎遷於商，載祀六百。商紂暴虐，鼎遷於周。德之休明（美好光明），雖小，重也。其姦回（回，邪也）昏亂，雖大，輕也。天祚（祚，賜也）明德，有所底（通"厎"zhǐ，定也）止。成王定鼎於郟鄏（jiá rǔ，周之王城，在今河南洛陽市。《史記·楚世家》司馬貞索隱："按《周書》，郟，雒北山名，鄏謂田厚鄏，故以名焉。"），卜世（代）三十，卜年七百，天所命也。周德雖衰，天命未改。鼎之輕重，未可問也。"

紓曰：

楚莊觀兵周疆，而不朝王，目中無王，未必即思遷鼎。問

---

① 不逢不若，張衡《西京賦》及《爾雅》郭璞注引作"禁禦不若"，今本《左傳》蓋傳寫之訛。說見惠棟《春秋左傳補注》。不若，即下文"魑魅罔兩"之類。

鼎者，或好古之心，無心流露。王孫滿疑其叵測，又無兵力足以抵抗，劈頭覓出一箇"德"字，與"鼎"字相校，輕輕把鼎遏倒，說成有天下，全不在此區區者。想楚莊聰明，一聽即已領解。此要言不煩者也。其下說鑄鼎之故，不過言"百物而爲之備"，全無關於王業，又把"鼎"字看得極輕，使他不要著意，處處將"德"字提醒。說到夏德、商德，凌夷衰微，逐漸說到本朝；而衰周景象，即有王孫滿之詞令，亦將支架不起。拈出"有所底止"四字，實用天命壓楚莊之侈心。蓋亦知周德不足以服楚，故直捷說出德衰命在。且尋出卜世卜年故案，來嚇南人。看似一團興會，內中實屬無聊。但能使楚莊埽興而去，未必遂服周德，不敢復萌異志。

　　凡讀古人文字，不必因其喬 yù 喬皇皇（典出漢揚雄《太玄・交》："陽交于陰，陰交于陽，物登明堂，喬喬皇皇。"司馬光集注引王涯曰："喬喬皇皇，明盛之貌。"），即行卻退。潛心一想，此文雖壯，而滿腔皆畏葸(xǐ。畏懼)之心。第一句"在德不在鼎"，似極侃直；末一句"未可問也"，似極斬截。究竟皆不足以抵叛逆之師，不過時非其時，楚弭其鋒，而滿得其志耳。

鄭穆公刘蘭 宣公三年（前606年）

冬，鄭穆公卒。初，鄭文公有賤妾曰燕姞(jí。南燕國之女，姞姓)，夢天使與己蘭，曰："余爲伯儵(通"鯈"chóu。南燕國之祖)。余，而(你的)祖也，以是爲而子。以蘭有國香，人服媚(趙生群《左傳疑義新證》謂服、媚同義，皆愛悅之意)之如是。"既而文公見之，與之蘭而御(進用，接幸)之。辭(告)曰："妾不才，幸而有子。將(假若)不信，敢徵蘭(以蘭爲信物)乎？"公曰："諾。"生穆公，名之蘭。

文公報(淫親屬之妻曰報)鄭子(即子儀，文公叔父)之妃曰陳嬀（guī。陳國之女，嬀姓）生子華、子臧。子臧得罪而出。誘子華而殺之南里（鄭地，在今河南新鄭市南），使盜殺子臧於陳、宋之間。又娶於江（國名，在今河南正陽縣），生公子士。朝於楚，楚人酖（同"鴆"zhèn，毒殺）之，及葉（楚地，在今河南葉縣南）而死。又娶於蘇（蓋爲西周司寇蘇忿生的食邑，即溫，在今河南溫縣西南），生子瑕、子俞彌。俞彌早卒。洩駕（鄭大夫）惡瑕，文公亦惡之，故不立也。公逐羣公子，公子蘭奔晉，從晉文公伐鄭。石癸（鄭大夫）曰："吾聞姬、姞耦，其子孫必蕃。姞，吉人也，后稷（周之先祖，名棄，號后稷，別姓姬氏）之元妃也。今公子蘭，姞甥也，天或啟（佑助）之，必將爲君，其後必蕃。先納之，可以亢寵（極受寵信）。"與孔將鉏 chú、侯宣多（二人皆鄭大夫）納之，盟於大宮（鄭祖廟）而立之，以與晉平。

穆公有疾，曰："蘭死，吾其死乎！吾所以生也。"刈蘭而卒。

紆曰：

此文雖屬編年之中，實則別成爲鄭穆公一小傳。夢蘭者，幻想所結成也。刈蘭者，疾革（病情危急）時即不刈蘭而亦死，刈之自以爲應讖耳。全屬子虛之事，而左氏竟拾取作文之起結，似乎有首有尾，有叫有應，乃不知爲左氏弄神通之筆陣。

試觀"賤妾"二字，妾矣而又賤，其子焉得立？報鄭子所生，固不足錄，其下又娶于江，又娶于蘇，則正娶之夫人，非賤也。而其子皆遇害，皆不得立，正爲穆公蓄勢。處處從人事著手，人事不獲當，始歸之天命，是鄭國明明排出一種亂局，坐待穆公登場。

左氏以爲就事敘事，過于簡略無味，卻把燕姞夢蘭一事作提,復以鄭穆刈蘭一事作結,中間點染出夢蘭、御蘭、徵蘭、名蘭、刈蘭無數"蘭"字,使人目迷五色。似此篇爲紀夢之文,學之稍事渲染,使成小説。《南北史》於此類筆墨極夥(huǒ,衆多),皆爲左氏所欺,故趨入瑣碎一路。

讀者當從子華、子臧、子士、子瑕、子俞彌著眼,此五子皆不幸,正爲穆公之幸,此是史之正意。然五子何以不得立而待穆公,則此中又有天意;既有天意,則夢蘭之事又未必無因。于是一篇好文字,遂借"蘭"字發揮。至于刈蘭一事,穆公亦自命得國之有天意。刈蘭者,自信其應夢,亦用以欺人。左氏不管他好歹,取爲文字之起結,以醉觀者之目,文心之狡獪極矣。

鬭樾椒之亂宣公四年(前605年)

初,楚司馬子良生子樾椒(又作"子越椒",即鬭椒,字伯棼,亦字子越)。子文(楚令尹,子良之兄)曰:"必殺之!是子也,熊虎之狀而豺狼之聲;弗殺,必滅若敖氏(子文、子良之族。若敖本爲楚君熊儀之謚號,其後人鬭伯比以若敖爲氏)矣。諺曰:'狼子野心。'是乃狼也,其(豈)可畜(蓄養)乎?"子良不可。子文以爲大慼。及將死,聚其族,曰:"椒也知政,乃速行矣,無及於難。"且泣曰:"鬼猶求食,若敖氏之鬼不其餒而?"

及令尹子文卒,鬭般(字子揚,子文之子)爲令尹,子越爲司馬。蒍wěi賈爲工正(掌百工之官),譖子揚而殺之,子越爲令尹,己爲司馬。子越又惡之,乃以若敖氏之族,圄①(yǔ,囚禁)伯嬴(即蒍賈,字伯嬴)於轑liáo陽(楚邑,今地不詳)而殺之,

---

① 圄,原書誤作"圉"字,據林紓《左孟莊騷精華録》、阮刻本《春秋左傳正義》改。

遂處烝 zhēng 野（楚邑，今地不詳），將攻王（指楚莊王）。王以三王（文王、成王、穆王）之子爲質焉，弗受。師於漳澨（shì，水邊。漳澨疑在今湖北荆門市西，漳水東岸）。

秋七月戊戌，楚子（指楚莊王）與若敖氏戰於皋滸（楚地，在漳澨附近）。伯棼 fén 射王，汰輈（zhōu，車轅。汰輈，指穿過車轅），及鼓跗（fū，足。鼓跗，指鼓架），著於丁寧（《國語》韋昭注："丁寧，謂鉦也，軍行鳴之，與鼓相應。"）。又射，汰輈，以貫笠轂（gǔ。楊伯峻謂"笠轂者，車蓋弓骨之所聚也"）。師懼，退。王使巡師曰："吾先君文王克息（國名，在今河南息縣），獲三矢焉，伯棼竊其二，盡於是矣。"鼓而進之，遂滅若敖氏。

初，若敖娶於䢵（yún，又作"鄖"。國名，在今湖北安陸市），生鬬伯比。若敖卒，從其母畜於䢵，淫於䢵子之女，生子文焉。䢵夫人使弃諸夢（夢指雲夢澤，古爲大沼澤，在今湖北雲夢縣一帶）中，虎乳之。䢵子田（田獵），見之，懼而歸。夫人以告，遂使收之。楚人謂乳穀，謂虎於菟 wū tú，故命之曰鬬穀於菟。以其女妻伯比，實爲令尹子文。其孫箴尹（諫官名）克黄（人名）使於齊，還及宋，聞亂。其人曰："不可以入矣。"箴尹曰："弃君之命，獨誰受之？君，天也，天可逃乎？"遂歸，復命，而自拘於司敗（掌司法之官，猶司寇）。王思子文之治楚國也，曰："子文無後，何以勸善？"使復其所，改命曰生。

此篇叙鬬氏家事，及其反形，似一貫而下，頭緒並不繁多，不知乃至難寫。文先説樲椒之生甚異，既長乃成反賊，且生時爲子文所惡，又預料其反形，後乃一一符驗。此直捷易寫也。而下半節竟將已死之子文，作成列傳，從死後倒繞，説其生時。試問此兩節文章，如何著筆？須知左氏之能，能使人人眼光腦力隨其一枝妙筆而趨，儘使萬難著筆之處，亦能化險爲夷。此篇自鬭椒敗後，轉入子文，著眼在"遂滅若敖氏"五個字。以鬭椒之罪，遂及舉族之若敖。子文亦若敖氏之一，不應斬宗而絕祀。著意在留一箴尹，以嗣子文。箴尹，子文之孫也，留箴尹嗣子文，載筆甚易，不過曰"楚以子文之忠，不宜無後，使克黃復爲箴尹"，足矣。而必追述子文之生，作爾許波瀾，何也？左氏一生好奇，虎乳弃兒，此萬古不常聞之奇事，在文家中必欲一洩其異。顧於子文死後，補叙生平，於行文亦不爲不簡。惟湊巧適遇鬭椒謀反，補叙鬭椒之生，復有虎狀而豺聲。此"虎"字適引下"於菟"兩字，意左氏寫到此處，忽然追憶及於虎乳之事，又苦攙插不入，故於盡滅若敖氏句下，帶出若敖，因若敖遂及伯比，因伯比遂及子文。一及子文，則虎乳之事儘可恣意發揮，既不牽扯，又不穿鑿，極行文之樂事矣。

中間寫皋滸戰狀，一射再射，著丁寧，貫笠轂，描畫既工且險。楚子以急智激軍心，詞令亦至扼要。不特此也，觀子文臨命之言，"椒也知政"句，眼光直注到伯棼之反謀，"鬼猶求食"句，眼光又注到盡滅若敖氏。聲抗（高亢）而悲，此是左氏寫生長技。要之，上句固爲殺伯棼之張本，下句即爲留箴尹之張本。長於文者，起處即顧到歸宿之地，此是①定法。若中間變幻穿插，則在讀者會心，不可拘泥。

解揚將命 宣公十五年（前594年）

宋人使樂 yuè 嬰齊（宋大夫）告急於晉，晉侯（指齊景公）欲

---

① 是，原書誤作"時"字，據林紓《左孟莊騷精華錄》改。

救之。伯宗(晉大夫)曰："不可。古人有言曰：'雖鞭之長，不及馬腹。'天方授楚，未可與爭。雖晉之彊，能違天乎？諺曰：'高下在心。'川澤納汙，山藪藏疾，瑾瑜匿瑕，國君含垢(語本《老子》七十八章："受國之垢，是謂社稷主。")，天之道也。君其待之！"乃止。

　　使解揚(晉大夫)如宋，使無降楚，曰："晉師悉起，將至矣。"鄭人囚而獻諸楚。楚子(指楚莊王)厚賂之，使反其言。不許。三而許之。登諸樓車(設有望樓的戰車)，使呼宋人而告之。遂致(傳達)其君命。楚子將殺之，使與之言曰："爾既許不穀(不善。古代王侯自稱，謙辭)，而反之，何故？非我無信，女rǔ則弃之。速即爾刑！"對曰："臣聞之，君能制命爲義，臣能承命爲信，信載義而行之爲利。謀不失利，以衛社稷，民之主也。義無二信，信無二命。君之賂臣，不知命也。受命以出，有死無霣(yǔn,廢弃)，又可賂乎？臣之許君，以成命也。死而成命，臣之祿也。寡君有信臣，下臣獲考死(指死得其所)，又何求？"楚子舍之以歸。

　　夏五月，楚子將去宋，申犀(楚大夫)稽首于王之馬前曰："毋畏(申犀之父，名毋畏，字子舟。魯宣公十四年，楚莊王使之聘齊，途經宋國被殺)知死而不敢廢王命，王弃言焉。"王不能答。申叔時(人名)僕(爲王駕車)，曰："築室，反(使……返回)耕者，宋必聽命。"從之。宋人懼，使華元(宋卿)夜入楚師，登子反(即公子側，字子反，楚司馬)之床，起之，曰："寡君使元以病告，曰：'敝邑易子而食，析骸以爨(cuàn,炊也)。雖然，城下之盟，有以國斃，不能從也。去我三十里，唯命是聽。'"子反懼，與之謀，而告王。退三十里，宋及楚平。華元爲質。

盟曰:"我無爾詐,爾無我虞。"

紓曰:

春秋人物較之戰國人物,頗忠厚可愛。此篇炳炳彪彪,寫出"信義"二字,實則能守信者,解揚也,次則子反。解揚不畏死而守信,子反則畏死而守信。以解揚起,以子反結,于"信"字頗有實際。若晉、楚二君,皆不信者也。

晉侯之欲救宋,初念甚正。若立允樂嬰齊之請,使是信矣。乃聽伯宗之言曰"高下在心",所謂"高下"者,活動之辭也。晉侯聽之,"使解揚如宋,使無降楚",下"使"字,使之信已也。行詐而強使信之,已棄擲解揚之性命與楚人矣;不惟無信,而且忍心而害理。左氏乃從百詐中,表出解揚之一信。登樓車,將(奉)君命,宋人憑城下瞰,必怪其有膽;楚人萬衆聚觀,亦必驚其不畏死。想楚子此際,怒不可遏。解揚之命,如屬 zhǔ 絲(繫於一絲,比喻危險之至)矣。若即殺之,便無文章。偏生楚子提出"信"字,解揚即從"信"字發出議論,無語不中於理。楚子語塞,此楚子之忠厚也。及將去宋,申犀責之以棄信,楚子之語又塞,此又寫楚子之忠厚也。開首寫晉侯欲救宋,其忠厚與楚子正同,而伯宗教之無信;而申叔時之築室反耕,亦是詐術,亦教楚子以無信。讀者試思解揚有矢信(矢志守信)之概,然無驗也。申犀方念父之仇,蓋必報也。文勢至此,宋人已萬無解免之方法。忽然突出華元入帳登床,以相臣爲刺客,想子反驚怖于三尺霜鋒之下,必百醜盡露。既要 yāo 盟(強迫訂立盟約)而獲免,明日背之,亦無不可。乃子反既盟而告王,果退師而與宋平,此亦不忍失信於人者也。此章只分兩段,一寫解揚,一寫子反。至華元入帳,不畏死之狀,卻似解揚,然實爲子反作守信之襯筆,陡要不在華元也。

鞌之戰成公二年（前589年）

　　孫桓子（即孫良夫，衛大夫）還於新築（衛地，在今河北魏縣南），不入（指不入國都），遂如晉乞師。臧宣叔（魯大夫）亦如晉乞師。皆主（以……爲主人）郤獻子（即晉中軍將郤克）。晉侯（指晉景公）許之七百乘。郤子曰："此城濮（衛地，在今山東鄄城縣）之賦（兵員數額）也。有先君（指晉文公）之明與先大夫之肅，故捷。克於先大夫，無能爲役，請八百乘。"許之。郤克將中軍，士燮佐上軍，欒書將下軍，韓厥爲司馬，以救魯、衛。臧宣叔逆晉師，且道（同"導"，做……的嚮導）之。季文子（魯卿）帥師會之。

　　及衛地，韓獻子（即韓厥）將斬人，郤獻子馳將救之。至，則既斬之矣。郤子使速以狥（同"徇"xùn，示衆），告其僕（御車者）曰："吾以分謗也。"

　　師從（追擊）齊師于莘（衛地，在今山東莘縣北）。六月壬申，師至于靡笄jī之下。○《史記》：晉平公元年，伐齊，戰於靡下。徐廣曰："靡，一①作歷。"志（記載）曰歷山，即《左傳》所謂靡笄之山也，今名千佛山，在濟南府南十里。齊侯（齊頃公）使請戰，曰："子以君師，辱於敝邑，不腆（tiǎn，不豐厚，謙辭）敝賦，詰朝（猶明朝）請見。"對曰："晉與魯、衛，兄弟也，來告曰：'大國朝夕釋憾（發洩怨恨）於敝邑之地。'寡君不忍，使羣臣請於大國，無令輿（衆）師淹（久留）於君地。能進不能退，君無所辱命。"齊侯曰："大夫之許，寡人之願也；若其不許，亦將見也。"齊高固入晉師，桀石以投人，○桀，擔也。禽（同"擒"）之而乘其車，○釋已

---

① 一，原書誤作"歷"，據南朝宋裴駰《史記集解》改。

車而載其車。繫桑本焉(以桑樹根繫於其車)，以狥齊壘(以巡行於齊軍營)，曰："欲勇者賈余餘勇！"

癸酉，師陳于鞌(ān，齊地，在今山東濟南市)。邴夏御齊侯，逢 páng 丑父爲右。晉解張御郤克，鄭丘緩爲右。齊侯曰："余姑翦滅此而朝食。"不介馬(馬不披甲。介，甲)而馳之。郤克傷於矢，流血及屨(jù，鞋)，未絕鼓音，曰："余病(傷重)矣！"張侯(即解張，名侯)曰："自始合(交戰)，而矢貫余手及肘，余折以御，左輪朱殷(紅黑色。殷，通"烟"，赤黑色)，豈敢言病？吾子忍之！"緩(鄭丘緩)曰："自始合，苟有險，余必下推車，子豈識之？然子病矣！"張侯曰："師之耳目，在吾旗鼓，進退從之。此車一人殿之，可以集(成)事，若之何(奈何)其以病敗君之大事也？擐(huàn，穿)甲執兵。固即死也，病未及死，吾子勉之！"左并轡(左手總攬馬繮)，右援枹(fú。右手拿鼓槌)而鼓，馬逸不能止，師從之。齊師敗績。逐之，三周華不注(圍著華不注山跑了三圈。華不注，山名，在今山東濟南市東北)。○不，音跗 fū。

韓厥夢子輿(韓厥之父)謂己曰："且辟(同"避")左右！"故中御(指居中代御者)而從齊侯。邴夏曰："射其御者，君子也。"公曰："謂之君子而射之，非禮也。"射其左，越(墜)於車下；射其右，斃(跌倒)於車中。綦毋張(晉大夫)喪車，從韓厥曰："請寓乘！"○寓，寄也。從左右，皆肘(用肘推)之，使立于後。(杜注："以左右皆死，不欲使立其處。")韓厥俛(同"俯"，俯身)，定其右(意謂放穩車右的尸體)。逢丑父與公易位。將及華泉(華不注山下之泉)，驂(cān，車駕兩旁的邊馬)絓(guà，絆)於木而止。逢丑父寢於轏(zhàn，棧車，士者所乘竹木之車)中，蛇出於其下，以肱擊之，傷而匿(指隱匿傷情)之，故不能推車而及。韓厥執縶(zhí,絆馬索。執縶爲當時戰事中臣子見敵國國君之禮，表示願爲之執役)馬前，再拜稽首，奉觴加璧以進，曰："寡君使羣臣爲魯、衛請，曰：'無令輿師陷入君地。'下臣不幸，屬(zhǔ,適)當戎行(行伍)，無所逃隱。且懼奔辟(同"避")，而忝(tiǎn,羞辱)兩君。臣辱(忝居)戎士，敢(冒昧)告不敏，攝官承乏(意謂因晉國缺乏人才，故暫代其官。此爲將執齊侯，與之俱歸之辭)。"丑父使公下，如華泉取飲。鄭周父(齊大夫)御佐車(副車)，宛茷(yuán fèi,齊大夫)爲右，○茷，扶廢反。載齊侯以免。韓厥獻丑父，郤獻子將戮之，呼曰："自今無有代其君任(受)患者，有一於此，將爲戮乎？"郤子曰："人不難(认爲……難，把……看作難事)以死免其君，我戮之不祥。赦之，以勸(勉勵)事君者。"乃免之。

齊侯免，求丑父，三入三出(楊伯峻謂"第一次入、出晉師，第二次入、出狄卒，第三次入、出衛師")。每出，齊師以帥退。入于狄卒，狄卒皆抽戈、楯(同"盾")冒(掩護)之。以入於衛師，衛師免(免於傷害)之。遂自徐關(齊地，在今山東淄博市)入。齊侯見保者(城邑守衛)，曰："勉之！齊師敗矣！"辟(辟除,屏除)女子。女子曰："君免乎？"曰："免矣。"曰："銳司徒(掌銳利兵器之官)免乎？"曰："免矣。"曰："苟君與吾父免矣，可若何？"乃奔。齊侯以爲有禮。既而問之，辟司徒(掌壘壁之官。辟，通"壁")之妻也。予以石窌(liù。齊地，在今山東濟南市長清區)。○窌，力救反。

晉師從齊師，入自丘輿(齊邑，在今山東青州市西南)，擊馬陘(齊邑，在丘輿北)。

齊侯使賓媚人(疑即《春秋》經傳之"國佐"，爲齊之上卿。近人胡玉縉《許廎學林·〈左傳〉賓媚人攷》謂"賓媚"二字乃"嬖"字之合音，賓媚人即是孽人,可備一説)賂以紀甗(yǎn。一種炊器,滅紀國時所獲)、玉磬與地。"不可,則聽客之所爲。"賓媚人致賂。晉人不可,曰:"必以蕭同叔子(杜注:"同叔,蕭君之字,齊侯外祖父。子,女也。")爲質,而使齊之封内盡東其畝(指使田壟東西向)。"對曰:"蕭同叔子非他,寡君之母也。若以匹敵,則亦晉君之母也。吾子布大命於諸侯,而曰必質其母以爲信,其若王命何?且是以不孝令也。《詩》云:'孝子不匱,永錫爾類。'(語出《詩·大雅·既醉》。毛傳:"匱,竭。類,善也。")若以不孝令於諸侯,其無乃(未免,恐怕)非德類也乎?先王疆理天下,物土之宜,而布其利。故《詩》曰:'我疆我理,南東其畝。'(語出《詩·小雅·信南山》。毛傳:"疆,畫經界也;理,分地理也。"孔穎達疏:"是於土之宜,須縱須橫,故或南或東也。")今吾子疆理諸侯,而曰'盡東其畝'而已,唯吾子戎車是利,無顧土宜,其無乃非先王之命也乎?反先王則不義,何以爲盟主?其晉實有闕(過失)。四王(指禹、湯、文、武)之王 wàng 也,樹德而濟同欲(成就共同的願望)焉;五伯(指夏伯昆吾,商伯大彭、豕韋,周伯齊桓、晉文)之霸也,勤而撫之,以役王命。今吾子求合諸侯,而逞無疆之欲。《詩》曰:'布政優優(寬和貌),百禄是遒 qiú。'○遒,聚也。見《詩·頌》。子實不優,而棄百禄,諸侯何害焉?不然,寡君之命使臣,則有辭矣,曰:'子以君師辱於敝邑,不腆(tiǎn。不豐厚,謙辭)敝賦,以犒從者。畏君之震(威),師徒(士卒,軍隊)橈 náo 敗(失敗)。○橈,曲也。吾子惠(加惠)徼齊國之福,不泯(同"泯")其社稷,使繼舊好,惟是先君之敝器、土地不敢愛。子又不許,請收合餘燼,背城借一(杜注:"欲於城下,復借一戰。")。敝邑之幸,亦云從也;況其不幸,敢不惟命是聽?'"(杜注:"言完全之時,尚不敢違晉;今若不幸,則從命。")魯、衛諫(指諫郤克)曰:"齊疾(怨恨)我矣!其死亡者,皆親暱也。子若不許,讎我必甚。惟(雖,即使)子則又何求?子得其國寶,我亦得地,而紓(緩)於難,其榮多矣。齊、晉亦唯天所授,豈必晉?"晉人許之,對曰:"羣臣帥賦輿,○賦輿,猶兵車也。以爲魯、衛請。若苟有以藉口而復於寡君,君之惠也。敢不唯命是聽?"

禽鄭(魯大夫)自師逆公(指魯成公)。

秋七月,晉師及齊國佐盟於袁婁(齊地,在今山東淄博市臨淄區),使齊人歸我汶陽之田。公會晉師於上鄍(míng。齊衛交界處,在今山東陽穀縣),賜三帥(杜注:"三帥:郤克、士燮、欒書。")先路(路亦作"輅",爲古代天子、諸侯所乘車,卿大夫接受天子、諸侯所賜之車亦曰路。據《尚書·顧命》及《禮記·郊特牲》,路分爲大路、綴路、先路、次路等數種。鄭玄謂先路爲象路,即用象牙裝飾之正車)、三命(指大國之卿或上卿。按,周代爵位分爲九等,稱九命。三命爲公、侯、伯之卿。參《禮記·王制》:"大國之卿不過三命,下卿再命;小國之卿與下大夫一命。")之服(器物儀仗),司馬(掌軍法、軍賦之官)、司空(掌營壘、後勤之官)、輿帥(掌兵車之官)、候正(掌諜報偵查之官)、亞旅(掌警衛之官)皆受一命之服。

紓曰:

文字最難於整片中夾叙瑣細之事,妙能順帶,便不喫(同"吃")力,亦不見填砌痕迹。篇中最要人物,不是郤克,晉則韓厥,齊則賓媚人也。寫韓厥即穿插入無數瑣事;寫賓媚人則斬釘截鐵,作全篇之大結束。

觀入手寫韓厥將斬人,斬人軍律也,救之無謂,已將韓厥一晃,遂即伏下。其餘在百忙中,插入子輿示夢,實意想之所不到。寫驂之絓木,爲韓厥禽敵之張本。丑父擊蛇傷肱,又韓厥成功之張本。且示夢而中御,是寫韓厥之命根。左右死而韓厥不死,是寫韓厥之佳運。肘縶毋張而挽其死右,是寫韓厥之定力。執縶奉觴,是寫韓厥之雅量。丑父代君,而韓厥不覺,則又寫韓厥之疎略。中間錯錯雜雜,叙齊軍情況,均是爲韓厥寫照。故善于文者,用一人爲貫串,則穿插提頓,皆有所憑依。如郤克之欲戮丑父,齊公之屢求丑父,皆屬餘波,其根株皆出自韓厥。不有韓厥,丑父何以就擒?

至於賓媚人吐一篇光明偉壯之辭,不是左袒齊君,是左氏寫此以遏郤克之驕恣。郤克之猵衷狹量,經婦人一笑(參《左傳》宣公十七年:"晉侯使郤克徵會于齊。齊頃公帷婦人,使觀之。郤子登,婦人笑於房。獻子怒,出而誓曰:'所不此報,無能涉河!'"杜注:"跛而登階,故笑之。"),乃至以六萬之師出發。觀所謂收合餘燼,所謂死亡皆親暱,可見郤克復一笑之仇,殺人不少,且荒謬無倫。欲質同盟之母,非賓媚人當頭一棒,則倫理斁(dù,敗壞)而人心亦不快。凡有功世道之文,必有此一種之筆墨,爲人提醒。

蓋兩國各有人物,彼此銖兩均耳,然晉齊勝敗之由,亦有關鍵。齊人步步冒失,晉人則步步耐苦:高固之桀石投人,舉動冒失也;齊侯之不介馬而馳,冒失同之。高固之出賈餘勇,言語冒失也;齊侯之滅此朝食,冒失又同之。至于齊侯三入三出,入狄入衛,皆可以死;幸狄、衛畏異日之禍,幸而獲免。直冒失到底矣。若晉人者,郤克流血及屨,張侯左輪朱殷,鄭丘緩遇險推車,節節皆耐勞苦,安得不勝? 郤、解之傷,亦正由不介馬而馳之齊侯,箭如飛蝗,二子所以被創。自外觀之,似齊侯氣勇堂堂,而郤克荏弱(柔弱)不勝,乃不知其正以耐苦勝冒失也。彼此仍是對針文字。

妙在中間,忽攙入辟司徒之妻,問齊侯,復問其夫,兒女英雄,于戎馬倥傯中寫出溫柔態度。左氏之神閒氣定,瑣事必摭(zhí,拾取),又安置極有方法。此段情事非插入齊侯入徐關時,萬萬無可著手。吾故曰最難于整片文字中夾叙瑣細之事,正謂此也。

申公巫臣取夏姬成公二年(前589年)

楚之討陳夏氏也(楚莊王因夏徵舒弑其君陳靈公而討之,事見《左傳》宣公十一年),莊王欲納夏姬(夏徵舒之母)。申公巫臣(楚國申縣長官,名巫臣。屈氏,故下文又稱屈巫。杜注:"申,楚縣。楚僭號,縣尹皆稱公。")曰:"不可。君召諸侯,以討罪也;今納夏姬,貪其色也。貪色爲淫,淫爲大罰。《周書》曰'明德慎罰'(《尚書·康誥》),文王所以造周也。明德,務崇之之謂也;慎罰,務去之之謂也。若興諸侯,以取大罰,非慎之也。君其圖之!"王乃止。子反欲取之,巫臣曰:"是不祥人也。是夭子蠻(子蠻蓋爲夏姬初嫁之夫),殺御叔(夏徵舒之父,夏姬第二任丈夫,陳大夫),弑靈侯(陳靈公),戮夏南(即夏徵舒,字子南),出孔、儀(指孔寧、儀行父,爲陳靈公之二佞臣),喪陳國,何不祥如是?人生實難,其有不獲死乎?(杜注:"言死易得,無爲取夏姬以速之。")天下多美婦人,何必是?"子反乃止。王以予連尹(楚國掌外事之官)襄老。

襄老死於邲(bì,鄭地,在今河南榮陽市東北),不獲其尸。其子黑要 yāo 烝(與長輩通姦曰烝)焉。巫臣使道(通"導",誘導)焉,曰:"歸,吾聘(指禮聘……爲妻)女 rǔ。"又使自鄭召之,曰:"尸可得也,必來逆之。"姬以告王。王問諸屈巫。對曰:"其信。知罃 zhì yīng 之父(即知莊子荀首。其子知罃在邲之戰中爲楚軍所獲),成公之嬖(bì。指寵臣)也,而中行伯(即荀林父,又稱荀伯。僖公二十八年,始將中行,故以爲氏。按,行爲晉軍事編制,建制次於軍,當時有上中下三行)之季弟(堂弟)也,新佐中軍,而善鄭皇戌(鄭大夫),甚愛此子。其必因鄭而歸王子(指楚莊王之子穀臣,在邲之戰中爲荀首擒獲)與襄老之尸以求之。鄭人懼於邲之役,而欲求媚於晉,其必許之。"王遣夏姬歸。將行,謂送者曰:"不得尸,吾不返矣。"巫臣聘(指聘娶夏姬)諸鄭,鄭伯許之。

及共王(楚共王)即位,將爲陽橋(魯地,在今山東泰安西北)之役,使屈巫聘于齊,且告師期。巫臣盡室(盡帶家室與財産)以行。申叔跪(申叔時之子)從其父,將適郢(楚都,在今湖北荆州市),遇之,曰:"異哉!夫子有三軍之懼,而又有《桑中》之喜(《詩·鄘風·桑中》爲男女幽期密約之詩,後以"《桑中》之喜"借指男女不依禮法的結合),宜將竊妻以逃者也。"及鄭,使介(副使)反幣(返回齊贈楚之禮品以復命),而以夏姬行。將奔齊。齊師新敗,曰:"吾不處不勝之國。"遂奔晉,而因郤至(郤克族侄),以臣於晉。晉人使爲邢(晉邑,在今河北邢臺市)大夫。

子反請以重幣錮(使……禁錮不出仕)之。王曰:"止!其自爲謀也則過矣,其爲吾先君謀也則忠。忠,社稷之固也,所蓋(覆蓋,護衞)多矣。且彼若能利國家,雖重幣,晉將可乎?若無益於晉,晉將弃之,何勞錮焉?"

紓曰:

千古婦人之奇淫者,至夏姬而極;千古男子之好色,乃不惜家族而取半老之蕩婦,至申公巫臣而極。此種事蹟,非得左氏以傳之,鮮有不墜入稗官惡道者。

然巫臣竭其全副精神及其數年區畫,全注夏姬身上。觀其對莊王、對子反、對共王言，在在（處處）咸有條理。莊王新霸而好名，巫臣悚以大罰，得大罰即所以失霸而墜名。此以利害動之也。子反沈湎之徒，躭于酒色，然必貪生而畏死。巫臣悚以不祥。子反恐失富貴，不能舍此得彼。此以禍福動之也。王子在晉爲俘，共王求之不得，其不殺知罃，即留爲易俘之用。然夏姬告將迎尸於鄭，王問巫臣，而巫臣閒閒攙入王子，以聳王心，使之必遣。此以輕重動之也。詞令之便捷，外公而內私，真諺所謂"狗口出象牙"矣。且用心甚細，爲時又甚久。使道而訂聘，是一時；求鄭而聘夏姬，又是一時。謀深而脈緩，至聘齊過鄭，而謀始成熟；然一路陰謀，若隱若現。左氏防讀者忽略，用申叔跪一言，爲之點眼，使讀者恍然：蓋"盡室以行"四字，讀者或不知其用意之所在；用"《桑中》之喜"，將巫臣心緒明白指出，且斥爲竊妻而逃，于是巫臣一路陰謀，至此爲大揭曉矣。其下重幣之錮，共王所以不許者，不是寫共王之明，仍寫巫臣之點。上文伏綫有"歸王子與襄老之尸以求知罃"語，共王念王子，不能不視夏姬爲易王子之奇貨。一錮巫臣，防巫臣爲梗，王子又不得反。故以寬典容之，意在得王子也。此著尤見巫臣之計周慮密，早早伏下根株，爲安穩取夏姬之張本。

文字之妙，叙淫而能肅，化俗而爲雅，亦千古一人而已。

楚子歸知罃於晉 成公三年（前588年）

晉人歸楚公子穀臣與連尹襄老之尸於楚，以求知罃。於是荀首佐中軍矣，故楚人許之。王（指楚共王）送知罃，曰："子其怨我乎？"對曰："二國治戎，臣不才，不勝其任，以爲俘馘（guó。俘指戰俘，馘指殺敵所截取之左耳。俘馘指戰利品）。執事不以釁鼓，使歸即戮，君之惠也。臣實不才，又誰敢怨？"

王曰："然則德我乎?"對曰："二國圖其社稷,而求紓其民,各懲其忿(各自抑止其憤恨),以相宥(寬赦)也。兩釋纍囚(被拘囚之人。纍,拘繫),以成其好。二國有好,臣不與及,其誰敢德?(意謂楚國原不以私恩釋己,不敢以社稷生民之計,竊爲一人之私德。説見竹添光鴻《左氏會箋》)。"王曰："子歸,何以報我?"對曰："臣不任受(承受)怨,君亦不任受德,無怨無德,不知所報。"王曰："雖然,必告不穀(不善。古代王侯自稱,謙辭)。"對曰："以君之靈,纍臣得歸骨於晉,寡君之以爲戮,死且不朽。若從君之惠而免之,以賜君之外臣(卿大夫對異國之君自稱外臣)首(荀首),首其請於寡君,而以戮於宗,亦死且不朽。若不獲命(指晉君不許殺戮之命),而使嗣宗職,次及於事,而帥偏師,以修封疆,雖遇執事,其弗敢違。其竭力致死,無有二心,以盡臣禮,所以報也。"王曰："晉未可與爭。"重爲之禮而歸之。

紓曰：

此事類貿易,猶以粟易械器也。無所謂怨,無所謂德,亦無所謂報,怨、德與報,三者均虛晃之筆。一路寫來,留一個知罃揚眉吐氣地位。讀者當知知罃一段之直道正辭,不是有意與楚抵抗,亦不是不怕死之言;蓋知外交之關竅,樂得做一篇轟烈文字也。楚公子重公子縠臣,荀首重其子,晉侯以荀首面子,亦不能不重知罃。觀上文於是"荀首佐中軍矣",語氣中已含勢利之見。即楚子歸之,亦勢利也。所云求報,實隱攀荀首之交情,冀就中轉圜,與楚和睦。知罃乖覺,一一知之。自知處於萬全之地,即作硬語,亦決無橫禍。故磊磊落落,作 場頭角森露説話,一以見在囚之不辱,一以示強晉之無畏。古來使命之佳者,往往如是。吾故謂之知外交之關竅。然詞鋒之妙，和婉中卻含剛果，皆非列史中所及，此所以爲左氏之文也。

齊侯朝晉 成公三年（前588年）

齊侯（指齊頃公）朝於晉，將授玉（古代諸侯朝見，必升堂授玉，以爲重禮），郤克趨進曰："此行也，君爲婦人之笑辱也，寡君未之敢任（擔當）。"晉侯享（通"饗"，設宴款待）齊侯。齊侯視韓厥，韓厥曰："君知厥也乎？"齊侯曰："服改矣（指戎服改爲朝服）。"韓厥登，舉爵（古代一種盛酒的禮器）曰："臣之不敢愛死，爲兩君之在此堂也。"

昔人稱左氏如冶女（裝飾華麗的女子）良娼，每心怪其言；今乃知盲左（左丘明的代稱。左氏雙目失明，故稱盲左）文章，固有媚人伎倆也。郤克人品之不侔於韓厥，夫人知之。左氏且不爲之軒輊（zhì。車輿前高後低稱軒，前低後高稱輊。軒輊引申爲褒貶抑揚），但於齊侯之朝，淡寫輕描，立分二人優劣。鞌之勝，齊侯幾落韓厥之手，郤克一笑之讎復矣。授玉何事，而相臣心懷舊忿，斥同盟國君之母爲婦人，斤斤見於詞色，度量全隳（huī，毀），筆底活畫一淺人氣概，且吐屬亦未馴雅。文中一涉韓厥，寫矢口（猶開口、隨口）何嘗非輕薄之辭，然此語根於齊侯一視而來。齊侯不視，厥亦不言。爲左氏計，到此直無言爲齊侯解脫。乃齊侯從容答曰"服改矣"，閒閒將前事推過一邊，用筆之蕭疏，令人不測。及韓厥舉爵，堂堂作壯語曰："臣之不敢愛死，爲兩君之在此堂也"，明明是説不有此戰，不足服齊，然但就講信修睦説亦可，風韻悠揚瀟灑，令人挹（yì，吸取）之不盡。

晉侯觀於軍府成公九年(前582年)

晉侯(指晉景公)觀於軍府,見鍾儀。問之曰:"南冠而縶(zhí,拘囚)者,誰也?"有司對曰:"鄭人所獻楚囚也。"使稅(通"脱")之。召而弔(diào,慰問)之。再拜稽首。問其族,對曰:"伶人也。"公曰:"能樂乎?"對曰:"先父之職官也,敢有二事?"使與之琴,操南音。公曰:"君王何如?"對曰:"非小人之所得知也。"固問之。對曰:"其爲太子也,師、保(負責教導太子的官員。《禮記‧文王世子》:"師也者,教之以事,而喻諸德者也;保也者,慎其身以輔翼之,而歸諸道者也。")奉之,以朝於嬰齊(即令尹子重,名嬰齊,楚共王叔父)而夕於側(即司馬子反,名側)也(句意謂朝夕不懈,向重臣請教)。不知其他。"公語范文子(即士燮,范氏)。文子曰:"楚囚,君子也。言稱先職,不背本也;樂操土風,不忘舊也;稱太子,抑無私也;名其二卿,尊君也。不背本,仁也;不忘舊,信也;無私,忠也;尊君,敏也。仁以接事,信以守之,忠以成之,敏以行之。事雖大,必濟。君盍(猶何不)歸之,使合晉、楚之成?"公從之,重爲之禮,使歸求成。

　　"南冠而縶者,誰也?"一開口神韻天然。歐公《新五代史》中,無此筆也。且不説成君臣陰謀,釋儀爲和楚計,先託言來觀軍府,以晉侯之尊貴,何以一著眼便及楚囚?此等謀略,不待明眼人一瞭即覺,而篇中布置偏不露針線之迹,留其全副精神,待文子數言發洩。

　　妙在鍾儀所言所爲,一無奇特,亦並在無意之間,經文子細爲詮釋,又似有意。左氏結習(積習),每論一事,必包括五常之理,不一而足,此篇亦然。稱先父職官,此犯人述其籍貫,謂爲不背本亦可;琴操南音,此伶人奏其常伎,謂之不忘舊亦可。君王身在潛邸,不稱太子,又作何稱？謂爲無私,已屬牽強。名其二卿,則嬰齊及側,外人所習知,其名稱子反、子重,轉費解釋,不必即屬尊君,尋常酬答之語。忽粧（同"妝"）點出"仁、信、忠、敏"四字,如山水中傅以大青大綠。

語次即及"使合晉、楚之成",寫文子有似奸點,不知自首至尾,純是直致語、老實語。雖大加鋪叙,然已脫口漏出求成,終是忠厚人談吐。行文之分量,即在於此。呂相之絕秦（呂相即晉大夫魏錡之子魏相。因食邑爲呂,故又稱呂相。以擅長外交辭令著稱。晉侯使呂相絕秦之事,見《左傳》成公十三年）,滿口純是讆 wèi 言（妄言）,將無作有,飾罪爲功,左氏亦還他千佻百狡之言。此著定策,不知出自何人。然以范文子侍君,終竟留下文子身分。寫生之筆,須肖本人,不可不知。

晉侯夢大厲成公十年（前581年）

晉侯（指晉景公）夢大厲（大惡鬼）,被（同"披"）髮及地,搏膺（捶胸）而踊,曰："殺余孫,不義。余得請於帝矣（意謂請求上帝,得其允許,可以報仇）！"壞大門及寢門而入。公懼,入於室。又壞戶。公覺,召桑田（晉邑,在今河南靈寶市）巫。巫言如夢。公曰："何如？"曰："不食新矣（意謂景公不得及嘗新麥而死）。"公疾病（病重）,求醫於秦。秦伯（指秦桓公）使醫緩（名緩）爲（治）之。未至,公夢疾爲二豎子（孩童）,曰："彼良醫也,懼傷我,焉逃之？"其一曰："居肓（huāng,心臟與隔膜之間）之上,膏（心臟下部的脂肪）之下,若我何？"醫至,曰："疾不可爲也,在肓之上,膏之下,攻之不可,達之不及,藥不至焉,不可爲也。"公曰："良醫也。"厚爲之禮而歸之。六月丙午，晉侯欲麥（欲食麥嘗新），使甸人（掌公田及供應野物之官）獻麥，饋人（掌飲食之官）爲之。召桑田巫，示而殺之。將食，張（通"脹"，指肚子發脹），如廁，陷而卒。小臣（宦官）有晨夢負公以登天，及日中，負晉侯出諸廁，遂以爲殉。

紆按：

《周官》三夢，一曰致夢。《藏經》（即《大藏經》，佛教典籍的總稱）中亦列四夢，一曰善惡種子。（參《酉陽雜俎》卷八《夢》："釋門言有四：一善惡種子，二四大偏增，三聖賢加持，四善惡徵祥。"）致者，有所致也。種者，因也。晉侯殺趙同、趙括（事見《左傳》成公八年），戮功臣之後，心懷鬼胎久矣，此即所謂致也、因也。

通篇全説夢話，《南北史》中往往襲之，故朱子斥爲小説家言，而不斥《左氏》爲小説者，由其用筆簡古也。

此篇無他妙巧，得一"應"字之訣：晉侯述夢，巫應之；晉侯再述夢，醫又應之；小臣亦述夢，晉人即以爲殉，亦應之也。論事績則似爲妖祥，論文字則自圓其謊而已。然其起處八字"被髮及地，搏膺而踊"，雖以《酉陽雜俎》（唐代段成式所撰筆記小説集。該書分門別輯，集志怪、傳奇、雜録、瑣聞、考證於一體，《四庫全書總目提要》稱之爲自唐以來小説之翹楚）之筆不能到也。實則通篇用意，全譏晉侯及晉人之愚妄。巫言不食新，決其死也。醫言不可爲，亦決其死也。乃殺巫而禮醫，以巫爲己民，醫則外客也。小臣之言，安知非其臆造？即以爲殉，妄乃尤甚。看似離奇，實則一場夢話。構思之奇，尤爲左氏游戲三昧（奧妙，訣竅）之作。

聲伯之母 成公十一年（前580年）

聲伯（即公孫嬰齊，叔氏。其父叔肸爲宣公同母弟）之母不聘（無聘禮。《禮記・內則》：「聘則爲妻，奔則爲妾。」），穆姜(魯宣公夫人)曰：「吾不以妾爲姒(妯娌之間相稱曰姒)。」生聲伯而出之，嫁於齊管于奚，生二子(兩孩子)而寡，以歸聲伯。聲伯以其外弟(同母異父之弟)爲大夫，而嫁其外妹(同母異父之妹)於施孝叔(魯惠公五世孫)。郤犨(chōu，又作"犫"。晉大夫)來聘，求婦於聲伯。聲伯奪施氏婦以與之。婦人曰：「鳥獸猶不失儷(配偶)，子將若何？」曰：「吾不能死亡(被殺害或驅逐)。」婦人遂行。生二子於郤氏。郤氏亡，晉人歸之施氏。施氏逆諸河，沈(同"沉")其二子。婦人怒曰：「已不能庇其伉儷而亡之，又不能字(撫愛)人之孤而殺之，將何以終？」遂誓施氏(杜注"約誓不復爲之婦也")。

　　文字頭緒之複雜，事體之猥瑣，情理之妄謬，至此篇極矣。穆姜逐姒是一層，棄婦再醮(jiào，再嫁)是一層，出母來歸是一層，官弟嫁妹是一層，畏勢奪婦是一層，郤氏滅亡、外妹還覓故夫是一層，施氏殺其故婦之子是一層，婦人誓絕施氏是一層。論頭緒未有更複雜於此者，論事體未有更猥瑣於此者，論情理未有更妄謬於此者。一支支節節敘之，便近小說；所以不同小說者，文簡而語重也。

　　使奪妹歸郤時，其外妹作留戀淒其(淒其指淒涼悲傷)之言，一涉情話，便失莊重。妹曰：「鳥獸猶不失儷，子將若何？」聲伯曰：「吾不能死亡。」外妹以蒙恩之故，不敢責聲伯以非義，但自倫於鳥獸，悲慘已極。聲伯言"不能死亡"者，以不嫁妹且有家禍，故婦人遂行，爲救兄也。後此覆水復收，則二子必無全地，亦理之常。使於此稍涉呪詈(zhòu lì，咒罵。呪，同"咒")之語，亦近俚鄙。婦人但曰：「己不能庇其伉儷而亡之，又不能字人之孤而殺之，將何以終？」言中包括新舊兩家，咸有情致,則寫生之妙也。此文若落俗手,必逐層著意,一著意,便不是。須知此等穢瀆(同"瀆")之事,只能以簡筆行之,使讀者不覺其複雜、猥瑣、妄謬,便是能事。然不有大氣包舉,則文不嚴重,亦未有不墜於以上三弊之中。

呂相絕秦_{成公十三年(前578年)}

夏四月戊午,晉侯(指晉厲公)使呂相絕秦,呂相,魏錡(魏氏,食邑於呂)子。曰:

昔逮(及,趕上)我獻公(晉獻公)及穆公(秦穆公)相好,戮力同心,申之以盟誓,重之以昏(同"婚")姻。天禍晉國,文公如齊,惠公如秦。(指晉驪姬之亂。獻公夫人驪姬爲立其子奚齊,陷害太子申生及諸公子,致公子重耳、夷吾[即後來的文公、惠公]長期流亡國外。)無祿(猶言不幸),獻公即世(去世)。穆公不忘舊德,俾(bǐ,使)我惠公用(因而)能奉祀於晉。僖十年,秦納惠公。又不能成大勳,而爲韓(晉地,疑在今山西芮城縣)之師。僖十五年,秦伐晉,獲惠公。亦悔於厥心,用集(成全)我文公,是穆之成也。文公躬擐(huàn,穿)甲冑,跋履山川,草行爲跋。踰越險阻,征東之諸侯,虞(舜有天下之號)、夏、商、周之胤(後代)而朝諸秦,則亦既報舊德矣。鄭人怒君之疆場(yì。邊境),我文公帥諸侯及秦圍鄭。晉自以鄭貳於楚,故圍之。鄭非侵秦也,晉以此誣秦。事在僖三十年。秦大夫不詢於我寡君,擅及鄭盟。諸侯疾之,將致命(拼命)於秦。文公恐懼,綏靜(安撫平定)諸侯,秦師克還無害,則是我有大造(大功)於西(指西秦)也。無祿,文公即世,在僖三十二年。穆爲不弔(楊伯峻注:"甲骨及金文'叔''弔'同是一字。叔,同'淑',善也。"),蔑(輕慢)死我君("死我君"即"我死君"),寡(以……寡弱)我襄公(晉襄公),迭(通"軼",突襲)我殽地,奸絕我好(排斥我友好國家。奸,通"扞"hàn,扞格,抵觸),伐我保城(保衛之城),殄 tiǎn 滅(滅亡)我費滑,伐我保城,誣之也。費滑,滑國都於費,今緱 gōu 氏縣(治所在今河南偃師市緱氏鎮)。散離我弟兄,撓亂我同盟,傾覆我國家。我襄公未忘君之舊勳,而懼社稷之隕,是以有殽之師。在僖三十三年。猶願赦罪於穆公。穆公弗聽,而即楚謀我。天誘其衷(天開導其內心,意即天心在我),成王隕命,秦使闕克(字子儀,楚國申公。僖公二十五年戍守商密失利,被秦軍所俘)歸楚求成,事見文十四年。文元年,楚弒成王。穆公是以不克逞志於我。穆、襄即世,康、靈(秦康公、晉靈公)即位。文六年,晉襄、秦穆皆卒。康公,我之自出,(按,秦康公為晉獻公女穆姬所生。)又欲闕翦(削弱,損害)我公室,傾覆我社稷,帥我蟊賊(食莊稼的害蟲,此指晉公子雍),以來蕩搖我邊疆,我是以有令狐(晉地,在今山西臨猗縣)之役。在文七年。康猶不悛(quān,改),入我河曲(晉地,在今山西永濟市南),伐我涑 sù 川(晉地,在今山西永濟市東北),俘我王官(晉地,在今山西聞喜縣西),翦我羈馬(晉邑,在今山西永濟市南),我是以有河曲之戰。在文十二年。東道之不通,則是康公絕我好也。

及君之嗣也,君,秦桓公。在宣五年。我君景公引領西望曰:"庶(庶幾,大概)撫我乎!"君亦不惠稱盟(不肯加惠,與晉結盟),利吾有狄難,謂晉滅潞氏(赤狄的一支,其都城在今山西潞城市北)時。入我河縣(近河之縣邑),焚我箕(晉邑,在今山西蒲縣東北)、郜(晉地,今地不詳),芟夷我農功(指搶割晉人莊稼)，虔劉(殺戮。虔、劉同義)我邊垂(同"陲")，我是以有輔氏(晉地，在今陝西大荔縣東)之聚。聚，衆也。在宣十五年。《正義》："謂聚衆以拒秦也。"君亦悔禍之延，而欲徼福於先君獻、穆(晉獻公、秦穆公)，使伯車(秦桓公之子，名鍼)來命我景公曰："吾與女同好棄惡，復修舊德，以追念前勳。"言誓未就，景公即世，我寡君(指晉厲公)是以有令狐之會。令狐會在十一年。君又不祥(不善)，背棄盟誓。白狄及君同州(同處雍州)，君之仇讎，而我之昏姻也。君來賜命曰："吾與女伐狄。"寡君不敢顧昏姻，畏君之威，而受(同"授")命于吏。君有二心于狄，曰："晉將伐女。"狄應(應答)且憎，是用告我。楚人惡君之二三其德也，亦來告我曰："秦背令狐之盟，而來求盟于我：'昭告昊天上帝、秦三公(指穆公、康公、共公)、楚三王(指成王、穆王、莊王)曰：「余雖與晉出入，余唯利是視。」'不榖(不善。古代王侯自稱，謙辭)惡其無成德，是用宣(揭露)之，以懲不壹。"諸侯備聞此言，斯是用痛心疾首，暱就寡人。寡人帥以聽命，唯好是求。君若惠顧諸侯，矜哀(愛憐)寡人，而賜之盟，則寡人之願也。其承寧(止息，安定。承，止)諸侯以退，豈敢徼亂？君若不施大惠，寡人不佞(謙辭，猶不才)，其不能以諸侯退矣。敢盡布(陳述)之執事，俾(bǐ，使)執事實圖利之！

秦桓公既與晉厲公爲令狐之盟，而又召狄與楚，欲道(同"導"，誘導)以伐晉，諸侯是以睦於晉。晉欒書將中軍，荀庚佐之；士燮將上軍，郤錡佐之；韓厥將下軍，荀罃(即知罃)佐之；趙旃zhān將新軍，郤至佐之。郤毅(郤至之弟)御戎，欒鍼(欒書之子)爲右。孟獻子(即仲孫蔑,魯大夫)曰:"晉帥乘(軍帥與車士)和,師必有大功。"五月丁亥,晉師以諸侯之師及秦師戰於麻隧(秦地,在今陝西涇陽縣)。秦師敗績,獲秦成差(秦將)及不更(官爵名,疑爲車右)女父(人名)。曹宣公卒於師。師遂濟涇(涇水,在涇陽縣南入渭),及侯麗(秦地,在今陝西涇陽縣)而還。迓(yà,迎接)晉侯於新楚(秦地,在今陝西大荔縣)。

紓曰:

此一篇外交至妙之文也。不知者,以爲稱己善,掩己惡,没人善,揚人惡。若如此說,直是嫚罵之言,非詞林妙品也。貴在處處皆用輕鬆之筆,不惟不肯没人之功,而亦不甚揚人之惡。説其無理處,無怒容;説己反顏處,又若出于不得已。其中連用"我是以"五處,言"是以"者,均有所爲而然,即亦不得已而然也,柔中寓剛。指目秦過,處處類於不近人情;已卻和婉出之,不爲劍拔弩張之態。

入手敘獻、穆及驪妃之亂,但云文如齊、惠如秦,藏了無數家醜。納惠是穆之大功,納文,穆又有力,此著最不易指他短處。爲韓之師,是惠公自取,秦有何失?只澹澹將一句"不能成大勳"掩過,舉重若輕,似又秦之不是矣。文不仇秦,然亦未嘗報德。言率諸侯朝秦,雖經傳無攷,或有其事,不然亦不敢作此妄語。以虛人情了事,稱曰報德,又將秦惠輕輕掩過。其下"擅及鄭盟"一節,則秦穆果貪小便宜,授晉人以口實,于是始大聲呼曰"有大造于西";此文字之得閒處,宜肆者肆,亦定法也。過了此關,則兩次大恩,均已安頓妥帖;以下無甚阻礙,可以暢所欲言。乘喪取鄭而滅滑,謂爲與晉無干可也,謂爲絕好撓盟,亦無不可。到底秦師此出,終有痕累可尋:未忘舊勳,是補救筆;社稷是隕,是自占地位語;"是以有殽之師",不説勝敗,是措詞善處。以下"是以"四處,均照此法。得意中都含不得已意,似曲均在秦也。"猶願赦罪"一語,就上文決絕處,打挺著一活筆,趁勢將穆、襄歸結,卸下康、靈。令狐之役,無理在晉,卻虛虛一晃而過。至王官、羈馬,則彼此大翻臉,將河曲之戰,作一秦晉絕好之小結束。述秦兵出關過境之形迹,彰彰可考者,爲大把柄,則栽入之罪案似無平反之地。妙絕!質言之(如實而言),以上所言,均强詞奪理。然晉人敢明目張膽,發之不怍(zuò,羞慚)者,讀者之目當注重于秦桓公之召狄與楚。呂相亦留下此著,爲聲罪致討之爰書(記錄供詞的文書),則以上均陪筆也。"及君之嗣"句,"及"字須重看。欲趺之碎,必舉之高。"引領西望",全是假話。偏生秦人有河縣之入,晉人尤有柄握。以下背約通狄,面欺通楚,則罪案歷歷可指。偏不直捷指斥,即用狄人、楚人口中之言,當秦之罪。是時諸侯附晉惡秦,亦是實事。于是呂相不稱寡君,即口宣晉侯之言,如傳旨申飭者,以釁端既開,宣戰之事,須出君命;故不稱寡君,直傳晉侯之命曰寡人,較有威毅之概。左氏以呂相上半之言,均屬捕風捉影,恐讀者不信,故將秦桓召狄與楚老實書出,以見呂相絕秦之非無爲。以下寫麻隧之捷,正爲此佳文生色。

綜言之,此文前虛後實。前多惝 chǎng 恍(恍惚模糊)之言,然步步都用輕筆,以委婉出之。後有著實之罪狀,故必揭出證據,似一實百實。則前此指斥穆、康,亦非虛語矣。坊本將此文四分五裂,劃爲段落。謂第一截分幾節,第二截分幾節,第三截又分幾節。文固三節,一穆、一康、一桓。然穆、康皆無大過。即秦桓之通狄、楚,亦不過如秦穆之通鄭。文公與秦有恩,不敢逞。此時晉力稍强,與秦桓又無瓜葛,故明顯聲其罪狀。若拘其段落,則八股先生之評語矣。坊本自作聰明,往往如此。

蕩澤弱公室 成公十五年（前 576 年）

秋八月，葬宋共公。於是華元爲右師（宋六卿[右師、左師、司馬、司徒、司城、司寇]之首），魚石爲左師，蕩澤爲司馬，華喜爲司徒，公孫師爲司城（原稱司空，爲避宋武帝名改稱司城），向爲人爲大司寇，鱗朱爲少司寇，向帶（同"帶"）爲太宰，魚府爲少宰。蕩澤弱公室，殺公子肥。華元曰："我爲右師，君臣之訓，師所司也。今公室卑，而不能正，吾罪大矣。不能治官，敢賴寵乎？"乃出奔晉。

二華，戴族（指宋戴公之後）也；司城，莊族（指宋莊公之後）也；六官者，皆桓族（指宋桓公之後）也。魚石將止華元。魚府曰："右師反（同"返"），必討（指討蕩澤），是無桓氏也。"魚石曰："右師苟獲反，雖許之討，必不敢。且多大功，國人與（附與）之，不反，懼桓氏之無祀於宋也。右師討，猶有戌（向戌，宋大夫，桓公之後）在；桓氏雖亡，必偏（指不盡亡）。"魚石自止華元於河上。請討，許之，乃反。使華喜、公孫師帥國人攻蕩氏，殺子山（即蕩澤，字子山或山）。書曰"宋殺其大夫山"，言背其族也。

魚石、向爲人、鱗朱、向帶、魚府出舍於睢上（睢水邊。睢水，河流名，流經宋都南，今多數河段已湮塞），華元使止之，不可。冬十月，華元自止之，不可，乃反。魚府曰："今不從，不得入矣。右師視速而言疾，有異志焉。若不我納，今將馳（車馬疾行而去）矣。"登丘而望之，則馳。騁（車馬奔馳）而從之，則決睢澨（睢水堤防）、閉門登陴（pí，城墙）矣。左師、二司寇、二宰遂出奔楚。華元使向戌爲左師，老佐爲司馬，樂裔爲司寇,以靖國人。

　　魚府料事精,華元舉事捷,此篇專寫兩人之能。魚府凡兩次敗華元之謀,而皆不遂:一爲止魚石,勿納華元;一爲趣魚石,速從華元。此時非華元趫捷,則五大夫再入宋都,舍魚石外,人人咸足爲蕩澤矣。觀後此五大夫求納,膠糾(膠著糾結)無有已時。故左氏專寫華元之果斷,兩"則"字,一從登丘之眼中看出,一從騁從之眼中看出。"將馳"是魚府臨時推測,"則馳"是華元臨時計算。"登丘而望之,則馳。騁而從之,則決睢澨、閉門登陴",寫華元手忙腳亂狀,全是準備魚府。經左氏閒閒點綴,二詐相逢,分外生色。凡文字描摹物狀,須在樞紐處用心。五大夫本無去志,瞬息之間,即可再復六官之位,則華元自止魚石,是通篇一大樞紐。若等閒叙過,不用一點精神,則文章無結穴,讀之亦無神采。左氏用兩"則"字,直能於阿堵(見本書文公十三年"士會歸晉"篇注)中傳神矣。

鄢陵之役成公十六年(前575年)

　　晉侯(指晉厲公)將伐鄭。范文子(即士燮,范氏)曰:"若逞(快意,滿足)吾願,諸侯皆叛,晉可以逞(通"逞"tīng,緩也。説見楊樹達《積微居讀書記·讀左傳》);若唯鄭叛,晉國之憂,可立俟也。"欒武子(即欒書)曰:"不可以當吾世而失諸侯,必伐鄭。"乃興師。欒書將中軍,士燮佐之;郤錡將上軍,荀偃佐之;韓厥將下軍;郤至佐新軍。荀罃(下軍佐)居守。郤犨(新軍將)如衛,遂如齊,皆乞師焉。欒黶(yǎn。欒書之子)來乞師,孟獻子(即仲孫蔑,魯大夫)曰:"有勝矣。"戊寅,晉師起。

鄭人聞有晉師，使告於楚，姚句gōu耳（鄭大夫）與往。楚子（指楚共王）救鄭。司馬（指公子側，字子反）將中軍，令尹（指公子嬰齊，字子重）將左，右尹（楚官名，令尹之佐）子辛（即公子壬夫，字子辛）將右。過申（楚邑，在今河南南陽市北），子反入見申叔時（楚大夫），曰："師其何如？"對曰："德、刑、詳（通"祥"，順也，善也）、義、禮、信，戰之器（器用，手段）也。德以施惠，刑以正邪，詳以事神，義以建利，禮以順時，信以守物。民生厚而德正，用利而事節（杜注："動不失利，則事得其節。"），時順而物成，上下和睦，周旋不逆（不違事理），求無不具，各知其極（中正之道）。故《詩》曰：'立我烝民，莫匪爾極。'（語出《詩·周頌·思文》。杜注："烝，眾也。極，中也。《詩·頌》言先王立其眾民，無不得中正。"）是以神降之福，時無災害，民生敦厐（páng。豐厚。厐，大也），和同以聽（聽候政令），莫不盡力以從上命，致死以補其闕（空缺），此戰之所由克也。今楚內棄其民，而外絕其好；瀆齊盟（褻瀆齋盟。齊，同"齋"，齋戒。古代盟誓前，先行齋戒，以示虔誠），而食話言；奸gān時（違背農時）以動，而疲民以逞。民不知信，進退罪也。人恤（憂）所底（至），其誰致死？子其勉之！吾不復見子矣。"姚句耳先歸，子駟（即公子騑，字子駟，鄭穆公之子）問焉。對曰："其行速，過險而不整。速則失志（失於思慮），不整喪列。志失列喪，將何以戰？楚懼不可用也。"

五月，晉師濟河。聞楚師將至，范文子欲反，曰："我偽（同"爲"，如果）逃楚，可以紓憂。夫合諸侯，非吾所能也，以遺能者。我若羣臣輯睦（和睦。輯、睦同義）以事君，多矣（獲益良多）。"武子曰："不可。"

六月，晉、楚遇於鄢陵（鄭地，在今河南鄢陵縣）。范文子不欲戰。郤至曰："韓之戰，惠公不振旅（意即惠公兵敗。事見《左傳》僖公十五年）；箕之役，先軫不反命（杜注："死於狄。"事見《左傳》僖公三十三年）；邲（bì，鄭地，在今河南滎陽市東北）之師，荀伯不復從（指荀林父潰敗，不復從楚軍再戰。事見《左傳》宣公十二年）：皆晉之恥也。子亦見先君之事矣。今我避楚，又益恥也。"文子曰："吾先君之亟（qì，屢次）戰也，有故。秦、狄、齊、楚皆彊，不盡力，子孫將弱。今三彊服矣，敵楚而已。唯聖人能外内無患。自非聖人，外寧必有内憂，盍（猶何不）釋（置）楚以爲外懼乎？"

　　甲午晦，楚晨壓（意謂於早晨迫近，使之不得成列）晉軍而陳（同"陣"，列陣）。軍吏患之。范匄（gài。士燮之子，又稱士匄）趨進，曰："塞井夷（平）竈，陳於軍中，而疏行首（王引之《經義述聞》："首當讀爲道，疏通也，謂通陳列隊伍之道也。"）。晉、楚唯天所授，何患焉？"文子執戈逐之，曰："國之存亡，天也，童子何知焉？"欒書曰："楚師輕窕（通"佻"），固壘而待之，三日必退。退而擊之，必獲勝焉。"郤至曰："楚有六間（縫隙，缺陷），不可失也。其二卿（指令尹子重、司馬子反）相惡；王卒以舊（用舊家子弟）；鄭陳而不整；蠻軍而不陳；陳不違晦（杜注："晦，月終，陰之盡。故兵家以爲忌。"）；在陳而囂，合而加囂，各顧其後，莫有鬬心。舊不必良，以犯天忌，我必克之。

　　楚子登巢車（一種兵車。唐陸德明《經典釋文》："兵車高如巢，以望敵也。"），以望晉軍。子重使大宰（即太宰）伯州犂（lí。晉大夫伯宗之子。上年伯宗被殺，伯州犂奔楚）侍於王後。王曰："騁而左右（晉兵車或左或右馳騁），何也？"曰："召軍吏也。""皆聚於中軍矣。"曰："合謀也。""張幕矣。"曰："虔卜於先君也。""徹（撤除）幕矣。"曰："將發命也。""甚囂，且塵上矣。"曰：

"將塞井夷竈而爲行也。""皆乘矣,左右(將帥和車右)執兵而下矣。"曰:"聽誓也。""戰乎?"曰:"未可知也。""乘而左右皆下矣。"曰:"戰禱也。"伯州犂以公卒(晉侯親兵)告王。苗賁 fén 皇(楚大夫鬬椒之子。宣公四年,鬬椒被殺,苗賁皇奔晉,食邑於苗)在晉侯之側,亦以王卒告。皆曰:"國士在,且厚,不可當也。"(杜注:"晉侯左右皆以伯州犂在楚,知晉之情。且謂楚衆多,故憚合戰。")苗賁皇言於晉侯曰:"楚之良,在其中軍王族而已。請分良以擊其左右,而三軍(此次戰役,晉國出動中、上、下、新四軍,戰時整合爲三軍作戰。說詳趙生群《左傳疑義新證》《春秋左傳新注》)萃於王卒,必大敗之。"公筮之。史曰:"吉。其卦遇復䷗,曰:'南國蹙(cù,局迫),射其元王(大王,指楚王),中厥目。'國蹙王傷,不敗何待?"公從之。

有淖(nào,泥沼)於前,乃皆左右相違(避)於淖。步毅(即郤毅)御晉厲公,欒鍼爲右。彭名御楚共王,潘黨爲右。石首御鄭成公,唐苟爲右。欒、范以其族夾公行。陷於淖。欒書將載晉侯。鍼曰:"書(欒書。杜注:"在君前,故子名其父。")退!國有大任,焉得專之?且侵官(侵犯他人職守),冒也;失官(丟棄本人職守),慢也;離局(離開自己的部屬),姦(亂)也。有三罪焉,不可犯也。"乃掀公以出於淖。

癸巳,潘尫 wāng 之黨(即潘尫之子,名黨。潘尫,楚大夫)與養由基(亦稱養叔,楚將)蹲(聚)甲而射之,徹七札焉(穿透七層鎧甲)。以示王,曰:"君有二臣如此,何憂於戰?"王怒曰:"大辱國!詰朝(猶明朝)爾射,死藝。"(杜注:"言女以射自多,必當以藝死也。")呂錡(即魏錡)夢射月,中之,退入於泥。占之,曰:"姬姓,日也;異姓,月也,必楚王也。射而中之,退入於泥,亦必死矣。"及戰,射共王中目。王召養由基,與之兩矢，使射呂錡，中項，伏弢（tāo，弓袋）。以一矢復命。

郤至三遇楚子之卒，見楚子，必下，免胄而趨風（脫下頭盔疾走，以示恭敬）。楚子使工尹襄（掌百工之官，名襄）問（餽贈）之以弓，曰：「方事之殷（盛）也，有韎 mèi 韋（赤黃色牛皮）之跗 fū 注（一種長褲軍服，衣褲相連，褲腳至足背。跗，足背。注，屬，連），君子也。識見不穀而趨，無乃傷乎？」郤至見客，免胄承命，曰：「君之外臣（卿大夫對異國之君自稱外臣）至，從寡君之戎事，以君之靈，間蒙（參與披戴）甲胄，不敢拜命（拜謝楚王勞問之命）。敢（冒昧）告不寧，君命之辱。爲事（使也，意即楚王使人來問之事）之故，敢肅（肅拜，古禮九拜之一。雙手合攏，俯身作揖）使者。」三（三次）肅使者而退。

晉韓厥從（追擊）鄭伯（指鄭成公），其御杜溷 hùn 羅曰：「速從之！其御屢顧，不在馬，可及也。」韓厥曰：「不可以再辱國君。」乃止。郤至從鄭伯，其右茀 fú 翰胡曰：「諜（輕裝之兵）輅（通「迓」yà，迎擊）之，余從之乘，而俘以下。」郤至曰：「傷國君有刑。」亦止。石首曰：「衛懿公唯不去其旗，是以敗於熒（xíng，熒澤，地名，在黃河以北，今地不詳）。」（熒之戰見《左傳》閔公二年）乃内（同「納」）旌於弢中。唐苟謂石首曰：「子在君側，敗者壹大（意謂戰敗者應一心保護其君。壹，專一。大，指鄭國君）。我不如子，子以君免，我請止。」乃死。

楚師薄（逼近）於險，叔山冉（楚之勇士）謂養由基曰：「雖君有命，爲國故，子必射。」乃射。再發盡殪（yì，指所射盡死）。叔山冉搏人以投，中車折軾。晉師乃止。囚楚公子茷 fèi。

欒鍼見子重之旌，請曰：「楚人謂夫旌，子重之麾也，彼其子重也。曰(往日)臣之使於楚也,子重問晉國之勇,臣對曰:'好以衆整(軍容嚴整)。'曰:'又何如?'臣對曰:'好以暇(從容不迫)。'今兩國治戎,行人(通使之官)不使,不可謂整;臨事而食言,不可謂暇。請攝飲(請求派人代爲敬酒)焉。"公許之。使行人執榼(kē,盛酒器)承飲,造(至)於子重,曰:"寡君之使,使鍼御(侍)持矛,是以不得犒從者,使某攝飲。"子重曰:"夫子嘗與吾言於楚,必是故也。不亦識(zhì,記)乎?"受而飲之,免(釋放)使者而復鼓。

旦而戰,見星未已。子反命軍吏察夷傷(創傷。夷,今作"痍",傷也),補卒乘,繕甲兵,展(整飭)車馬,雞鳴而食,唯命是聽。晉人患之。苗賁皇徇(xùn,宣令)曰:"蒐乘(檢閱戰車)補卒,秣馬利兵,修陳固列,蓐食(在床蓐中就食,意即夜食;或指飽食,蓐者,厚也)申禱(再次祈禱),明日復戰!"乃逸楚囚。王聞之,召子反謀。穀陽豎(杜注:"穀陽,子反内豎。"按,内豎即内侍之童僕)獻飲於子反,子反醉而不能見。王曰:"天敗楚也夫!余不可以待。"乃宵遁。

晉入楚軍,三日穀(杜注"食楚粟三日也")。范文子立於戎馬(晉厲公之車馬)之前,曰:"君幼,諸臣不佞(不才),何以及此?君其戒之!《周書》曰:'惟命不於常。'(《尚書·康誥》)有德之謂。"(杜注:"言勝無常命,唯德是與。")楚師還,及瑕(楚邑,在今湖北隨州市),王使謂子反曰:"先大夫之覆師徒者,君不在。(杜注:"謂子玉敗城濮時,王不在軍。")子無以爲過,不穀之罪也。"子反再拜稽首曰:"君賜臣死,死且不朽。臣之卒實奔,臣之罪也。"子重使謂子反曰:"初隕(喪失)師徒者,而(爾)亦聞之矣(杜注:"聞子玉自殺。")。盍圖之?"對曰:"雖微(無)先大夫有之,大夫命側(子反自稱其名),側敢不義?側亡君師,敢忘其死?"王使止之,弗及而卒。

紓按:

此章文字之美,美不勝收。然以大勢論之,實得一"偶"字法。何云偶?每舉一事,必有對也。

當子反入,面退老之申叔時,此老洋洋吐辭,料敵乃同蹇叔。是楚師之敗已決於申叔時一言,而爲之對者,姚句耳也。申叔時之言敗,言其動作之非時;姚句耳之言敗,言其節制之無術。此一偶也。范文子之不欲戰,在事前言之;欒武子之悔此一戰,在事後及之。又一偶也。郤至好事,料敵如神;范匄少年,論事有膽。又一偶也。伯州犂自晉降楚,苗賁皇自楚降晉,已屬天然之偶。乃巢車望敵,文字俱在空際傳神,每用一"矣"字,必應以一"也"字。又是一偶。顧伯州犂述其本國軍中規制,以告楚子矣,脱(假使)文中寫苗賁皇,亦如伯州犂寫法,則沈重板滯,左氏斷不爲此。故寫伯州犂用繁筆,寫苗賁皇用簡筆,繁簡又是一偶。晉侯臨戰而卜,呂錡因夢而占,又是一偶。郤至免冑,楚子謂其有禮;欒鍼執榼,子重謂其踐言。又是一偶。至潘黨、養叔之蹲甲皆中,已自爲偶矣。乃呂錡射王,而養叔報仇,又是一偶。尤妙者,韓厥後鄭伯,苟用杜溷羅之言,必獲鄭伯,乃韓厥不可而止。郤至亦從鄭伯,又有茀翰胡爲杜溷羅之對,亦幾獲鄭伯矣,而郤至不可而止。此偶殊屬天然。至於子反收軍,察夷傷,補卒乘,繕甲兵,展車馬,雞鳴而食,而苗賁皇亦徇於師,蒐乘補卒,秣馬利兵,修陳固列,蓐食申禱,所言一如子反,則明明示讀者以偶筆矣。

故善爲文者,因事設權,往往使人不覺。韓昌黎《送齊皞下第序》,直以偶句到底,讀之但知其散,不知其偶,則抽換挪移之力,能使讀者眼光紛亂,此文字之點也。

厲公誅三郤 成公十七年（前574年）

晉厲公侈，多外嬖(bì。指寵臣)。反(同"返")自鄢陵，欲盡去羣大夫，而立其左右。胥童(胥克之子)以胥克之廢也(郤缺廢胥克，見《左傳》宣公八年)，怨郤氏，而嬖於厲公。郤錡奪夷陽五田，五亦嬖於厲公。郤犨與長魚矯爭田，執而梏之，與其父母妻子同一轅。既，矯亦嬖於厲公。欒書怨郤至，以其不從己而敗楚師也，欲廢之。使楚公子茷告公曰："此戰也，郤至實召寡君，以東師(齊、魯、衛之師)之未至也，與軍帥之不具也(杜注："荀罃佐下軍居守，郤犨將新軍乞師，故言不具。")，曰：'此必敗，吾因奉孫周(晉襄公曾孫，名周。即後來的晉悼公)以事君。'"公告欒書。書曰："其有焉。不然，豈其死之不恤(顧及)，而受敵使乎？(杜注："謂鄢陵戰時，楚子問郤至以弓。")君盍嘗(嘗試)使諸周而察之？"郤至聘于周，欒書使孫周見之。公使覘(chān，窺視)之，信。遂怨郤至。

厲公田(田獵)，與婦人先殺(指獵殺禽獸)而飲酒，後使大夫殺。郤至奉豕，寺人(宦官)孟張奪之，郤至射而殺之。公曰："季子欺余！"(杜注："季子，郤至。公反以爲郤至奪孟張豕。")

厲公將作難，胥童曰："必先三郤。族大，多怨。去大族，不偪(指公室不受逼迫。偪，同"逼")；敵多怨，有庸(杜注："討多怨者，易有功。"庸，功也)。"公曰："然。"郤氏聞之，郤錡欲攻公，曰："雖死，君必危。"郤至曰："人所以立，信、知(同"智")、勇也。信不叛君，知不害民，勇不作亂。失茲三者，其誰與我？死而多怨，將安用之？君實有臣而殺之，其謂君何？我之有罪,吾死後(晚)矣！若殺不辜,將失其民,欲安得乎？待命而已。受君之禄,是以聚黨,有黨而争命(抗拒君命),罪孰大焉？"壬午,胥童、夷羊五(即夷陽五)帥甲八百將攻郤氏,長魚矯請無用衆,公使清沸魋(tuí,厲公寵臣)助之。抽戈結衽,而僞訟者(杜注"僞與清沸魋訟")。三郤將謀於榭,矯以戈殺駒伯(即郤錡,食邑於駒,故稱駒伯)、苦成叔(即郤犫,食邑於苦,謚成,故稱苦成叔)於其位。温季(即郤至,食邑於温,故號温季)曰:"逃威(意謂逃於無罪被殺害。威,通"畏"。參《禮記・檀弓上》:"死而不弔者三:畏、厭、溺。"鄭玄注:"畏,人或時以非罪攻己,不能有以説之死之者。")也。"遂趨。矯及諸其車,以戈殺之。皆尸(陳尸以示衆)諸朝。

胥童以甲劫欒書、中行偃(即荀偃,以中行爲氏)于朝。矯曰:"不殺二子,憂必及君。"公曰:"一朝而尸三卿,余不忍益也。"對曰:"人(指欒書、中行偃)將忍君(忍心弑君)。臣聞亂在外爲姦,在内爲軌(通"宄")。御(通"禦"。下同)姦以德,御軌以刑。不施而殺,不可謂德;臣偪而不討,不可謂刑。德刑不立,姦軌並至。臣請行。"遂出奔狄。公使辭于二子(杜注:"辭謝書與偃。")曰:"寡人有討于郤氏,郤氏既伏其辜(罪)矣,大夫無辱,其復職位!"皆再拜稽首曰:"君討有罪,而免臣於死,君之惠也。二臣雖死,敢忘君德？"乃皆歸。公使胥童爲卿。

公遊於匠麗氏(厲公在翼地之寵臣),欒書、中行偃遂執公焉。召士匄gài,士匄辭。召韓厥,韓厥辭,曰:"昔吾畜(養)於趙氏,孟姬(又稱趙莊姬。晉大夫趙朔之妻,晉成公之女)之讒,吾能違兵(不用兵)。(按,孟姬讒殺趙同、趙括,欒氏、郤氏皆參與其事。見《左傳》莊公八年。)古人有言曰'殺老牛,莫之敢尸(作主)',而況君乎？二三子不能事君，焉用厥也？"

紓曰：

坊本將此篇分出無數賓主，實則欒書爲主，公及諸嬖與三郤、士匄、韓厥皆客也。反自鄢陵時，范燮（即士燮）祈死得死（事見《左傳》成公十七年），欒書必悟及軍中外寧內憂之言，深以燮言爲是，所以怨郤至之多事。戰勝而侈公之心，不能諫公，但圖害至，已輸趙盾一著。於是三郤之命，均懸諸欒書之一言，則欒書主，而三郤客也。胥童、夷陽五、長魚矯皆怨三郤，豈無讒言？必待欒書一言而動，是諸嬖無力，而欒書有力，又欒書主而諸嬖客也。方諸嬖犯上專殺，朝局大亂，書身爲正卿，聽其所爲，似隱有主張，把三郤之死、諸嬖之亂，都裝在葫蘆之內；不惟爲三郤之主，且兼爲諸嬖之主矣。及書爲胥童所執，長魚、矯力言以爲可殺，似又矯主而書客。然諫終不聽，矯出而書存，又反客爲主矣。至於匠麗氏執公時，召士匄、召韓厥，均不至，此主客位置分明，可不待言。綜之，一篇之中，光怪陸離，似不能定其主客，實則主人翁明明一欒書耳。

文之妙處，復在詞令之工。郤至滿口忠愛，其行爲則躁妄無倫；長魚矯滿腹精神，其收局則怕死而已。一爲淺人，一爲小人，而出話堂堂，似有道德，似有幹略。左氏所以高人處，在莊而不佻。若落公安（指明代以袁宏道等爲代表的公安派）之手，則不知其如何粧點耳。

左傳擷華卷下

魏絳戮揚干之僕 襄公三年（前570年）

晉侯（指晉悼公）之弟揚干亂行（擾亂軍隊行列）於曲梁（地名，在今河北邯鄲市永年區），魏絳（晉中軍司馬）戮其僕（御車者）。晉侯怒，謂羊舌赤（晉中軍尉之佐）曰：“合諸侯，以爲榮也。揚干爲戮（受辱），何辱如之？必殺魏絳，無失也！”對曰：“絳無貳志，事君不辟難，有罪不逃刑，其將來辭，何辱命焉（指不須勞煩下命令）？”言終，魏絳至，授僕人（官名，掌傳命、奏事之事）書，將伏劍。士魴（fáng。晉下軍佐）、張老（晉候正。按候正即候奄，掌諜報偵查之事）止之。公讀其書，曰：“日（從前）君乏使，使臣斯（通“司”，擔任）司馬。臣聞‘師衆以順爲武，軍事有死無犯爲敬’。君合諸侯，臣敢不敬？君師不武，執事不敬，罪莫大焉。臣懼其死，以及揚干，無所逃罪。不能致訓（孔疏：“不能以禮漸致教訓。”），至於用鉞（yuè，大斧，此爲刑具）。臣之罪重，敢有不從以怒君心？請歸死於司寇。”公跣（xiǎn，赤腳）而出，曰：“寡人之言，親愛也。吾子之討，軍禮也。寡人有弟，弗能教訓，使干（犯）大命，寡人之過也。子無重寡人之過，敢以爲請。"

晉侯以魏絳爲能以刑佐民矣，反役（指結束盟會之事返回），與（賜）之禮食（指設饗禮於廟以款待），使佐新軍。張老爲中軍司馬，士富爲候奄。

紓曰：

此文寫出羊舌赤一道眼光，魏絳一種詞鋒，悼公一股英氣，真如生龍活虎，不可方物。

申之無畏（楚軍左司馬，名無畏，食邑於申）戮宋公（指宋昭公）之僕（事見《左傳》文公十年），恃勢作威，前堅後靦（同"䵒"nǜ，縮）之小人也。魏絳執法侃侃，凜然無懼，真男子也。戮揚干之僕，當時已置身死於度外，準備戴頭而來。悼公以愛弟情切，不堪受辱，絳已處必死之勢。讀至此，幾疑絳之命如屬zhǔ絲（繫於一絲，比喻危險之至）矣。悼公怒時，絳無全理。偏生羊舌赤有一道眼光，料事如神，知絳必來，公無辱命，將公英氣一挫。已而魏絳果來，公一場大怒，忽悟出絳非貪生怕死之人，英氣又爲一挫。再讀其書，語語爲公，語語引咎，妙在"不能致訓"四字，說到身爲司馬，不能訓飭卒徒，一道詞鋒，已刺到悼公心坎。公主一國，不能教訓其弟，使僕亂行，此"訓"字觸到自己家庭，心肺不能不僵，則英氣又爲之大挫。"跣"字寫得極逼肖。凡英主無不聰明，於此見得事事都對不住，識見不及羊舌，執法不及魏絳，家庭無教育，對不住諸侯，只有引過自責一路，方能自掩其醜。乃不知此一股英氣，千載以下，肖者只有唐太宗。以春秋鼎盛之英雄，能屈己從人，真不易到也。"寡人有弟，弗能教訓"一語，即針對"不能致訓"而言。"無重寡人之過"六字，從肺腑流出，亦表出人君之大度。

至於魏絳將伏劍，不必是真。士魴、張老是文中應有之補筆，讀者須知行文須步步有節奏。魏絳果死，安見悼公之賢？故文之佳處，似有天造地設一種布置，真耐人尋味不盡。

魏絳和戎_{襄公四年（前569年）}

無終子嘉父（山戎無終國之君，名嘉父）使孟樂如晉，因魏莊子（即魏絳）納虎豹之皮，以請和諸戎。晉侯曰："戎狄無親而貪，不如伐之。"魏絳曰："諸侯新服，陳新來和，將觀於我。我德則睦，否則攜貳。勞師於戎，而楚伐陳，必弗能救，是棄陳也，諸華必叛。戎，禽獸也。獲戎失華，無乃不可乎？《夏訓》（據孔疏，《尚書·夏書·五子之歌》"述大禹之戎以作歌"，其一曰《皇祖有訓》，是大禹立言以訓後，故傳謂此書爲《夏訓》）有之曰：'有窮后羿（有窮國之君，號羿。有，詞頭，無實義。窮，國名，在今河南洛陽市西。后，君主）——'"公曰："后羿何如？"對曰："昔有夏之方衰也，后羿自鉏（xú，地名，在今河南滑縣東）遷於窮石（即窮谷，在今河南洛陽市南），因夏民以代夏政。恃其射也，不修民事，而淫於原獸（指放縱於原野田獵之事）。棄武羅、伯因、熊髡、尨圉（máng yǔ，四子皆賢臣），而用寒浞zhuó。寒浞，伯明氏（寒國君之名）之讒子弟也。伯明后寒（意即寒國之君伯明。后，君主。寒，國名，在今山東濰坊市）棄之，夷羿（即后羿，以夷爲氏）收之，信而使之，以爲己相。浞行媚於內（內宮人），而施賂於外，愚弄其民，而虞（通"娛"）羿於田（田獵）。樹之詐慝，以取其國家，外內咸服。羿猶不悛（quān，改），將歸自田，家衆殺而烹之，以食（sì，使……食）其子。其子不忍食諸（之），死於窮門。靡（夏之遺臣，曾事后羿）奔有鬲gé氏（國名，在今山東德州市東南）。浞因羿室，生澆ào及豷yì。恃其讒慝詐偽，而不德於民。使澆用師，滅斟灌（國名，在今河南范縣北）及斟尋氏（國名，在今河南偃師市東北）。處澆於過（guō，國名，在今山東掖縣西北），處豷於戈（杜注："戈在宋、鄭之間。"）。靡自有鬲氏，收二國之燼（遺民），以滅浞而立少康（夏后相之子）。少康滅澆於過，后杼（少康之子）滅豷於戈，有窮（指寒浞，篡位後仍襲有窮之號）由是遂亡，失人故也。昔周辛甲之爲大（同"太"）史也，命百官，官箴（規諫）王闕。於《虞人（掌田獵之官）之箴》曰：'芒芒禹迹，畫爲九州，經啓九道（經略開通九州之道）。民有寢、廟，獸有茂草，各有攸（所）處，德用不擾。在帝夷羿，冒（貪）於原獸，忘其國恤（憂），而思其麀 yōu 牡（泛指禽獸。麀，雌鹿。牡，雄獸）。武（指田獵）不可重（多次，過度），用（因）不恢於夏家。獸臣（即虞人）司原，敢告僕夫（猶執事、左右。不敢斥言尊者，故婉言僕夫）。'《虞箴》（《虞人之箴》的省稱）如是，可不懲（戒）乎？"於是晉侯好田，故魏絳及之。

公曰："然則莫如和戎乎？"對曰："和戎有五利焉：戎狄薦居（逐水草而居），貴貨易（輕）土，土可賈焉，一也；邊鄙不聳（懼），民狎（習）其野，穡人（農夫）成功，二也；戎狄事晉，四鄰振動，諸侯威懷，三也；以德綏戎，師徒不勤，甲兵不頓（武器不損壞），四也；鑒於后羿，而用德度，遠至邇安，五也。君其圖之！"公説（同"悦"），使魏絳盟諸戎，修民事，田以時。

　　此篇君臣論和戎利害，而魏絳口中忽爾突出"有窮后羿"四字，不倫不類。左氏聲明其事，曰"晉侯好田，故魏絳及之"，"及之"云者，論正事而波及餘事，方謂之及。然魏絳之言，自始至終，皆極論游獵之害，與和戎毫不相涉，似諫獵爲主，和戎爲客，何云及也？不知此篇語語皆有本源，魏絳特借題發揮,語語說游獵,卻語語注重和戎。

但觀無終子之使孟樂,首以虎豹之皮來,魏絳已望而有動於中,試問不獵,胡得虎豹?因借獵獸,以喻伐戎之害。且不明言,先論勞師棄陳。一及諸戎,即曰"戎,禽獸也",既斥戎爲禽獸,則伐戎之師,皆取禽獲獸之師也。因虎豹之皮,生諫獵之思想,即借諫獵之言論,斥伐戎之非計。故脫口引出"有窮后羿"四字,使讀者茫無頭緒,不知所指,似與上半文字接讀不上,實則並不好奇。不留心讀之,則見爲奇;留心讀之,語皆有根,未嘗突也。故公曰"然則和戎乎","然"之一字,是領會魏絳言中之意,知借諫獵以諫伐戎,彼此神會。不然,中間一段,豈非無著?

至於文字之岸異古宕(獨特不凡,古樸跌宕)處,左氏蓋無所不能,不足爲異也。

鄭人從楚襄公八年(前565年)

冬,楚子囊(楚令尹)伐鄭,討其侵蔡也。子駟(鄭正卿,鄭穆公之子)、子國、子耳(兩人皆鄭大夫,穆公之後)欲從楚,子孔、子蟜jiǎo、子展(三人皆鄭大夫,穆公之後)欲待晉。

子駟曰:"《周詩》有之曰:'俟河之清,人壽幾何?兆云(云爲語助詞)詢多,職競作羅。'○逸《詩》也。兆,卜也。詢,謀也。職,主也。言既卜且謀多,則競作羅網之難,無成功也。謀之多族,民之多違,事滋無成。民急矣,姑從楚以紓吾民。晉師至,吾又從之。敬共(通"供")幣帛,以待來者,小國之道也。犧牲玉帛,待於二竟(晉、楚二國與鄭國之邊境。竟,同"境"),以待彊者而庇民焉。寇不爲害,民不罷(同"疲")病,不亦可乎?"

子展曰:"小所以事大,信也。小國無信,兵亂日至,亡無日矣。五會之信，○三年(指魯襄公三年。下仿此)會雞澤(地名,在今河北邯鄲市東北),五年會戚(衛邑,在今河南濮陽市北),又會救陳,七年會鄬①(wéi,在今河南魯山縣),八年會邢②丘(晉地,在今河南溫縣東)。今將背之,雖楚救我,將安用之？親我無成,鄙我(以我爲邊鄙)是欲,○鄙者,楚欲鄙鄭也。不可從也,不如待晉。晉君方明,四軍(晉有中、上、下、新四軍)無闕,八卿(指四軍之將、佐,共八人)和睦,必不棄鄭。楚師遼遠,糧食將盡,必將速歸,何患焉？舍之(子展之名)聞之:'杖(依仗,憑恃)莫如信。'完守以老楚(堅固守備,以使楚軍疲怠),杖信以待晉,不亦可乎？"

子駟曰:"《詩》云:'謀夫孔(很)多,是用不集(成就)。發言盈庭,誰敢執其咎？如匪行邁謀(孔疏:"如彼道上行人,每得人即與之謀。"),是用不得於道。'(《詩·小雅·小旻》)○匪,彼也。行邁(道路遠行)謀於路人也。不得于道,衆無適從。請從楚,騑(fēi,子駟之名)也受其咎。"

乃及楚平,使王子伯騈(鄭大夫)告於晉,曰:"君命敝邑:'修而(爾)車賦(車乘),儆(jǐng,戒備)而師徒,以討亂略(亂謀)。'蔡人不從,敝邑之人,不敢寧處,悉索(盡收。悉、索同義,盡也)敝賦,以討於蔡,獲司馬燮(即公子燮,蔡莊侯之子),獻於邢丘。今楚來討曰:'女 rǔ 何故稱兵於蔡？'焚我郊保(郊外之小城堡。保,同"堡"),馮 píng 陵(侵凌。馮、陵同義)我城郭。敝邑之衆,夫婦男女,不皇(無暇。皇,同"遑",閒暇)啓處(安居休息。啓,小跪。處,安坐),以相救也。翦焉傾覆,無所控告。○稱,舉也。馮,迫也。翦,盡也。控,引也。民死亡者,非其父兄,即其子弟。夫人愁痛,不知所庇。民知窮困,而受盟於楚,孤也

---

① 鄬,原書誤作"鄔"字,據阮刻本《春秋左傳正義》改。
② 邢,原書誤作"郊"字,據阮刻本《春秋左傳正義》改。

與其二三臣不能禁止,不敢不告。"

知武子(即荀罃)使行人(通使之官)子員對之曰:"君有楚命,亦不使一介①行李告於寡君,○一介,獨使②。行李,行人也。介,古賀反。而即安於楚。君之所欲也,誰敢違君?寡君將帥諸侯以見於城下,唯君圖之!"

唐錫周(明末清初文章評點家,著有《左傳咀華》)於此篇劈分五段:第一段,姑從楚,謀未定也;第二段,以老楚,廷臣不和,謀異也;第三段,請從楚,謀定矣;第四段,告晉以受盟於楚,定謀之後,述其不得已之苦心也;第五段,晉人斥以即安於楚,罪其從楚之謀,晉將加討,爲下文伐鄭張本也。分析極清。

鄙意子囊此來,鄭不甚病,所云"夫人愁痛,不知所庇",此應有之詞也。以理言之,子展之言爲正;以勢言之,子駟之言爲點。晉政不綱,楚欲無厭。子駟膽敢如是者,雖從楚而背楚亦易,不從晉而和晉不難。"犧牲玉帛,待於二竟",其視兩大,如養獅飼虎,飽則不害。紓近禍而昧遠圖,此時解卻楚圍,而晉圍轉瞬即至,子駟不計也。鄭之君臣亦求抒目前之憂,所以子駟之言易從,而子展之謀不用。俞寧世(即俞長城,字寧世。清初制義名家,著有《可儀堂文集》,編纂有《可儀堂一百二十名家制義》《可儀堂左選》等)曰:"駟偏而展正,兩段議論,各有精采;鄭曲而晉直,兩段辭令,各有風致。"鄙意告晉之詞易工,而報鄭之言難括。告者不虞其傾覆,不述其死亡,不言其愁痛,不寫其窮困,何以動人?而子員答辭,用一"欲"字,打倒伯駟一路粉飾之詞;藏一"欲"字,用爲問罪之柄握。先說

---

① 據唐開成石經、宋本《春秋經傳集解》,"介"亦作"个"。
② 使,原書誤作"吏"字,據阮刻本《春秋左傳正義》改。

他不使一介行李來言，即安於楚。言即安者，存心如是也。惟其即安，所以勘（推究）出"欲"字。有了"欲"字，即是定爲背晉從楚之爰書（記錄供詞的文書）。伯駢詞繁，子員辭簡。繁者，哀請之辭；簡者，恃強之辭。一路寫來，子展之言，遠而有徵；子駟之言，鄙而近利；伯駢之言，哀而弗誠；子員之言，倨而中要。前半寫其議論之妙，後半寫其詞令之妙，奕奕皆有神韵。

晉受鄭盟襄公九年（前564年）

冬十月，諸侯伐鄭。庚午，季武子（即季孫宿，魯大夫）、齊崔杼（zhù。齊大夫）、宋皇鄖（yún。宋大夫）從荀罃、士匄（gài。二人分別爲晉中軍將、佐）門（攻門）于鄫zhuān門（鄫門爲鄭都東門），衛北宮括、曹人、邾人從荀偃、韓起（二人分別爲晉上軍將、佐）門于師之梁（師之梁爲鄭都西門），滕人、薛人從欒黶yǎn、士魴（fáng。欒、士二人分別爲晉下軍將、佐）門于北門，杞人、郳ní人從趙武、魏絳（二人分別爲晉新軍將、佐）斬行háng栗。○粟，表道樹。甲戌，師於氾（fán，鄭地，即東氾水，在今河南中牟縣南），令於諸侯曰："脩器備，盛餱hóu糧（乾糧），歸老幼，居疾（安置患病之人）于虎牢（鄭地，在今河南滎陽市西北），肆眚（赦免罪人），圍鄭。"

鄭人恐，乃行成。中行獻子（即荀偃）曰："遂圍之，以待楚人之救也，而與之戰。不然，無成。"知武子（即荀罃）曰："許之盟而還師，以敝（疲）楚人。吾三分四軍，與諸侯之銳，以逆來者，於我未病，楚不能矣，猶愈（勝）於戰。暴（同"曝"）骨以逞，不可以爭。大勞未艾，○艾，息也。君子勞心，小人勞力，先王之制也。"諸侯皆不欲戰，乃許鄭成。十一月己亥，同盟于戲（鄭地，在今河南登封市嵩山北），鄭服也。

將盟，鄭六卿，公子騑(字子駟)、公子發(字子國)、公子嘉(字子孔)、公孫輒(字子耳)、公孫蠆(chài。字子蟜)、公孫舍之(字子展)及其大夫、門子(卿之嫡子)，皆從鄭伯(指鄭簡公)。晉士莊子(即士弱)爲載書(盟書)，曰："自今日既盟之後，鄭國而(如)不唯晉命是聽，而或有異志者，有如此盟。"公子騑趣(通"趨")進曰："天禍鄭國，使介居(夾處。介，間)二大國之間。大國不加德音，而亂以要(要挾)之，使其鬼神不獲歆(享。《說文·欠部》："歆，神食氣也。")其禋 yīn 祀(潔敬之祀)，其民人不獲享其土利，夫婦辛苦墊隘(困頓)，無所底(zhǐ, 致)告。自今日既盟之後，鄭國而(如)不唯有禮與彊可以庇民者是從，而敢有異志者，亦如之。"荀偃曰："改載書。"公孫舍之曰："昭大神要言(要言指盟約)焉。若可改也，大國亦可叛也。"知武子謂獻子曰："我實不德，而要人以盟，豈禮也哉？非禮，何以主盟？姑盟而退，修德息師而來，終必獲鄭，何必今日？我之不德，民將棄我，豈唯鄭？若能休和，遠人將至，何恃于鄭？"乃盟而還。

紓曰：

鄭之背晉而從楚，反覆無定，均子駟一人之逞其狡獪。八年和楚，九年盟晉，十月受盟，十二月晉師復至，晉師既去，復與楚平，子駟之心，終始不服晉也。然子駟雖極智巧，且善詞令，終不如知武子之老謀壯事，眼光極遠。

蓋子駟之奸黠，武子一一知之，尤知鄭心屬楚，楚必衛鄭，中行獻子所謂"遂圍"者，終圍之而不解也。武子察諸侯之心，頗皆憚戰，諸侯果不用命，亦無成功，三分四軍，已準備以逸待勞之計，亦適以破子駟之狡謀。言下即大書曰"諸侯皆不欲戰"，此一筆，即所足成知武子定策之善也。晉之載書曰"鄭國而不唯晉命是聽",此"不唯"二字,專斷之詞也;鄭之載書曰"鄭國而不唯有禮與彊,可以庇民者是從",此"不唯"二字,倔強之詞也。子駟早悉諸侯之無戰心,尤知楚師之足爲後援,故敢爲此言。讀者以爲有膽力,則誤矣。荀偃曰"改載書",改鄭之載書也,其意氣之張,與士弱之爲載書同塞(傲慢)。而知武子早有成算,斷之曰"終必獲鄭",卒令受盟。十二月陰阪(鄭地,洧水渡口,在今河南新鄭市西北)之師,洩忿也。是月鄭人卒與楚平。自是以來,晉、楚爭鄭無寧歲。直至十一年十二月,蕭魚(鄭地,當在今河南許昌市)之會,鄭事始定。受盟者終爲子展,以子展在八年時,已守信以和晉。此時子駟已爲尉止(鄭大夫)所殺,鄭之作梗者無人矣。此篇不寫子駟之狡,寫知武子之鎭定,讀者須知其用意之所在。

偪陽之役襄公十年(前563年)

晉荀偃、士匄請伐偪 fù 陽(妘姓小國,在今山東棗莊市台兒莊區南),而封宋向戌(宋大夫)焉。荀罃曰:"城小而固,勝之不武,弗勝爲笑。"固請。丙寅,圍之,弗克。孟氏(指魯大夫孟獻子)之臣秦堇 jǐn 父輦重如役(指用人力拉輜重車,到達戰地)。偪陽人啓門,諸侯之士門(攻門)焉。縣門(內城閘門。縣,同"懸")發,郰 zōu 人紇 hé 抉(舉)之以出門者(攻入城門之士卒)。狄虒 sī 彌建(立)大車之輪,而蒙之以甲,以爲櫓。左執之,右拔戟,以成一隊。孟獻子曰:"《詩》所謂'有力如虎'(《詩·邶風·簡兮》)者也。"主人(守軍)縣布,堇父登之,及堞(dié,女墻)而絕之。隊(同"墜"),則又縣(同"懸")之,蘇(蘇醒)而復上者三。主人辭焉,乃退。(杜注:"主人嘉其勇,故辭謝不復縣布。")帶其斷(以其斷布爲帶)以狥(巡示)於軍三日。

諸侯之師久於偪陽，荀偃、士匄請於荀罃曰："水潦將降，懼不能歸，請班師。"知伯(即荀罃)怒，投之以机(通"几"，几案。古人席地而坐，老者尊者可以憑几)，出其間，曰："女(同"汝"。下同)成二事，而後告余。余恐亂命，以不女違。女既勤君而興諸侯，牽帥(連累)老夫以至于此，既無武守(杜注"無武功可執守")，而又欲易余罪(指歸罪於己。易，施也，延也)，曰：'是實班師，不然克矣。'余贏老也，可重 chóng 任(楊伯峻謂邲之戰被楚所俘，此爲主帥又戰而不勝，故曰重任。任，任罪)乎？七日不克，必爾乎取之！"

五月庚寅，荀偃、士匄帥卒攻偪陽，親受矢石。甲午，滅之。書曰"遂滅偪陽"，言自會(指魯襄公十年春，柤地之會盟)也。以與向戌，向戌辭曰："君若猶辱鎮撫宋國，而以偪陽光啟寡君(指使宋君擴大疆土。光，通"廣"。啟，開拓)，羣臣安矣，其何貺(kuàng，賜予)如之？若專賜臣，是臣興諸侯以自封也，其何罪大焉！敢以死請。"乃予宋公(指宋平公)。

宋公享晉侯(指晉悼公)於楚丘(宋地，在今山東曹縣東南)，請以《桑林》(殷天子之樂，宋沿用之)。荀罃辭。荀偃、士匄曰："諸侯宋、魯，於是觀禮。魯有禘 dì 樂(禘祭時所用之樂。諦者，審也。《禮記·大傳》："王者禘其祖之所自出，以其祖配之")，賓、祭(享大賓和大祭祀)用之。宋以《桑林》享君，不亦可乎？"舞，師題以旌夏(杜注："師，帥也。旌夏，大旌也。題，識也。以大旌表識其行列。"句意謂舞初入之時，樂隊首領舉旌夏，率樂人以入)。晉侯懼而退入于房。去旌，卒享而還。及著雍(著雍爲晉邑，今地不詳)，疾。卜，桑林(傳說商湯祈雨之地，此指桑林之鬼神)見(同"現")。荀偃、士匄欲奔請禱焉。荀罃不可，曰："我辭禮矣，彼(宋)則以(用)之。猶有鬼神，於彼加之。"晉侯有閒(指病情漸有好轉)，以偪陽子歸，獻于武宮（晉武公廟，晉以爲太廟），謂之夷俘。偪陽，妘yún姓（傳說爲帝嚳時的火正祝融之後）也。使周內史選其族嗣，納諸霍（霍爲晉邑，在今山西繁峙縣東）人，禮也。

師歸，孟獻子以秦堇父爲右（車右）。生秦丕茲，事仲尼。

紓曰：

人果能留心讀此文，便知步步照應之法，尤知文字中寫生之妙。

伐偪陽、封向戌，是荀偃、士匄少年喜事處。荀罃知其不可，而向戌亦未嘗面辭，一留下文二子請班師之伏脈，一留下文向戌不肯之伏脈。蓋荀罃明言，而向戌暗中已有成算，故不言也。圍之弗克，荀罃言驗。而向戌幸亦未領此空頭人情，暫時勒住，以待下文之熱鬧。

秦堇父、狄虒音斯。彌、耶人紇孔子父。三勇士，均魯人從軍者，偏歷落（灑脫磊落）寫來。秦堇父爲孟氏家臣，"輂重如役"，未之奇也。然紇能抉縣門以出門者，彌能蒙甲於輪以爲櫓，大楯（同"盾"）也。經孟獻子一痛贊，而秦堇父之神勇立出。縣布三登而三斷，終始不疲，似經孟氏一激而成，不知非也。三子中，堇父最先見，且其勇與二子不分軒輊。當"輂重如役"時，安然無南宮萬（宋國將領）之勇，何必用激而始成其勇？書曰"孟氏之臣"，已留下文爲右之伏脈。生子而事仲尼。仲尼，紇之子也。無意中，又照應到耶人矣。三子者，文中之客，而知罃則文中之主。於客位尚爾留意到底，則主體自尤極留意。唯文字寫三子過多，客位侵占過巨，轉入正文，如何着手？此際須看其轉捩之法。

文閒閒着下"諸侯之師久於偪陽"八字，無意中應上城小而固。唯城固，所以諸侯久攻不下。荀偃、士匄始生出懈心，徑請班師，竟不出荀罃所料。照應上文，並復歸本位，絲毫不費氣力，真神品之文字！此處荀罃大放厥詞，凜凜然寫出老臣卓見、大將神威。投几出彼之間，特故意斥辱之。其言曰"女成二事，而後告余"，"二事"者，圍偪陽、封向戌也。又將入手處一提，作一照應。"恐亂命"，防敗事也；"易余罪"，歸罪於己也。説他一天高興，無幾微之勁力，喜功諉過，全是輕舉妄動，牽帥老成。堂堂大國元帥，萬不能事同兒戲。"必爾乎取之"，命令之，且責成之。措語不多，而二子心緒乖巧，舉動輕浮處，和盤托出。激起其功，中間尤閒閒帶出《春秋》書法，真好整以暇(形容既嚴整有序而又從容不迫。典出《左傳》成公十六年)矣。

言下疾入向戌，向戌之辭，意中也。嚮(從前)之不言，防事之無成，空辭何益？至是以婉言出之，用兩"何"字，語輕而意決，自是向戌本色。至是將向戌歸結，並結清二事，四面照應都到矣。

《桑林》之享，餘波也。然猶補足荀偃、士匄之冒失，荀罃老成之持重，尤極周密。至納妘姓之俘于霍，結清偪陽一役，是文字應有之收束。妙在以秦堇父爲殿後之筆，尤見其思力之暇豫(從容而有預備)。

遷延之役 襄公十四年(前559年)

夏，諸侯之大夫從晉侯(指晉悼公)伐秦，以報櫟(lì，晉地，疑在今山西永濟市西)之役(見《左傳》襄公十一年)也。晉侯待于竟(同"境")，使六卿帥諸侯之師以進。及涇(涇水)，不濟。叔向(即羊舌肸，字叔向，晉大夫)見叔孫穆子(即叔孫豹，又稱穆叔，魯大夫)，穆子賦《匏 páo 有苦葉》(《詩·邶風》篇名。詩中有"匏有苦葉，濟有深涉。深則厲，淺則揭"等句。穆子賦此詩，志在必濟)，叔向退而具舟。魯人、莒人先濟。鄭子蟜jiǎo見衛北宮懿子(即北宮括，衛大夫)曰："與(親附)人而不固(堅定)，取惡莫甚焉！若社稷何？"懿子說(同"悅")。二子見諸侯之師而勸之濟，濟涇而次。秦人毒涇上流，師人多死。鄭司馬子蟜帥鄭師以進，師皆從之，至於棫yù林(秦地，在今陝西涇陽縣涇水西南)，不獲成焉(意謂秦不屈服)。荀偃(晉中軍將)令曰："雞鳴而駕，塞井夷(平)竈，唯余馬首是瞻！"欒黶(晉下軍將)曰："晉國之命，未有是也。余馬首欲東。"乃歸。下軍從之。左史謂魏莊子(即魏絳，晉下軍佐)曰："不待中行伯(即荀偃)乎？"莊子曰："夫子(對尊長的稱呼。此指荀偃)命從帥。欒伯(即欒黶)，吾帥也，吾將從之。從帥，所以待夫子也。"伯游(即荀偃，字伯游)曰："吾令實過，悔之何及，多(通"祇"，適也。說見王引之《經義述聞》)遺wèi秦禽(同"擒")。"乃命大還。晉人謂之遷延之役。

欒鍼(欒黶之弟，戎右)曰："此役也，報櫟之敗也。役又無功，晉之恥也。吾有二位(指欒黶、欒鍼兄弟倆)於戎路(戎路為將帥所乘兵車)，敢不恥乎？"與士鞅(士匄之子)馳秦師，死焉。士鞅反。欒黶謂士匄曰："余弟不欲往，而子召之。余弟死，而(爾)子來，是而子殺余之弟也。弗逐，余亦將殺之。"士鞅奔秦。

於是齊崔杼(zhù。齊大夫)、宋華閱(宋大夫)、仲江(公孫師之子，宋大夫)會伐秦。不書，惰也。(意謂經不書以上三人之名，是因為他們不肯濟涇，臨事怠慢。)向之會(事在當年春。向，鄭地，在今安徽懷遠縣西)亦如之。衛北宮括不書於向，書於伐秦，攝(指整飭隊伍，一說指佐助)也。

秦伯(指秦景公)問於士鞅曰："晉大夫其誰先亡？"對曰："其欒氏乎！"秦伯曰："以其汰(驕縱)乎？"對曰："然。

欒黶汰虐已甚,猶可以免(免禍),其在盈(欒盈,欒黶之子)乎!"秦伯曰:"何故?"對曰:"武子之德在民,如周人之思召公焉,愛其甘棠,況其子乎?(杜注:"武子,欒書,黶之父也。召公奭聽訟,舍於甘棠之下,周人思之,不害其樹,而作勿伐之詩,在《召南》。")欒黶死,盈之善未能及人,武子所施沒矣,而黶之怨實章(彰顯),將於是乎在。"秦伯以爲知(同"智")言,爲之請於晉而復之。

此篇專寫欒黶之汰,真可謂字外出力矣。名曰"遷延之役",實則不盡遷延。壞在欒黶一人,便全局都潰矣。

入手"晉侯待于境上",不肯涖師,已種遷延之根。六卿帥諸侯之師及涇不濟,已露遷延之狀。似面面皆有遷延形態。然穆子之賦《匏有苦葉》,取深厲(連衣涉水曰厲)淺揭(qì,提起下衣涉水)之義,意決渡涇,不遷延也。叔向具舟,不遷延也。子蟜、懿子商定,力勸諸侯濟師,不遷延也。諸侯濟涇,亦不見其遷延。至飲毒涇而死,而子蟜仍帥鄭師以進,尤不遷延。即荀伯之令,欲直搗秦壘,尤昂藏(氣度軒昂)有氣概,安能謂之遷延?一路寫來,皆勝秦之機會。乃經欒黶一種放恣敗事武斷之魄力,而全局瓦解,遂成不遷延之遷延。似天造一種局勢,使讀者扼腕歎其失機。敘事之工,真善于部署。

尤妙在魏莊子一段,卻夾入欒黶言下敘出,此所謂帶筆也。凡文字于百忙之中,夾入一事,此最難着筆;左氏卻從容帶出,初不用力,又鎔入下文,一無痕迹,妙極矣!

文敘遷延之役,至此似爲束筆矣。忽軒然大波,突出欒鍼一段。鍼者,黶之弟也。在軍容懨懨(yān yān,精神萎靡貌)欲死中,有此一股生氣。讀者當知此段非寫欒鍼,正補足欒黶之汰,厚其罪而益其毒也。無黶之汰,亦不生鍼之勇。鍼死,黶害之也。乃嚇宣子(范宣子,即士匄),逐士鞅,視鄭之子晳(即公孫黑,字子晳。公孫黑"無禮而好陵人",曾攻殺執政之卿,與昆弟爭室,並預謀作亂,終爲子產所誅)尤有過焉。

　　文之結穴,似宜正其罪,加以論斷。乃論斷不出之左氏,卻出之士鞅之口,尤省無數筆墨。讀者當恍然于晉師及諸侯之無功,均靥爲之,則"汰"之一字,爲通篇之主腦,前半蓄而後半洩,均爲"汰"字寫生。安頓起伏穿插,處處皆有法在,味之自見。

衛侯出奔_{襄公十四年(前559年)}

　　衛獻公戒(約請)孫文子(即孫林父)、甯惠子(即甯殖)食,皆服(穿朝服)而朝。日旰(gàn,晚)不召,而射鴻於囿。二子從之(跟從獻公至苑囿),不釋皮冠而與之言。二子怒。孫文子如(到)戚(孫氏采邑,在今河南濮陽市北),孫蒯(孫文子之子)入使。公飲之酒,使大師(即太師,樂工之長)歌《巧言》之卒章(《巧言》乃《詩·小雅》篇名。其末章曰:"彼何人斯,居河之麋。無拳無勇,職爲亂階。既微且尰,爾勇伊何?爲猶將多,爾居徒幾何?"杜注:"戚,衛河上邑。公欲以喻文子居河上而爲亂。")。大師辭,師曹(太師所屬樂工)請爲之。初,公有嬖妾,使師曹誨(教)之琴,師曹鞭之。公怒,鞭師曹三百。故師曹欲歌之,以怒孫子(即孫文子),以報公。公使歌之,遂誦之。蒯懼,告文子。文子曰:"君忌我矣,弗先,必死。"

　　並帑(通"孥"nú。招聚妻小)於戚而入,見蘧 qú 伯玉(名瑗,衛大夫,以賢德著稱),曰:"君之暴虐,子所知也。大懼社稷之傾覆,將若之何?"對曰:"君制其國,臣敢奸(gān,犯)之?雖奸之,庸知愈乎(意謂即使逐君更立,豈知新君勝於舊君乎)?"遂行,從近關出。

　　公使子蟜、子伯、子皮(三人皆衛群公子)與孫子盟於丘宮

（衛都之宮殿名），孫子皆殺之。四月己未，子展（衛獻公弟）奔齊，公如鄄（juàn，衛地，在今山東鄄城縣西北）。使子行（衛公子）請①於孫子，孫子又殺之。公出奔齊，孫氏追之，敗公徒于阿澤（杜注："濟北東阿縣西南有大澤。"）。鄄人執之（孔疏："公徒因敗而散亡，鄄人爲公執散走者。"）。

初，尹公佗學射於庚公差，庚公差學射於公孫丁。二子追公，公孫丁御公。子魚（即庚公差，字子魚）曰："射爲背師，不射爲（被）戮，射爲禮（言用禮射而不用軍射，即射而不主傷人。爲，而）乎？"射兩鞫（gōu，或讀qú，車軾下邊夾馬頸的橫木）而還。尹公佗曰："子爲（wèi）師，我則遠（關係疏遠）矣。"乃反（同"返"）之。公孫丁授公轡（韁繩）而射之，貫臂（箭矢貫穿尹公佗之臂）。

子鮮（衛獻公同母弟，名鱄）從公，及竟（同"境"），公使祝宗（掌祈禱祭祀之官）告（告宗廟）亡，且告無罪。定姜（衛定公嫡夫人，衛獻公嫡母）曰："無神，何告？若有，不可誣也。有罪，若何告無？舍大臣而與小臣謀，一罪也；先君有冢卿（六卿中執國政者，此指孫文子、甯惠子）以爲師保，而蔑之，二罪也；余以巾櫛（zhì。毛巾和梳子，泛指洗沐用具）事先君，而暴妾使余（孔疏"言暴虐使余如妾"），三罪也。告亡而已，無告無罪。"

公（指魯襄公）使厚成叔（魯大夫，名瘠）弔（慰問）于衛，曰："寡君使瘠，聞君不撫社稷，而越（流亡）在他竟（境），若之何不弔（憐恤）？以同盟之故，使瘠敢私於執事，曰：'有君不弔（楊伯峻謂"弔"同"淑"，善也），有臣不敏（指不敏於事，不盡職），君不赦宥，臣亦不帥職（帥職指遵守職責），增淫發洩（指積舊以至發作。淫，漸進），其若之何？'"衛人使大（tài）叔儀（衛大夫）對，曰：

---

① 原書從通行本脫"請"字，據金澤文庫《春秋經傳集解》、阮元《春秋左傳正義校勘記》補。

"羣臣不佞,得罪於寡君。寡君不以即(就)刑,而悼棄(遠棄,意即流亡。悼,趙生群謂通"趠"chuò,遠也)之,以爲君憂。君不忘先君之好,辱弔(承蒙慰藉)羣臣,又重恤之(指哀憐羣臣之不敏)。敢拜君命之辱,重拜大貺(杜注"謝重恤之賜")。"厚孫(指厚成叔。按,厚成叔之祖有魯孝公子革,字厚。公子革之孫以王父字爲氏,故其後稱厚孫,)歸,復命,語臧武仲(即臧紇,魯大夫)曰:"衛君其必歸乎!有大叔儀以守,有母弟鱄zhuān以出。或撫其内,或營其外,能無歸乎?"

齊人以郲(lái,即萊國,齊滅以爲邑,在今山東省昌邑市東南,一説在今山東龍口市東南)寄(寓居)衛侯。及其復(返國復位)也,以郲糧歸。

右宰穀從而逃歸,衛人將殺之。辭曰:"余不説初矣(孔疏:"言余之不説於君,初即然矣。不得已而從之出耳。"説,同"悦"),余狐裘而羔袖(喻善多而惡小。裘之用皮,狐貴於羔。狐喻善,羔喻惡)。"乃赦之。

衛人立公孫剽(史稱衛殤公),孫林父、甯殖相之,以聽命(聽盟會之命)於諸侯。

衛侯在郲,臧紇如齊,唁(弔人失國曰唁)衛侯。衛侯與之言,虐(指態度惡劣)。退而告其人曰:"衛侯其不得入矣!其言糞土也,亡而不變,何以復國?"子展、子鮮聞之,見臧紇,與之言,道(指合乎道理)。臧孫(指臧紇。按,臧紇之祖有魯孝公子彄,字子臧。公子彄之孫以王父字爲氏,故其後稱臧孫)説,謂其人曰:"衛君必入。夫二子者,或輓(wǎn,牽引)之,或推之,欲無入,得乎?"

紓曰:
此篇主客只有二人,一則衛君,一則孫文子。其中納入無數君子小人，各有寫法。若蘧伯玉、庚公差、大叔儀、子展，君子也。師曹、尹公佗，小人也。子蟜、子伯、子皮、子行，雖不必爲小人，然自定姜語氣中探取，所謂"與小臣謀"，想此見殺之四人，必屬公之寵人。不然，右宰穀不見殺，胡爲殺此四人？且四人皆使命，想孫氏積憾于心，其告伯玉以公之暴虐，則此四人必助虐者也。

　　一路須觀其穿插銷納之法。難在敘一肇禍之人，即補敘其緣起，如師曹之報復是也。敘一醜行之迹，必帶敘其後來，如公取邾糧是也。隨手寫來，即隨手結束，毫不着力，此一妙也。爽大臣之約而射鴻，忘皮冠之釋而失禮，歌《巧言》之詩以挑釁，一路全是童駿（同"呆"）之氣，不必即至遜荒（流亡於荒野）。一經定姜歷述罪狀，則公之愛書始定。詞氣斬截，即結束所以出亡之故。二妙也。衛公之歸，尚在異日，而厚成叔料其必歸，臧孫紇亦言其不能不入。把後來之局，縮入本文。以體爲編年，一篇之中，不能貫澈首尾，而神光四射，使讀者能了然于其後來，此左氏之長技，三妙也。蘧伯玉磊磊落落，以正言彈孫子，知萬無可救，潔身而去，寫君子之真也。右宰穀齷齷齪齪，以鄙言求免死，寫小人之鄙也。各肖其神，四妙也。同一言也，以"虐"字盡衛公，以"道"字稱二子。一字之斷，遂定生平，五妙也。

　　總言之，衛國全局，皆壞自孫氏。孫氏，國賊也。然傳文無一字醜詆其人，即《春秋》書法，亦但曰"衛侯出奔齊"，亦並不敘國賊之逐君，蓋罪由自取也。文中滿敘衛侯之過，即鄰國來弔，亦一似衛侯與孫氏均分其過者。不知文愈寫伯玉、子展、子鮮之明敏忠篤，則孫、甯之罪自相形而見。凡深于文者，愈憾其人，愈不攻其惡，但從對面反照，而其惡彌彰。此左氏之妙用，讀者當勿爲所眩。

晉逐欒盈 襄公二十一年(前552年)

欒桓子(即欒饜)娶於范宣子(即士匄),生懷子(即欒盈)。范鞅(即士鞅,士匄之子)以其亡也,怨欒氏,故與欒盈爲公族大夫而不相能(能指親善)。桓子卒,欒祁(欒饜之妻,范宣子之女。按,相傳范氏爲堯之後,本姓祁)與其老州賓(欒氏室老,名州賓。室老,大夫家臣之長)通,幾亡室矣(竹添光鴻箋曰"言貨財蕩盡")。懷子患之。祁懼其討也,愬(同"訴")諸宣子曰:"盈將爲亂,以范氏爲死桓主(桓主指欒饜,謚桓,大夫稱主)而專政矣,曰:'吾父逐鞅也,不怒而以寵報之,又與吾同官而專之(杜注:"同爲公族大夫,而鞅專其權勢。"),吾父死而益富(范氏益富)。死吾父而專於國,有死而已(指欒盈將以死作難),吾蔑(無)從之矣。'其謀如是,懼害於主(指范宣子),吾不敢不言。"范鞅爲之徵(證)。懷子好施,士多歸之。宣子畏其多士也,信之。懷子爲下卿,宣子使城著(築城於著。著,即著雍,晉邑,今地不詳)而遂逐之。

秋,欒盈出奔楚。宣子殺箕遺、黃淵、嘉父、司空靖、邴豫、董叔、邴師、申書、羊舌虎、叔羆(杜注:"十子皆晉大夫,欒盈之黨也。羊舌虎,叔向弟。"),囚伯華(即羊舌赤,叔向之兄)、叔向、藉偃(晉大夫)。

人謂叔向曰:"子離(通"罹",遭遇)於罪,其爲不知(同"智")乎?"叔向曰:"與其死亡若何?《詩》曰:'優哉游哉,聊以卒歲。'(語出逸《詩》)知(同"智")也。"

樂王鮒(fù。即樂桓子,晉大夫)見叔向曰:"吾爲子請(請求赦免)!"叔向弗應。出,不拜。其人(從人)皆咎叔向。叔向曰：「必祁大夫（即祁奚）。」室老（指羊舌氏家臣之長）聞之，曰：「樂王鮒言於君，無不行，求赦吾子，吾子不許。祁大夫所不能也，而曰必由之，何也？」叔向曰：「樂王鮒，從君者也，何能行？祁大夫外舉不棄讎，內舉不失親，其獨遺我乎？《詩》曰：'有覺德行，○覺，較然（明顯）正直貌。四國順之。'（《詩·大雅·抑》）夫子，覺者也。」

晉侯問叔向之罪於樂王鮒，對曰：「不棄其親，其有焉。」（言叔向不棄其兄弟，恐與之同謀。）於是祁奚老（告老引退）矣，聞之，乘驛而見宣子，曰：「《詩》曰：'惠我無疆，子孫保之。'（《詩·周頌·烈文》）《書》曰：'聖有謨勳，明徵定保。'（此係《尚書》逸文，今見偽《古文尚書·胤徵》）○謨，謀也。勳，功也。言聖者有謀功者，當明信定安之。夫謀而鮮過，惠訓不倦者，叔向有焉，社稷之固也。猶將十世宥之，以勸能者。今壹（一旦）不免其身，以棄社稷，不亦惑乎？鯀殛（jí，通「極」，流放）而禹興；伊尹放（放逐）大甲（即太甲，商王，商湯之孫）而相之，卒無怨色；管、蔡爲戮，周公右王（輔佐成王）。若之何其以虎也棄社稷？子爲善，誰敢不勉（努力）？多殺何爲？」宣子說，與之乘，以言諸公而免之。不見叔向而歸，叔向亦不告免焉而朝。

初，叔向之母妒叔虎（叔虎即羊舌虎）之母美而不使（不讓其侍寢），其子皆諫其母。其母曰：「深山大澤，實生龍蛇。彼美，余懼其生龍蛇以禍女。女（同「汝」），敝族也。國多大寵，不仁人閒（離間）之，不亦難乎？余何愛（愛惜）焉？」使往視寢，生叔虎。美而有勇力，欒懷子嬖之，故羊舌氏之族及於難。

欒盈過於周，周西鄙掠之。辭（申訴）於行人曰：「天子陪臣盈得罪於王之守臣，將逃罪。罪重（chóng，再次）於郊甸

（郭外爲郊，郊外爲甸。郊甸泛指國都附近地區），無所伏竄，敢布其死（冒死陳言）：昔陪臣書能輸力於王室，王施惠焉。其子黶yǎn 不能保任（保持，繼續。保、任同義）其父之勞。大君（指周王）若不棄書之力，亡臣猶有所逃。若棄書之力，而思黶之罪，臣，戮餘也，將歸死於尉氏（掌刑罰之官），不敢還矣。敢布四體（意謂願舒展四體，受斧鉞之誅），唯大君命焉！"王曰："尤（過錯）而效之，其又甚焉！"使司徒禁掠欒氏者，歸所取焉，使候（候人，掌送迎賓客之官）出諸轘 huàn 轅（轘轅爲山名，在今河南登封市西北）。

紓曰：

此篇叙欒盈，中間忽叙叔向一大段，不止叙叔向，且引入其母及祁大夫，似乎喧賓奪主，不知誰爲主人翁矣。愚按，就欒盈一面看，主客之位似淆。若就宣子身上看去，則一綫到底，並叔向之母，亦有著落矣。祁之宣（示）淫，見宣子之無家範也。母憖其子，將陷以殊刑，宣子居然聽之，見宣子無識見也。欒盈本無罪狀，不過以多士之故，爲宣子所忌，見宣子之無局量也。盈果有罪，不妨正以國典。乃設計以逐之，見宣子之無政綱也。叔向忠直而負時名，而宣子囚之，見宣子之無黑白也。左氏因叔虎之見殺，忽叙及其母，此非閑筆。見叔向母之持家有範，目光明遠，益形宣子家範之不明，使其女有背夫殺子之事，此于相形中斥宣子之闇也。不寧惟是，向母所云"國多大寵"，"大寵"爲誰？宣子也。欒盈對周稱得罪守臣，守臣爲誰？宣子也。以宣子曾爲王所命，故曰守臣。自始至終，皆著眼宣子，是爲整片文字。乃坊本謂此章爲叔向之寄傳，謬矣。

愚按，欒盈原不至有不赦之罪，其殃咎皆種自其父。無因得罪范鞅，遂使甥舅結成不解之仇。實則欒祁尚忍心而殺其子，則范鞅又何有于其甥？宣子一門戾氣，子女及壻，皆傷天害理之人，故范族亦不終于晉。至于欒氏，欒書手弑其君，欒魘躬行侈汰，盈之善又未能及人，胡能不即于禍？

此章文字雖極錯綜陸離，然其來源已從范鞅對秦伯時定下張本。左氏往往于遠處埋根，後來爲絢爛之文，皆非不根之論，讀者細心察之自見。文之寫欒祁全無人理，寫祁奚、叔向凜若天人，文字寫生，到此極矣。

欒盈之亂襄公二十三年(前550年)

晉將嫁女於吳，齊侯(指齊莊公)使析歸父(齊大夫，即析文子)媵 yìng 之(指送陪嫁之女)，以藩(有帷帳之車)載欒盈及其士，納諸曲沃(欒盈的食邑，當在今山西聞喜縣東)。欒盈夜見胥午(曲沃大夫)而告之。對曰："不可。天之所廢，誰能興之？子必不免(不免於死)。吾非愛(憐惜)死也，知不集(集，成也)也。"盈曰："雖然，因子而死，吾無悔矣。我實不天(不爲天所佑)，子無咎焉。"許諾。伏(藏匿)之而觴(設酒宴招待)曲沃人，樂作，午言曰："今也得欒孺子(即欒盈。古代稱天子、諸侯、世卿的繼承人爲孺子)何如？"對曰："得主而爲之死，猶不死(指雖死猶生)也。"皆歎，有泣者。爵行(舉杯行酒)，又言。皆曰："得主，何貳(二心)之有？"盈出，徧拜之。

四月，欒盈帥曲沃之甲，因魏獻子(即魏舒，魏莊子魏絳之子)，以晝入絳(晉都，在今山西侯馬市)。初，欒盈佐魏莊子於下軍，獻子私(私相親愛)焉，故因之。趙氏以原、屏之難(趙莊姬讒殺趙氏之原同、屏括，欒氏參與其事。見《左傳》成公八年)怨欒氏，韓、趙方睦。中行氏(荀氏的一支)以伐秦之役怨欒氏，而固與范氏和親。知悼子（即知盈）少，而聽於中行氏。程鄭（荀氏別族）嬖於公。唯魏氏及七輿大夫（掌諸侯副車的大夫）與之。

欒王鮒（fù。即欒桓子，晉大夫）侍坐於范宣子。或告曰："欒氏至矣！"宣子懼。桓子曰："奉君以走固宮（固宮爲晉侯之別宮），必無害也。且欒氏多怨，子爲政，欒氏自外，子在位，其利多矣。既有利權，又執民柄（對臣民的賞罰之權），將何懼焉？欒氏所得，其唯魏氏乎，而可強取也。夫克亂在權，子無懈矣。"

公有姻喪（時晉悼公夫人爲其兄杞孝公服喪），王鮒使宣子墨縗、冒、絰（縗 cuī，粗麻喪服。冒，頭巾。絰 dié，麻帶。以上三者皆黑色，本爲婦人喪服），二婦人輦（與二婦人乘輦）以如公，奉公以如固宮。范鞅逆魏舒，則成列既乘，將逆欒氏矣。趨進，曰："欒氏帥賊以入，鞅之父與二三子在君所矣，使鞅逆吾子。鞅請驂 cān 乘（陪乘）。"持帶（即綏，挽以登車之繩索），遂超乘（指跳上魏舒的兵車）。右撫劍，左援帶，命驅之出。僕請（御車者詢問往何處），鞅曰："之公（前往晉君處）。"宣子逆諸階，執其手，賂之以曲沃。

初，斐豹，隸也，著於丹書。欒氏之力臣曰督戎，國人懼之。斐豹謂宣子曰："茍焚丹書，我殺督戎。"宣子喜，曰："而（爾）殺之，所不請於君焚丹書者，有如日（意謂有日作證，倘背此約，則當受禍）！"乃出豹而閉之（閉上宮門）。督戎從之。踰隱（翻過矮墙）而待之，督戎踰入，豹自後擊而殺之。

范氏之徒在臺後，欒氏乘（登）公門。宣子謂鞅曰："矢及君屋，死之！"鞅用劍以帥卒，欒氏退，攝車（指范鞅登上車。攝，通"躡"niè）從之。遇欒樂（欒盈族人），曰："樂免之。死，將訟女於天。"樂射之，不中；又注（搭箭於弦），則乘槐本（觸槐樹之根）而覆。或以戟鉤之，斷肘而死。樂魴（fáng。樂盈族人）傷。樂盈奔曲沃，晉人圍之。

　　晉無釁而樂盈欲從而肇亂，此必不濟者也。胥午之爲人，則漢之伍被（pì。淮南王劉安之謀士）也，知其不可，而又從亂。然此章關鍵，並不在樂盈，亦不在胥午及曲沃人。通篇之主人翁，在一魏獻子。蓋不由魏獻子，樂盈無由入絳。即樂王鮒爲范匃畫策，亦注重魏氏。其先未叙魏氏，則先叙樂氏之無黨。驟讀之，以爲樂氏孤立致敗耳。不知撇開趙氏、韓氏、中行氏、知氏，正所以側注魏氏。姑以此四人爲襯筆，見得諸卿皆不足懼，可懼者，獨一魏舒。故范鞅用全力以劫魏舒，寫撫劍援帶，情態匆忙，懼狀一一可見。及一晤宣子，開口即賂曲沃，亦懼極而口不擇言。迨魏舒既受賂，不得已戢（收斂）其黨叛之謀，其下始縱筆寫樂氏矣。凡善於文者，明明專寫此人，偏不令人覓得痕迹，往往借客定主，反主爲客，使人不可捉捫（mén。猶捉摸）。

　　而全局則悉寫范氏之懼狀："宣子墨縗、冒、絰，二婦人輦以如公"，則懼內應也；魏舒成列，鞅請驂乘，此時直犯死而前，則懼黨賊也；宣子以元帥之尊，乃下盟罪隸，則懼樂氏之力臣也；樂氏乘公門，責鞅以死敵，則懼矢及公屋也；范鞅雖能軍，然不意之間，爲樂樂所乘，直曰"死，將訟汝於天"，則震恐無措，直欲聲嘶而哭矣。一一皆屬倖勝。若使魏舒一軍助盈以夾擊，則禍事真有不可問者。

　　愚故曰：此章主人翁在魏舒，非范氏之能勝也。文前半蕭閒，後半偪邊（緊逼窘迫）。主人翁雖屬魏舒，然但精神屬之，而貫串之筆，則用一范鞅。寫鞅情狀，無在不見窘逼。自是寫生妙手！

穆叔答范宣子 襄公二十四年（前549年）

穆叔(即叔孫豹,魯大夫)如晉,范宣子逆之,問焉,曰:"古人有言曰'死而不朽',何謂也?"穆叔未對。宣子曰:"昔匄之祖,自虞(舜)以上,爲陶唐氏,在夏爲御龍氏,在商爲豕韋氏,在周爲唐杜氏,晉主夏盟(晉爲華夏盟主)爲范氏,其是之謂乎?"穆叔曰:"以豹所聞,此之謂世禄,非不朽也。魯有先大夫曰臧文仲,既没,其言立,其是之謂乎！豹聞之:'大上(即太上,最上,最高)有立德,其次有立功,其次有立言。'雖久不廢,此之謂不朽。若夫保姓受氏,以守宗祊(bēng,宗廟之門。宗祊,即宗廟),世不絕祀,無國無之。禄之大者,不可謂不朽。"

　　陶唐、御龍、劉累。豕韋、豕韋,彭姓,其後以劉累之後代之。唐杜,豕韋國于唐,周滅之,遷于杜,爲杜伯。杜伯死,子隰xí叔奔晉,四世及士會,食邑于范。皆遠祖,惟杜伯爲其支祖。士匄在范氏中爲最劣,而又最驕,此問蓋不值一錢。説得極天高興,及穆叔還他"世禄"兩字,如冷水澆背,極高興中,竟大掃興矣。然穆叔,小國之大夫也,彼既以盛氣來,萬不能不以和氣答。輕輕舉出一個臧文仲,雖眼光小,然亦就近破他迷惑。其下即發出大議論,舉三不朽爲言,萬世以下,竟無人能易其説。"此之謂不朽"句,是擁護己説;"不可謂不朽"句,是斷他誤會。意之堅卓廣大,詞之明暢斬截,得未曾有。

張骼、輔躒致師 襄公二十四年（前549年）

冬,楚子(指楚康王)伐鄭以救齊,門(攻門)於東門,次於棘澤(地名,在今河南新鄭市東南)。諸侯還救鄭。晉侯使張骼、輔躒ㄌ致(挑戰)楚師,求御(御車者)於鄭。鄭人卜宛射犬(鄭公之孫,食邑於宛),吉。子大叔(即游吉,鄭大夫)戒之曰:"大國之人,不可與(不可與之平等相待)也。"對曰:"無有衆寡,其上一也。"(意謂國不分衆寡,御的地位皆在車左、車右之上)大叔曰:"不然,部婁(小土丘)無松柏。"二子在幄(wò,帷帳),坐(使……坐)射犬於外,既食而後食之。使御廣車(攻敵之戰車)而行,己皆乘乘車(乘車指平日所乘之戰車)。將及楚師,而後從之乘,皆踞轉而鼓琴(據竹添光鴻《左氏會箋》:"轉"通"縳"zhuàn,盛衣甲之囊。"踞轉而鼓琴,謂箕踞自歌,以鼓琴也。"按,箕踞即伸足而坐,形如簸箕,是一種不拘禮節、傲慢不敬的坐法)。近,不告而馳之。皆取冑(頭盔)於櫜(gāo,盛弓矢、盔甲之囊)而冑,入壘(營壘),皆下,搏人以投,收禽挾囚(捆好俘虜并夾在腋下。擒、囚同義,指所擒獲之俘虜)。弗待而出。皆超乘(跳躍上車),抽弓而射。既免(脫險),復踞轉而鼓琴,曰:"公孫!同乘,兄弟也,胡再不謀?"對曰:"曩nǎng者(先前)志入(志在入陣)而已,今則怯也。"皆笑,曰:"公孫之亟(性急)也。"

愚按:

此篇風神蓋世,大史公、班固幾之,餘人莫逮也。著眼在"公孫"二字,宛射犬唯爲公孫,故目無大國。觀其對子太叔曰"無有衆寡,其上一也",脫口出一"上"字,已自表公孫身分。及二子據幄不見,公孫之身分一挫。先自食而後食客,公孫之身分又一挫。客御廣去聲。車,主皆乘車,公孫之身分又一挫。此時公孫怒極,不告而馳,弗待而出,兩處均寫公孫負氣不平。唯其如是,乃益見二子之勇。兩次踞轉張戀反。鼓琴,風流瀟灑極矣。而收禽挾囚、超乘抽弓,全不類踞轉鼓琴者之所爲。此時公孫氣已大懾。迨第二次鼓琴時,則從容和藹言曰:"公孫!同乘,兄弟也,胡再不謀?"全是琴人之語氣。公孫勢在不能不屈,脫口示怯,原期自掩褊 biǎn 衷(偏狹之內心)。然二子已預知,皆笑曰"公孫之亟也","亟"字是誚客之無量,"笑"字正示客以有能。公孫極其怒,二子極其整暇(嚴謹而從容)。兩呼"公孫",不是尊宛射犬,正其輕之之至。故於性命呼吸之間,幾爲所賣,亦不之怒;愈不怒,愈見其能。文著墨無多,風韻高,音吐妙,百讀不厭。

崔杼弒君襄公二十五年(前 548 年)

齊棠公(齊棠邑大夫)之妻,東郭偃之姊也。東郭偃臣(做……的家臣)崔武子(即崔杼 zhù,齊大夫)。棠公死,偃(東郭偃)御(爲……駕馭車馬)武子以弔焉。見棠姜(棠公之妻)而美之,使偃取(同"娶")之。偃曰:"男女辨姓(指男女同姓不婚。辨,別也),今君出自丁(齊丁公),臣出自桓(齊桓公),不可。"武子筮之,遇困☵☱之(變成)大過☴☱。史皆曰:"吉。"示陳文子(名須無,齊大夫),文子曰:"夫從風,風隕妻,不可娶也。且其繇(zhòu,卦兆之占辭)曰:'困於石,據於蒺藜,入於其宮,不見其妻,凶。'(《易·困》六三之爻辭)'困於石',往不濟也;'據於蒺藜',所恃傷也;'入於其宮,不見其妻,凶',無所歸也。"崔子曰:"嫠(lí,寡婦)也,何害?先夫當之矣。"遂取之。

莊公通焉,驟(屢次)如崔氏。以崔子之冠賜人,侍者曰:"不可。"公曰:"不爲崔子(意謂不用崔氏之冠),其(豈)無冠乎?"崔子因是(因此怒公),又以其間(間隙,機會)伐晉也,曰:"晉必將報(報復)。"欲弒公以説(同"悦")於晉,而不獲間。

公鞭侍人賈舉，而又近之，乃爲崔子閒公（指找弒莊公的機會。閒，找尋間隙）。

夏五月，莒爲且于之役（襄公二十三年，齊伐晉，侵莒且于。且于，莒邑，在今山東莒縣）故，莒子朝於齊。甲戌，饗諸北郭，崔子稱疾，不視事。乙亥，公問崔子，遂從姜氏（乘機與姜氏見面）。姜入於室，與崔子自側戶出。公拊 fǔ 楹（叩擊柱子）而歌。侍人賈舉止衆從者而入，閉門。甲興，公登臺而請（請免於死），弗許；請盟，弗許；請自刃於廟，弗許。皆曰："君之臣杼疾病，不能聽命。近於公宮，陪臣干掫（zōu）。巡夜捕擊不法之人。干，通"扞"或"捍"，捍衛，捕擊。掫，巡夜）有淫者，不知二命。"公踰牆，又射之，中股，反隊（同"墜"），遂殺之。賈舉、州綽、邴師、公孫敖、封具、鐸父、襄伊、僂堙（yīn。八人皆莊公寵幸之勇力之臣）皆死。祝佗父祭於高唐（齊地，在今山東高唐縣東。該地有齊之別廟），至，復命，不說（通"脫"）弁（biàn，爵弁，一種祭服）而死於崔氏。申蒯，侍漁者（監收漁稅者），退，謂其宰曰："爾以帑免，我將死。"其宰曰："免，是反子之義也。"（杜注："反死君之義。"）與之皆死。崔氏殺鬷 zōng 蔑（齊平陰大夫）於平陰（齊地，在今山東平陰縣東北）。

晏子（即晏嬰，齊大夫）立於崔氏之門外，其人（指晏子之隨從）曰："死乎？"曰："獨吾君也乎哉，吾死也？"曰："行乎？"曰："吾罪也乎哉，吾亡也？"曰："歸乎？"曰："君死安歸？君民者（意即做民衆之君者），豈以陵民（欺凌民衆）？社稷是主。臣君者（意即做君主之臣下者），豈爲其口實（俸祿）？社稷是養。故君爲社稷死，則死之（指臣爲之死）；爲社稷亡，則亡之（指臣隨之逃亡）。若爲己死，而爲己亡，非其私暱（親信寵臣），誰敢任之（承擔其禍）？且人（指崔杼）有君而弒之，吾焉得死之？

而焉得亡之？將庸何(庸、何同義,庸即何)歸？"門啓而入,枕尸股而哭。興①(哭畢起身),三踊(三次頓足)而出。人謂崔子："必殺之！"崔子曰："民之望也！舍之,得民。"

盧蒲癸(與下文之王何,皆莊公親信)奔晉,王何奔莒。

叔孫宣伯(即叔孫僑如,本爲魯大夫,成公十六年奔齊)之在齊也,叔孫還(齊國公子)納其女於靈公,嬖,生景公。丁丑,崔杼立而相之,慶封爲左相,盟國人於大宮(齊太公廟),曰："所不與②崔、慶者——"晏子仰天歎曰："嬰所不唯忠於君、利社稷者是與,有如上帝。"乃歃。辛巳,公與大夫及莒子盟。

大史書曰："崔杼弑其君。"崔子殺之。其弟嗣書,而死者二人。其弟又書,乃舍之。南史氏聞大史盡死,執簡以往。聞既書矣,乃還。

閭丘嬰(與下文之申鮮虞,皆莊公親信)以帷縛(juàn,捲)其妻而載之,與申鮮虞乘而出。鮮虞推而下之,曰："君昏不能匡,危不能救,死不能死,而知匿其暱(親暱,指妻子),其誰納之？"行及弇 yǎn 中(弇中爲山谷名,在今山東淄博市臨淄區至萊蕪市之間),將舍(住宿)。嬰曰："崔、慶其追我！"鮮虞曰："一與一,誰能懼我？"(意謂因爲道狹,車不能並行,以一敵一,不足爲懼。)遂舍,枕轡而寢,食馬而食(先餵馬,然後己食),駕而行。出弇中,謂嬰曰："速驅之！崔、慶之衆,不可當也。"遂來奔。

崔氏側(趙生群謂通"厠"cè,臨時掩埋,而不殯於廟)莊公於北郭。丁亥,葬諸士孫之里(杜注："士孫,人姓,因名里。")。四翣(shà。《說文·羽部》："翣,棺羽飾也。天子八,諸侯六,大夫四,士二。下

---

① 興,原書脱,據阮刻本《春秋左傳正義》補。
② 不與,原書誤作"與不",據林紓《左孟莊騷精華錄》、阮刻本《春秋左傳正義》乙正。

垂。"),不躒(bì,清道並禁行),下車七乘,不以兵甲。(杜注:"下車,送葬之車。齊舊依上公禮,九乘,又有甲兵。今皆降損。")

此篇多雋語,於無理處解釋,自以爲有理,於説理處,脱口若近於無理,不易學也。

陳文子辨繇詞,不祥之語,歷歷可驗。崔杼曰:"嫠也,何害?先夫當之矣。"推禍於棠公,禍前夫而不禍後夫,是無可解釋之中爲解釋。此一妙也。

莊公既通棠姜,以崔子之冠賜人,明目張膽,無理極矣。偏曰:"不爲崔子,其無冠乎?"以蠻悍之想,爲欺謾之詞。又一妙也。

莊公見劫登台,請盟、請死,崔子之臣,宜無可置對,勢偪而辭窮矣。乃曰:"君之臣杼疾病,不能聽命。近於公宫,陪臣干扞。撇鄹。有淫者,不知二命。"上首稱君,下語稱淫,似解弗解,俾莊公無可再請。又一妙也。

公薨而晏子至,此在讀書者,方以爲必有侃侃正論,誓死無懼。乃其人曰:"死乎?"曰:"獨吾君也乎哉,吾死也?"言君者衆所共,人不盡死,我何獨死?曰:"行乎?"曰:"吾罪也乎哉,吾行也?"言己不黨惡,何必出奔?曰:"歸乎?"曰:"君死安歸?"言中之意,重在社稷,不重在君。其下即申言君爲社稷死,己當從死,君爲社稷亡,己當從亡。若己死己亡,則死亡均因君身自兆,不爲社稷。惟其私暱,始死於蒙昧,非己責也。其始破空而來,若令人費解,其後仍補以正論。蓋晏子此來,已準備一死。其告從者,特故意爲突兀之詞。詞愈突兀,心愈鎮定。通篇叙亂,而晏子一言,實爲定盤之鍼。後此崔、慶誓衆,晏子仰天歎曰:"嬰所不惟忠於君、利社稷者是與,有如上帝。"此蓋知崔、慶之畏人望,必不殺己,故爲是言耳。

至閭丘嬰、申鮮虞之問答,舁中危地,乃曰:"一與一,誰能懼我?"言不懼者,懼之深也。既出舁中,即曰:"速驅之,崔、慶之衆,不可當也。"諸如此類,極細碎煩猥之處,亦必出以妙筆。此足見左氏精神周徹,無微不到之處,通篇皆用儁語,首尾如一。

尤妙者,每叙一事,必有本人一言爲之安頓,作爲小小結束,故煩而不紊。凡事體蕪雜者,斷不能無小小結束之筆,讀此篇可以悟矣。

宋公殺其世子痤襄公二十六年(前547年)

初,宋芮司徒(宋大夫)生女子,赤而毛,棄諸堤下。共姬(宋共公夫人)之妾(侍女)取以入,名之曰棄。長而美。平公(共姬之子)入夕(傍晚入而問安),共姬與之食。公見棄也,而視之,尤(絶美)。姬納諸御(指納此女爲平公侍妾),嬖,生佐(即後來的宋元公),惡而婉。大子痤cuó美而很(同"狠"),合左師(即向戌。任左師,食邑在合,故稱合左師)畏而惡之。寺人(宦官)惠牆伊戾(惠牆氏,名伊戾)爲大子内師(宦官之長)而無寵。

秋,楚客聘於晋,過宋。大子知之(與之相識),請野饗之,公使往。伊戾請從之。公曰:"夫不惡女(同"汝")乎?"對曰:"小人之事君子也,惡之不敢遠,好之不敢近,敬以待命,敢有貳心乎?縱有共(通"供",侍奉)其外,莫共其内,臣請往也。"遣之。至,則歆(通"坎",挖坑),用牲,加書(指盟書),徵(查驗)之,而騁告公,曰:"大子將爲亂,既與楚客盟矣。"公曰:"爲我子,又何求?"對曰:"欲速。"公使視之,則信有焉。問諸夫人(指佐之母棄)與左師,則皆曰:"固聞之。"公囚大子。大子曰:"唯佐也能免我。"召而使請,曰:

"日中不來，吾知死矣。"左師聞之，聒(guō，喋喋不休)而與之語。過期，乃縊而死。佐爲大子。公徐聞其無罪也，乃烹伊戾。

左師見夫人之步馬(遛馬)者，問之。對曰："君夫人氏也。"左師曰："誰爲君夫人？余胡弗知？"圉 yǔ 人(養馬者)歸，以告夫人。夫人使饋之錦與馬，先之以玉，曰："君之妾棄使某獻。"左師改命曰"君夫人"，而後再拜稽首受之。

　　世子痤事類戾園(武帝太子劉據的陵園，代指戾太子。按，劉據諡曰戾)，而伊戾則江充(漢武帝佞臣。藉巫蠱之禍迫害劉據，後劉據舉兵將其收斬)也。人既同矣，而用牲加書，則同於掘蠱之得桐木人。痤死而公烹伊戾，與帝悟而族江充，則又同。顧《漢書》叙戾園文煩，然專傳也。左氏叙世子痤文簡，則編年之體，且夾叙他事，故與專傳之體少別。

　　此篇前後不過四百言，而宮闈之幽事，嫡庶之相阨，大臣之陰謀，小人之構陷，骨肉之摧殘，庶孽之奪嫡，夫人之行賂，元老之無恥，貫串而下，純用挺接之筆。《漢書》辨戾園之寃，用壺關三老茂(壺關，縣名，在今山西長治市北。三老，漢代指掌教化之官，多以致仕老者任之。茂，即令狐茂，人名)上書，辭語紆遠。而左氏但曰"公徐聞其無罪也"一語，而伊戾已烹，讀者神注伊戾，以爲世子之禍，均伊戾肇之。乃不知閒閒插入一左師，人皆弗覺。太子之很，左師固惡之。問以盟楚之事，則曰"固聞之"。及佐急兄難，則又左師聒語以過其期。佐立，又索賂於夫人。種種寫左師奸醜，罪甚於伊戾。凡能文者，注重其事其人，轉以輕筆出之，則在於通篇之關鍵處著眼，即可反輕而爲重。盟楚之事，出諸傳聞。太子生死，均在重臣一證。一曰"固聞之"，則太子之獄已定，此於關鍵處著力也。蓋夫人本有奪嫡之心，言"固聞"可也。左師，國之重臣，亦曰"固聞"，則爰書立成。及太子寃白，而伊戾死，左師獨無罪，則佐已成嗣君，誅左師，不能不兼誅夫人。夫人不可誅也，故左師亦免於禍。

中間寫太子哀鳴，須佐救己，而左師強聒與話，刻毒已無人理。迨佐承統嗣，左師老而冒利，怏怏於不得酬庸，故調弄圉人，藉而得賄。文但輕描淡寫，左師婪狀，躍然形諸紙上。

余故曰：此篇寫生專寫左師，不盡寫伊戾也。

衛侯殺甯喜 襄公二十七年（前546年）

衛甯喜(衛大夫)專，公患之。公孫免餘(衛大夫)請殺之。公(指衛獻公)曰："微(無)甯子，不及此。吾與之言矣(指"政由甯氏，祭則寡人"之誓言)。事未可知，祇(同"秖")成惡名，止也。"對曰："臣殺之，君勿與知。"乃與公孫無地、公孫臣(二人皆衛大夫)謀，使攻甯氏。弗克，皆死。公曰："臣(公孫臣)也無罪，父子死余(按，衛獻公出奔時，公孫臣之父被孫林父所殺)矣！"夏，免餘復攻甯氏，殺甯喜及右宰穀，尸(陳尸)諸朝。石惡(宋大夫)將會宋之盟，受命而出。衣其尸，枕之股而哭之。欲歛(收尸入棺)以亡，懼不免，且曰："受命矣。"乃行。

子鮮(衛獻公同母弟，名鱄)曰："逐我者(指孫林父)出，納我者(指甯喜)死。賞罰無章，何以沮勸(沮，止也，阻止惡行；勸，勉也，勉勵善事)？君失其信，而國無刑，不亦難乎？且鱄zhuān實使之(使甯喜納獻公)。"遂出奔晉。公使止之，不可。及河，又使止之，止使者而盟於河。託(寓居)於木門(晉邑，今地不詳)，不鄉(通"嚮")衛國而坐。木門大夫勸之仕，不可，曰："仕而廢其事，罪也；從之(治其事)，昭吾所以出也。將誰愬(同"訴")乎？吾不可以立於人之朝矣。"終身不仕。公喪之

(獻公爲他服喪)如稅服(稅服即穗服,縷細而布疏,常用作喪服)終身。公與免餘邑(此爲小邑,相當於鄙)六十,辭曰:"唯卿備百邑,臣六十矣。下有上禄,亂也。臣弗敢聞。且甯子唯多邑,故死。臣懼死之速及也。"公固與之,受其半。以爲少師。公使爲卿,辭曰:"大叔儀不貳,能贊(佐助)大事,君其命之。"乃使文子(即大叔儀)爲卿。

　　甯喜之行爲,即有明奪門諸臣也,恃功而驕,萬無能全之理。劈頭著一"患"字,已伏甯氏之死期。中間公孫免餘諸人,皆趨勢討好之小人,石惡則慕義畏死之懦夫,寫照都極容易。

　　其最難寫者,爲子鮮。觀衛侯使子鮮爲復(求復君位),子鮮不可,已患公之無信。顧以母命不可得辭,而公又有"政由甯氏,祭則寡人之誓",求入時口不擇言,子鮮固虞其中變矣。然公之誓言,由子鮮出,即子鮮之誓言。至此殺甯之舉,是明明爲子鮮之賣友,胡足對人？義既不能爲甯喜辨冤,勢又不可與獻公共事,但有出奔之一法。然以子鮮之賢,何君不可事？乃自明心迹,言"廢事"者,防人議其心戀故君,無心官事也；"昭吾所以出"者,又防君疑其富貴心醵,謬爲忠讜(dǎng。忠誠正直),舍己以向外也。只有不仕終身,一不居賣友之名,一不居背君之罪。兩用"終身"者,子鮮先公卒,此爲子鮮之終身,稅即穗服也,無月數,獻公於子鮮死後,亦尋薨,故亦可以言爲終身也。子鮮滿腔苦恨,若不善剖抉而出,轉絮沓而不明白。看他寥寥數語,而心緒揭於紙上,此真分風擘(bò,剖開)流之筆矣。

慶封攻崔杼襄公二十七年(前546年)

齊崔杼生成及彊而寡,娶東郭姜,生明。東郭姜以孤

（幼而無父曰孤）入，曰棠無咎（即棠公之子），與東郭偃（東郭姜之弟）相崔氏。崔成有疾而廢之，而立明。成請老（養老）于崔（齊地，在今山東濟陽縣東北），崔子許之，偃與無咎弗予，曰："崔，宗邑也，必在宗主（指崔明）。"成與彊怒，將殺之，告慶封（齊左相）曰："夫子（指崔杼）之身，亦子所知也，唯無咎與偃是從，父兄莫得進矣。大恐害夫子，敢以告。"慶封曰："子姑退，吾圖之。"告盧蒲嫳（piè。慶封之黨羽）。盧蒲嫳曰："彼，君（指莊公）之讎也。天或者將棄彼矣。彼實家亂，子何病焉？崔之薄，慶之厚也。"他日又告。慶封曰："苟利夫子，必去之。難，吾助女。"

九月庚辰，崔成、崔彊殺東郭偃、棠無咎於崔氏之朝。崔子怒而出，其衆皆逃，求人使駕，不得。使圉人駕，寺人御而出，且曰："崔氏有福，止余猶可。"（杜注："恐滅家，禍不止其身。"）遂見慶封。慶封曰："崔、慶一（如一家）也，是何敢然？請為子討之。"使盧蒲嫳帥甲以攻崔氏。崔氏堞（dié，築牆）其宮而守之。弗克，使國人助之，遂滅崔氏，殺成與彊，而盡俘其家，其妻縊。嫳復命於崔子，且御而歸之。至，則無歸矣，乃縊。崔明夜辟（同"避"）諸大墓。辛巳，崔明來奔，慶封當國。

崔子之棘手及其權術，過於慶封萬萬，然何以入其牢籠？一則色荒（沉迷於女色），諸事都不明白；一則老耄驕蹇，為暮氣之小人。而盧蒲嫳則陰毒左計（邪惡的計謀），為發硎（xíng，磨刀石）新試之小人。且崔氏家禍斗生，心慌意亂，竟然仗賊為援，此亦勢所必至。果棠姜不死，崔明猶在，崔子尚可自全。妙在盡俘其家，財空矣。棠姜既縊，美人喪矣。此時方知爲慶封所賣,勢在不能不死。通篇似言果報,實則非也。出乎機者入乎機,千古小人得禍,往往烈于君子萬倍。蓋以刻毒待人,人亦將以刻毒報之,酬答之理如是。人無可歸,故歸之于天道耳。

入手嫡庶爭權,此亦平常之文章,妙在一交盧蒲嫳之手,便成一個大機會。崔厚慶薄一語,已打到慶封心坎。夫鄰厚君薄,秦穆公明白透頂,尚爲燭之武所動,況在慶封。此四字實爲崔杼滅家之關鍵。寫崔杼糊塗處,言"崔氏有福,止余猶可",言己身不足恤,留姜與明也。而慶封言"崔、慶一也",奸猾至于十分,明託知心,暗行兼并。崔杼此時方寸都亂,不能不信其言。而盧蒲嫳既滅其家,且爲之御,至則無歸,把崔杼一向信慶封之心緒,一落千丈。寫生之筆,直足驚心動魄。一篇著墨無多,繪畫小人奸謀,小人受害之處,匪不曲肖(曲肖猶畢肖),真令人百讀不厭。

齊人尸崔杼襄公二十八年(前545年)

崔氏之亂,喪羣公子,故鉏 xú 在魯,叔孫還 xuán 在燕,賈在句 gōu 瀆之丘(清高士奇謂句瀆之丘在齊境)。及慶氏亡,皆召之,具其器用,而反其邑焉。與晏子邶殿(齊別都,在今山東昌邑市西北)其(之)鄙(小邑)六十,弗受。子尾(齊惠公之孫)曰:"富,人之所欲也,何獨弗欲?"對曰:"慶氏之邑足欲,故亡。吾邑不足欲也,益之以邶殿,乃足欲。足欲,亡無日矣。在外,不得宰吾一邑。不受邶殿,非惡富也,恐失富也。且夫富,如布帛之有幅焉,爲之制度,使無遷也。夫民,生厚(生活富贍)而用利(器用便利),於是乎正德以幅(限制)之,使無黜嫚(竹添光鴻箋:"黜退嫚過。無黜嫚言不出入于幅之內外也。"嫚,通"漫",過度),謂之幅利(竹添光鴻箋曰"爲利立制")。利過則爲敗。吾不敢貪多,所謂幅也。"與北郭佐(齊大夫)邑六十,受之。與子雅(齊惠公之孫)邑,辭多受少。與子尾邑,受而稍致之(盡還於公)。公以爲忠,故有寵。釋(放逐)盧蒲嫳于北竟(境)。

求崔杼之尸,將戮之,不得。叔孫穆子(魯大夫)曰:"必得之。武王有亂(治)臣十人,崔杼其有乎？不十人,不足以葬。"既,崔氏之臣曰:"與我其拱璧(大玉璧。拱,兩手拱抱),吾獻其柩。"於是得之。十二月乙①亥朔,齊人遷莊公,殯于大寢(路寢,天子、諸侯之正室)。以其棺尸崔杼於市,國人猶知(認識)之,皆曰:"崔子也。"

  讀此篇,足悟實字虛用之法。"富如布帛之有幅","幅"字,制衣已成之謂,所以無遷,猶襟之不能遷而爲袖也,譬喻已奇。乃即用"幅"字爲活字:"正德以幅之","幅"字即爲保富之法;"謂之幅利","幅"字即定正德之名;"所謂幅也","幅"字即爲立言之證。把漠不相類之字,用得靈活而又自然,讀此足知用字之妙矣。

  至"亂臣十人"之語,較"幅"字乃尤奇。覓尸而戮之,凶穢事也,與"亂臣十人"何涉？然崔子決無亂臣,以利動之,則必宣洩。用"不十人,不足以葬",可見人多口衆,必不能閟(bì,止息)。至奇離之喻,以一語醒之,使人恍然大悟。用意奇,用字省,而行文豁。漢唐文字所不能有也。

  此篇妙筆如環,美不勝言,但舉其可以爲法者點醒之。

---

① 據清人姚文田《春秋經傳朔閏表》等,"乙"當爲"己"字之誤。

子產爲政襄公三十年(前543年)

鄭子皮(名虎,鄭卿)授子產政。辭曰:"國小而偪(逼近大國),族大寵多,不可爲也。"子皮曰:"虎帥以聽,誰敢犯子?子善相之。國無小,小能事大,國乃寬(寬舒緩和)。"

子產爲政,有事伯石(即公孫段,字子石,一稱伯石),賂與之邑。子大叔(即游吉,鄭大夫)曰:"國皆其國也,奚獨賂焉?"子產曰:"無欲實難。皆得其欲,以從其事,而要(yāo,求)其成。非我有成,其(豈)在人乎?(杜注:"言成猶在我,非在他也。")何愛於邑,邑將焉往(言邑猶在國)?"子大叔曰:"若四國(四方鄰國)何?"子產曰:"非相違也,而相從也,四國何尤(責怪)焉?《鄭書》(鄭國史書,已佚)有之曰:'安定國家,必大(大族)焉先。'姑先安大,以待其所歸。"既,伯石懼而歸邑,卒與之。伯有(即良霄,字伯有,鄭卿)既死,使大(太)史命伯石爲卿,辭。大史退,則請命焉。復命之,又辭。如是三,乃受策入拜。子產是以惡其爲人也(杜注:"惡其虛飾。"),使次己位。

子產使都鄙有章,上下有服(法服),田有封洫(封,田界。洫,水溝),廬井(猶下文之"田疇"。廬,廬舍。井,井田)有伍(通"賦",賦税)。大人(卿大夫)之忠儉者,從而與(親近)之;泰侈者因而斃(使……倒斃,罷免)之。

豐卷(鄭穆公之後,字子張)將祭,請田(田獵以獲取祭品)焉。弗許,曰:"唯君用鮮(新殺之野獸),衆給而已(對於衆臣,只要能供給而已)。"子張怒,退而徵役(召兵欲攻子產)。子產奔晉,子皮止之,而逐豐卷。豐卷奔晉。子產請其田里(請求不要没收其田地和住宅),三年而復之(使之回國),反其田里及其入(收入)焉。

從政一年,輿(衆)人誦之,曰:"取我衣冠而褚(zhǔ,儲藏)之(蓋子產使"上下有服",故有此説),取我田疇而伍(通"賦",納税)之。孰殺子產,吾其與之!"及三年,又誦之,曰:"我有子弟,子產誨之;我有田疇,子產殖之。子產而死,誰其嗣之?"

　　子產相鄭,美政實多,而下手工夫,實在此篇;而民心之得,相位之固,亦在此篇。
　　《左傳》爲編年文字,然每段咸有結束,又咸有遠體遠神,留下後來地步,此《通鑑》所萬萬不能及也。且此短編中已略見照應矣:伯石、豐卷,皆豐氏也,應大族之難御;略邑、反田,應善相國;"孰殺"之歌,應"不可爲";"誰嗣"之歌,應"國乃寬"。此似天然之照應,實則眼光遠矚處。在泰侈者,"因其有罪而斃踣(bó。倒斃)之"(杜注),伏下後來殺子晳(即公孫黑,字子晳,鄭大夫)張本。子晳死,駟氏(鄭"七穆"之一,子駟之後)弱矣。孔明未出,先定三分。子產甫出,即防豐、駟。故安頓伯石,則予之以利;安頓豐卷,則結之以恩。直弄之於股掌之上。至章服、田廬一行,新法初若不便,後乃安之。子產全副精神下手著棋,已得主腦,故以下迎刃而解。
　　此篇實爲子產相業發軔(rèn。典出《楚辭·離騷》:"朝發軔於蒼梧兮,夕余至乎縣圃。"朱熹集注:"軔,搘[同"支"]車木也,將行則發之。"後以"發軔"比喻事情的開始)之始,然寫其權謀作用,處處皆含忠厚,此所以異於商君(商鞅)也。

子產毀垣 襄公三十一年(前542年)

　　公(指魯襄公)薨之月,子產相鄭伯(指鄭簡公)以如晉,晉侯(指晉平公)以我喪故,未之見也。子產使盡壞其館之垣而納車馬焉。士文伯(即士匄,士弱之子)讓之,曰:"敝邑以政刑之不修,寇盜充斥,無若諸侯之屬辱在(辱,表敬副詞。在,存問,朝聘)寡君者何(無若……何,指對……無奈何或沒有辦法),是以令吏人完客所館,高其閈閎(hàn hóng,賓館大門),厚其牆垣,以無憂客使。今吾子壞之,雖從者能戒,其若異客何?以敝邑之爲盟主,繕完(通"院")葺牆,以待賓客。若皆毀之,其何以共命(供其所需)?寡君使匄請命(杜注"請問毀垣之命")。"對曰:"以敝邑褊小,介於大國,誅求(索取貢品。誅、求同義)無時,是以不敢寧居,悉索敝賦,以來會時事(杜注"隨時來朝會")。逢執事之不閒,而未得見,又不獲聞命,未知見時。不敢輸幣(輸送禮物),亦不敢暴pù露。其輸之,則君之府實也,非薦陳(進獻陳列)之,不敢輸也。其暴露之,則恐燥溼之不時而朽蠹,以重敝邑之罪。僑(子產之名)聞文公之爲盟主也,宮室卑庳(bì。卑、庳同義,低矮),無觀臺榭,以崇大諸侯之館,館如公寢。庫廄繕修,司空以時平易(整治。平、易同義)道路,圬wū人(泥水匠人)以時塓(mì,塗抹)館宮室。諸侯賓至,甸(甸人,掌公田及供應野物之官)設庭燎(庭中照明之火炬),僕人巡宮。車馬有所,賓從有代(代爲服役者),巾車(掌車駕之官)脂轄(給車上油脂。轄,車軸兩端的金屬插鍵,以防車輪脱落),隸人(掌灑掃的僕役)、牧(牧人,放牧牛羊者)、圉(圉人,養馬者),各瞻其事。百官之屬,各展其物。公(指晉文公)不留賓,而亦無廢事。憂樂同之,事則巡之,教其不知,而恤其不足。賓至如歸,無寧(寧爲語助詞,無實義)菑(同"災")患。不畏寇盜,而亦不患燥溼。今銅鞮dī之宮(晉離宮,在今山西沁縣南。銅鞮,晉縣名)數里,而諸侯舍於隸人(住於隸人之舍),門不容車,而不可踰越。盜賊公行,而天①癘不戒。賓見無時,命

---

① 天,原書從通行本誤作"夭"字,據宋本《春秋經傳集解》、阮元《春秋左傳正義校勘記》等改。

不可知。若又勿壞,是無所藏幣以重罪也。敢請執事將何所命之?雖君之有魯喪,亦敝邑之憂也。若獲薦幣,脩垣而行,君之惠也,敢憚勤勞!"文伯復命。趙文子(即趙武)曰:"信。我實不德,而以隸人之垣以贏(容受、接待)諸侯,是吾罪也。"使士文伯謝不敏(謝不敏意即道歉)焉。

晉侯見鄭伯,有加禮,厚其宴好(宴禮好貨)而歸之。乃築諸侯之館。叔向曰:"辭之不可以已(廢棄)也如是夫!子產有辭,諸侯賴之,若之何其釋(捨棄)辭也?《詩》曰:'辭之輯(和順)矣,民之協矣;辭之繹(通"懌"yì,悅服)矣,民之莫(安定)矣。'(《詩‧大雅‧板》)其知之矣。"

  此篇機鋒之犀利,主賓詰難,彼來此擋,無一語落空,亦無一語不搔到癢處。

  客壞主人之牆,無理極矣。士文伯之責言,堂堂正正,幾於無可嘵xiāo辯(吵嚷爭辯)。然士文伯未吐之言,子產已早有準備,逆料必然如此。靜聽之,把其至有理處翻倒,見其無理,真妙不可言。士文伯開口便説寇盜,繼以完館高閎。子產答詞,亦正以防盜之故,無奈他門不容車也。主人言完館高閎,則此垣理不該毀;客言門不容車,無所藏幣,勢在不能不毀。若但如此答應,主客立見衝突,非詞令之妙也。乃子產開口時,並不即言寇盜,但説他誅求無時。誅求無時,即強盜之行爲。所謂府實者,直是強盜納贓之地窖。機鋒至細至隱,聽者初不之覺。又恐春光洩露,忽然起一大波,提出文公"崇大諸侯之館",又説文公種種重客之故,所以不畏盜賊,亦不患燥溼。留下"門不容車"四字,爲當面奚落地位,真舉得高高,令他跌得粉粹(通"碎")也。以銅鞮之宮與隸人之舍比較,不止自陳客之苦趣,一直管到主人閒事矣。然既稱他祖宗之美,率性將他子孫極力教訓一番,令他啞口不能置辯,似自己壞垣是一種正大光明道理。語至此,真使主人到無可轉旋地位。而又替他原諒,稱他爲魯喪之故,所以接見無時。果獲薦幣,便一身無事,脩垣而行,亦所誠甘。"脩垣"二字,看似恭順,實則鄙他全晉,不值一錢。蓋誅求無時,貪也;門不容車,吝也。既貪且吝,不過愛錢耳。脩垣者,賠償也。汝既愛錢,我亦不靳(吝惜),率性全始全終,打一好交道。強硬中含和婉,和婉中又極強硬,直妙到不可解矣。

鄭放游楚於吳 昭公①元年(前541年)

鄭徐吾犯之妹美,公孫楚(又稱游楚,字子南)聘之矣,公孫黑(字子晳)又使強委禽(下聘禮。古代婚禮,納采用雁,故稱委禽)焉。犯懼,告子產。子產曰:"是國無政,非子之患也。唯所欲與。"犯請於二子,請使女擇焉。皆許之。子晳盛飾入,布幣(陳設彩禮)而出。子南戎服入,左右射,超乘而出。女自房觀之,曰:"子晳信美矣,抑子南,夫也。夫夫婦婦,所謂順也。"適(嫁給)子南氏。子晳怒,既而櫜甲(gāo,即衷甲,著甲於衣中)以見子南,欲殺之而取其妻。子南知之,執戈逐之。及衝(交叉路口),擊之以戈。子晳傷而歸,告大夫曰:"我好見之,不知其有異志也,故傷。"

大夫皆謀之。子產曰:"直鈞(道理之曲直相當。鈞,通"均"),幼賤有罪,罪在楚也。"乃執子南而數之,曰:"國之大節有五,女皆奸(gān,犯)之。畏君之威,聽其政,尊其貴,事其長,養其親,五者所以爲國也。今君在國,女用兵焉,

---

① 原書標題後紀年昭公至哀公部分多無"公"字,今統一增補,以使全書體例統一。

不畏威也；奸國之紀，不聽政也；子晳，上大夫，女，嬖大夫（晉、鄭、吳等國稱下大夫爲嬖大夫），而弗下（退讓）之，不尊貴也；幼而不忌，不事長也；兵其從兄，不養親也。君曰：'余不女忍殺（即不忍殺汝），宥女以遠。'勉，速行乎，無重而（爾）罪！"

五月庚辰，鄭放游楚於吳。將行（放逐）子南，子產咨於大叔（即子大叔，名吉，游氏）。大叔曰："吉不能亢（庇護，保護）身，焉能亢宗？彼，國政也，非私難也。子圖鄭國，利則行之，又何疑焉？周公殺管叔而蔡（通"殺"sà，流放）蔡叔，夫豈不愛？王室故也。吉若獲戾（罪），子將行（執行處罰）之，何有（有何顧慮）於諸游？"

　　子南、子晳之曲直，子產了了（了然，明白）於心也。惟所欲與，使女自擇，此一辦法也；執子南，數以五奸，又一辦法也；子南將行，咨之游吉，又一辦法也。

　　子南已聘之婦，爲之兄者，乃強委禽而奪之，入手已屬難題。子產雖執政，而力不能制此大族，自承己過，俾女自擇，可云得通變之方。及子晳不勝，纍甲謀殺其弟，反爲游楚所傷，來愬時又全無理法。子產一秉公道，子晳立時足以爲亂，勢不能不宽及子南。難在強辭奪理，數以五奸，子南倉卒之間，不能置辯，爰書遂定。子產亦自知非理，故咨之游吉。吉爲子南從子，游氏之宗子。咨之云者，必剖明心迹。言不如此，不足以弭鄭國之難。故游吉答以利則行之，所謂利者，亦嘉其不急遽，以偪成子晳之亂也。

　　文寫子晳、子南入面徐妹時，各衒其美。一涉纖佻之筆，便非傳體。妙在"夫夫婦婦，所謂順也"一語，雅有經意，故將此等無理取鬧之事，亦一一化爲莊重。至子晳之告諸大夫，抗言曰："我好見之，不知其有異志也"，明明是強宗中大紈袴之言。強使委禽,人皆見之;櫜甲來見,人皆聞之。靦(tiǎn)顏(厚顏貌)懇冤,國家若有直道,子晳立可付之司寇。觀諸"大夫皆謀"一語,則子晳氣燄,已可想見。若非子產,即欲委過子南,亦斷斷無辭自解,而子產臨時急智,居然列彼五奸。妙在終託君言,不忍殺卻,閒閒流放於外,一以弭子晳之毒,一以平游氏之心。又患心迹不明,故必咨之游吉。

權變之方,八面周到,非子產不能有此權謀,非左氏亦不能曲傳子產之心緒。

齊使晏嬰請繼室於晉昭公三年(前539年)

齊侯(指齊景公)使晏嬰請繼室(續娶齊女,以繼少姜)於晉,曰:"寡君使嬰曰:'寡人願事君,朝夕不倦,將奉質幣以無失時,則國家多難,是以不獲(不得自來)。不腆(不腆猶賤、敝,謙辭。腆,厚也)先君之適(同"嫡",嫡女。先君之嫡,指少姜)以備內官,焜燿(kūn yào,照亮)寡人之望,則又無祿,早世隕命,寡人失望。君若不忘先君之好,惠顧齊國,辱收(勞駕安撫)寡人,徼福於大公(姜太公)、丁公(姜太公之子),照臨敝邑,鎮撫其社稷,則猶有先君之適及遺姑姊妹(姑姊妹蓋爲景公之大姑小姑)若而(猶若干)人。君若不棄敝邑,而辱使董振擇之(諸家解釋不一。竹添光鴻箋:"使有司督察而收擇其可者。"董,督也。振,收也),以備嬪嬙,寡人之望也。'"韓宣子(即韓起)使叔向對曰:"寡君之願也。寡君不能獨任其社稷之事,未有伉儷(意謂未有正夫人),在縗絰(cuīdié,喪服名。此指齊衰,夫爲妻所服之喪)之中,是以未敢請。君有辱命,惠莫大焉。若惠顧敝邑,撫有晉國,賜之內主(內宮之主,即正夫人),豈惟寡君舉(與)羣臣實受其貺,其自唐叔(唐叔虞,晉先祖)以下,實寵嘉之。"

既成昏(定婚)，晏子受禮，叔向從之宴，相與語。叔向曰："齊其何如？"晏子曰："此季世(末代)也，吾弗知(不保)齊其爲陳氏矣。公棄其民，而歸于陳氏。齊舊四量(四種量器)，豆、區 ōu、釜、鍾。四升爲豆，各自其四(各爲其四倍)，以登(進)于釜。釜十則鍾。陳氏三量，皆登一(加舊量之一，即以五升爲豆，五豆爲區，五區爲釜)焉，鍾乃大矣。以家量貸，而以公量收之。山木如市，弗加于山；魚、鹽、蜃(大蛤)、蛤 gé，弗加于海。(杜注："賈如在山、海，不加貴。")民參(三分)其力，二入於公，而衣食其一。公聚朽蠹，而三老(杜注："三老，謂上壽、中壽、下壽，皆八十已上。")凍餒(něi，饑寒交迫。餒，饑餓)。國之諸市，屨(jù，鞋)賤踊(受刖刑之人所用特製鞋)貴。民人痛疾，而或燠 yù 休(亦作"噢咻"。杜注"痛念之聲"。此指陳氏撫慰痛疾之民)之。其愛之如父母，而歸之如流水。欲無獲民，將焉辟(避)之？箕伯、直柄、虞遂、伯戲(四人皆舜之後，陳氏先祖)，其相(隨)胡公(陳國始封君)、太姬(胡公之妃)已在齊矣。"叔向曰："然。雖吾公室，今亦季世也。戎馬不駕，卿無軍行 háng，公乘無人，卒列無長。庶民罷(同"疲")敝，而宮室滋侈。道殣(jìn，餓死者)相望，而女(指國君的嬖寵)富溢尤。民聞公命，如逃寇讎。欒、郤、胥、原、狐、續、慶、伯(八氏皆晉舊貴族)，降在皁隸(皁隸泛指低賤的差役。皁、隸同義)。政在家門，民無所依。君日不悛(quān，改)，以樂慆(tāo，度過)憂。公室之卑，其何日之有？《讒鼎之銘》曰：'昧旦丕顯(夙興以務大顯。昧旦，拂曉)，後世猶怠。'況日不悛，其能久乎？"晏子曰："子將若何？"叔向曰："晉之公族盡矣。肸(xī，叔向名)聞之，公室將卑，其宗族枝葉先落，則公從之。肸之宗十一族，唯羊舌氏在而已。肸又無子(杜注"無賢子")，公室無度，幸而得死(杜注"言得以壽終爲幸"),豈其獲祀？"

初，景公欲更晏子之宅，曰："子之宅近市，湫 jiǎo 隘（湫，低濕。隘，狹小）囂塵，不可以居，請更諸爽塏（kǎi。爽，明亮。塏，乾燥）者。"辭曰："君之先臣容焉，臣不足以嗣之，於臣侈矣。且小人近市，朝夕得所求，小人之利也，敢煩里旅（里旅即司里或里人，掌卿大夫家宅事務之官）？"公笑曰："子近市，識貴賤乎？"對曰："既利之，敢不識乎？"公曰："何貴何賤？"於是景公繁於刑，有鬻踊者。故對曰："踊貴屨賤。"既已告於君，故與叔向語而稱之。景公爲是省於刑。

君子曰："仁人之言，其利溥（大）哉！晏子一言，而齊侯省刑。《詩》曰：'君子如（行）祉，亂庶遄（chuán，迅速）已。'（《詩·小雅·巧言》）其是之謂乎！"

及晏子如晉，公更其宅，反，則成矣。既拜，乃毀之，而爲里室，皆如其舊，則使宅人（宅人指舊宅居者，一説指司市宅之官）反之，曰①："諺曰：'非宅是卜，唯鄰是卜。'二三子（指鄰人）先卜鄰矣，違卜不祥。君子不犯非禮，小人不犯不祥，古之制也。吾敢違諸乎？"卒復其舊宅，公弗許，因陳桓子（即陳無宇）以請，乃許之。

> 僕譯外國文字，成書百三十三種，審其文法，往往於一事之下，帶叙後來終局，或補叙前文遺漏，行所無事，帶叙處無臃腫之病，補叙處無牽強之迹。竊謂吾國文章，但閒有之。如《通鑑》中，叙事後補出本人族氏世閥，往往近強。獨此篇

---

① 曰，原書從通行本誤作"且"字。王引之《經義述聞》曰："自唐石經上'曰'字誤作'且'，而各本皆從之，《初學記·居處部》《太平御覽·州郡部》三引此，並作'諺曰'。"據改。

叙晏嬰諫君易宅事，於本文毫不相涉，及到篇末，忽然補出景公從諫，及晏子反宅，絲毫不見牽強者，何也？以與叔向談心時，無端插入"履賤踊貴"一語。履賤踊貴，是晏子設言告公者，插入論事中，不明不白，此後文所必須詮釋者也。若待詮釋，不免費詞。故篇末用"初"字起，叙晏子諫公，即用爲履賤踊貴之補義。一起手即栽入更宅一節，由更宅帶出近市，由近市帶出履踊之貴賤，從容閒暇，一絲不曾著力。蓋請婚必有反命之時，反命而故宅已更，再寫晏子辭宅許多好處，自非畫蛇添足矣。平日論文，好言埋伏叫應之法。但讀此篇埋伏之不覺，叫應之自然，令人增出無數法門。

至於叔向、晏子二老談心，義膽忠肝，雜悲涼而出，叔向之語尤哀。《左傳》叙哀不一而足，然有聲抗而高者，而此篇論事論勢，獨切實有識見。晏子曰："此季世也，吾弗知齊其爲陳氏矣。"叔向曰："晉之公族盡矣。"用兩"矣"字，斬截悲梗，了無餘望。晏子叙陳氏之奸謀，叔向叙公室之敗度，一呼一應，而晉、齊全局，均在二人口語之中。筆力之偉，言論之精，讀之深有餘味。

穆子去叔孫氏昭公四年（前538年）

初，穆子（即叔孫穆子，名豹，魯大夫）去叔孫氏，及庚宗（魯地，在今山東泗水縣東），遇婦人，使私爲食而宿焉。問其行，告之故，哭而送之。適齊，娶於國氏（齊正卿，姜氏），生孟丙、仲壬。夢天壓己，弗勝，顧而見人，黑而上僂，深目而豭喙（jiā huì，指嘴巴像豬。豭，公豬。喙，鳥獸蟲魚之嘴），號之曰："牛！助余！"乃勝之。旦而皆召其徒，無之。且曰："志之（指記下牛之相貌）。"及宣伯（即叔孫僑如，穆子之兄）奔齊，饋之。宣伯曰："魯以先子（宣伯先人）之故，將存吾宗，必召女。召女，何如?"對曰:"願之久矣。"

魯人召之,不告(指不告訴宣伯)而歸。既立(立爲卿),所宿庚宗之婦人獻以雉。問其姓(杜注"問有子否"),對曰:"余子長矣,能奉雉而從我矣。"召而見之,則所夢也。未問其名,號之曰"牛",曰:"唯(應答之聲)。"皆召其徒,使視之,遂使爲豎(小臣,未冠者之官)。有寵,長(長大)使爲政(主持家政)。公孫明(又稱子明,齊大夫)知叔孫於齊,歸,未逆國姜,子明取(同"娶")之,故怒,其子長而後使逆之。

田於丘蕕(yóu。地名,今地未詳),遂遇疾焉。豎牛欲亂其室而有之,強與孟(孟丙)盟,不可。叔孫爲孟鐘(鑄鐘),曰:"爾未際(交際),饗大夫以落(落成)之。"(近人韓席籌注:"叔孫欲因此享諸大夫,使孟接見而立爲嗣也。")既具(已具饗禮),使豎牛請日(請問饗日)。入,弗謁;(意謂豎牛入穆子室,不告以請日之事。謁,白也,告也。)出,命之日(假傳穆子之命訂下日期)。及賓至,聞鐘聲。牛曰:"孟有北婦人(指國姜)之客。"怒,將往,牛止之。賓出,使拘而殺諸外。牛又強與仲(仲壬)盟,不可。仲與公御萊書(昭公御者,名萊書)觀於公(在公宮遊覽),公與之環。使牛入(入穆子室)示之。入,不示;出,命佩之。牛謂叔孫:"見仲而何(意謂使仲壬見昭公,以便立爲嗣,如何)?"叔孫曰:"何爲?"曰:"不見,既自見矣,公與之環而佩之矣。"遂逐之,奔齊。疾急,命召仲,牛許而不召。杜洩(叔孫氏之家宰)見,告之饑渴,授之戈。對曰:"求之(豎牛)而至,又何去(除掉)焉?"豎牛曰:"夫子疾病,不欲見人。"使寘饋(放置食物)於个(廂房)而退。牛弗進,則置虛命徹(倒掉食物,令食具空虛,示穆子已食,然後命撤去也)。十二月癸丑,叔孫不食。乙卯,卒。牛立昭子(即叔孫婼,穆子之庶子)而相之。

公使杜洩葬叔孫。豎牛賂叔仲昭子（即叔仲帶）與南遺（季氏家臣），使惡杜洩於季孫（指季武子）而去之。杜洩將以路（即輅，指周王所賜穆子車）葬，且盡卿禮。南遺謂季孫曰："叔孫未乘路，葬焉用之？且冢卿（上卿，指季武子）無路，介卿（次卿，指穆子）以葬，不亦左（不正，違背）乎？"季孫曰："然。"使杜洩舍（捨棄）路。不可，曰："夫子（指穆子）受命於朝而聘於王，王思舊勳而賜之路，復命而致（交給）之君。君不敢逆王命而復賜之，使三官（即下文之司徒、司馬、司空）書之：吾子（指季孫）爲司徒，實書名（定名號）；夫子（指叔孫）爲司馬，與工正（百工之長，爲司馬屬官）書服（書車服之器）；孟孫（即仲孫）爲司空，以書勳。今死而弗以（用），是棄君命也。書在公府而弗以，是廢三官也。若命服（指周王賜命所用車服），生弗敢服，死又不以，將焉用之？"乃使以葬。

季孫謀去中軍，豎牛曰："夫子固欲去之。"

　　此篇極寫豎牛之奸毒，至無人理，人人所髮指者，似左氏落筆時，專注於豎牛。愚則謂此非寫豎牛，寫叔孫也。寫豎牛之奸毒，固無人理，而寫叔孫之愚陋，爲豎牛播弄至死，亦千古所無。

　　叔孫一生飄忽，若無魂魄之人。過庚宗時與婦人宿，至不問其姓氏而去，此一謬也。夢牛時荒忽之事，及見牛而即呼牛。牛唯，叔孫即信其名牛。夫以歸國承祧（tiāo。承繼奉祀祖廟）之大夫，呼一村婦人之子，勿論呼牛而牛唯，即呼狗亦將諾而爲狗矣，竟慨然以爲應夢，又一謬也。孟子（指孟丙）請日，"弗謁，出，命之日"，叔孫尚可諉爲未知。及聞鍾，謂即爲北婦人之客。將出，又爲牛所止。是叔孫與孟并未晤面，亦並未考鞫，即拘而殺之，又一謬也。仲得公之賜環，"不示，命佩"，亦陷孟之故智，叔孫即命逐之。於是國姜二子，皆以豎牛一面之詞，或殺或逐，又一謬也。至授戈殺牛，似有知覺，而又不殺，則牛與叔孫之勢，已不兩立。此時叔孫直託命於仇讐，而自取死矣，又一謬也。

凡善於敘奸者，通篇精神，似專注一奸人；若無關於受愚之人，則寫神奸巨蠹，亦無從措筆。不有唐玄宗，安有林甫？不有唐德宗，安有盧杞（sì，唐德宗時奸相。《舊唐書》本傳載大臣李勉對德宗之進言："盧杞奸邪，天下人皆知；唯陛下不知，此所以為奸邪也！"）？不有宋高宗，安有秦檜？不有明世宗，安有嚴嵩？人見此四奸甘人如糜（像食稠粥一樣愛食人），而勢力所藉，實不出此四奸之手，蓋有攬權而發令者也。

文寫聞鍾、命環二事，事至瑣細，又極曲折，至難著筆。而最刻毒處有二：一曰"孟有北婦人之客"。此語直如迅雷，打入病人心坎，烏能不怒？且怒亦有根。上文曰"未迎國姜，子明取之，故怒，其子長而始迎"，則叔孫之恨公孫明，必為豎牛所夙知。知此語一發，孟決無幸。一曰"不見，既自見矣。公與之環而佩之矣"。語似尋常，不知此尤深中叔孫之忌。大凡人主暮年，最忌人言立儲事。以為舍己取寵於新君，叔孫熱中之人，防己病不起，家衆歸心於仲。故牛謂叔孫："見仲而何？"叔孫即答曰："何為？"何為之意，是謂吾病未死，彼何為急急思代？迨一聞自見於公，公且賜環，直置己於無地，此亦不能不怒。然非左氏敘事之妙，豎牛之奸黠、叔孫之昏悖，皆不能栩栩活於紙上。

其下"寘个""置虛命徹"等字，皆左氏自製之短句。然非多讀古書及熟於字學，雖欲烹練為此短縮句法，斷不易至。

蹶由對楚 昭公五年(前537年)

冬十月，楚子(指楚靈王)以諸侯及東夷伐吳，以報棘、櫟

рǐ、麻（三地皆楚東鄙之邑。昭公四年冬，爲吳所侵）之役。薳wěi 射（楚大夫）以繁揚（又作"繁陽"。地名，在今河南新蔡縣）之師會于夏汭（ruì。楊伯峻謂夏汭爲夏肥水入淮處，在今安徽鳳臺縣西南。《説文·水部》："汭，水相入也。"）。越大夫常壽過帥師會楚子于瑣（楚地，在今安徽霍邱縣東）。聞吳師出，薳啓彊（楚太宰）帥師從之，遽不設備，吳人敗諸鵲岸（地名，在今安徽無爲縣至銅陵市長江北岸一帶）。楚子以馹（rì，驛車）至于羅汭（清人高士奇謂羅汭爲羅水入淮處，疑在今河南羅山縣北）。

吳子使其弟蹶由犒師，楚人執之，將以釁鼓。王使問焉，曰："女卜來吉乎？"對曰："吉。寡君聞君將治兵于敝邑，卜之以守龜（天子、諸侯占卜用之龜謂之守龜），曰：'余亟使人犒師，請行以觀王怒之疾徐，而爲之備，尚克（或許能夠）知之。'龜兆告吉，曰：'克（勝利）可知也。'君若驩（通"歡"）焉，好逆（友好迎接）使臣，滋敝邑休（懈）怠，而忘其死，亡無日矣。今君奮（奮起，振作）焉，震電馮（同"憑"，盛）怒，虐執使臣，將以釁鼓，則吳知所備矣。敝邑雖羸，若早修完（修繕完備），其可以息師。難易有備，可謂吉矣。且吳社稷是卜，豈爲一人？使臣獲釁軍鼓，而敝邑知備，以禦不虞，其爲吉，孰大焉？國之守龜，其何事不卜？一臧一否（臧否猶吉凶），其誰能常之？城濮（衛地，在今山東鄄城縣）之兆，其報在邲。今此行也，其庸（大概、也許。其、庸同義）有報志（應驗的迹象）。"乃弗殺。

楚師濟於羅汭，沈尹赤（沈縣大夫，名赤）會楚子，次於萊山（地名，在今河南光山縣南）。薳射帥繁揚之師先入南懷（南懷及下文之汝清，均在今江、淮間），楚師從之，及汝清。吳不可入。楚子遂觀兵（陳兵示威）於坻chí 箕之山（地名，在今安徽巢湖市南）。

是行也，吳早設備，楚無功而還，以蹶由歸。楚子懼吴,使沈尹射(清人范照藜《春秋左传释人》谓沈尹射即前文之蓬射)待命于巢(地名,在今安徽巢湖市),蓬启彊待命于雩娄(地名,在今安徽金寨县北),礼也。

"汝卜来吉乎"五字,是手握其死命,为极得意质问之辞。言吉即凶之对面,如疾雷将发、万木无声时也。蹶由冲口对一"吉"字,实楚子所不料,亦正为蹶由得一好题目。盖楚子一发此问,蹶由已知其必死,第(只是)死已难逃,而胸中一口气不能不吐。故一路科派他不是,一面自张其国威,工夫全在"有备"二字。言来时若得欢好,吴尚无备。一杀使者,则吴即知备,于楚何益?无益于楚,即吴之吉矣。把楚子一场高兴,埽得干净。又作一正大光明语,谓卜吉者,卜社稷之吉,不卜一人。斥他有杀己之能,决无杀灭全吴之能。又臧否无定,卜不足恃。今日楚虽得意,则他日吴人亦可得意。城濮楚败,泌则楚胜。借楚镜吴,报复亦属意中之事。

通篇柔中寓刚,全从利害著眼。此种文字,醒豁已极,妙在冲口一对,其下始生无数波澜。

芊尹无宇对楚王 昭公七年(前535年)

楚子(指楚灵王)之为令尹也,为王旌以田(田猎)。芊尹(官名。杨伯峻认为指驱兽之官;近人陈朝爵《读左随笔》则释为大尹,芊者大也)无宇断之,曰:"一国两君,其谁堪之?"及即位,为章华之宫(楚别宫,在今湖北监利县西北),纳亡人以实之。无宇之阍(hūn,守门人)入焉。无宇执之,有司弗与,曰:"执人于王宫,其罪大矣。"执(指执无宇)而谒诸王。王将饮酒,无宇辞(辩解)曰:"天子经略(杜注:"经营天下,略有四海,故曰经略也。"),诸侯正封(治其封疆。正,治也),古之制也。封略之内,何非君土？食土之毛(五穀)，誰非君臣？故《詩》曰：'普天之下，莫非王土；率(沿著)土之濱，莫非王臣。'(《詩‧小雅‧北山》)天有十日(甲至癸十天干)，人有十等，下所以事上，上所以共(通"供"，祭祀)神也。故王臣(以……爲臣，役使)公，公臣大夫，大夫臣士(衛士之長)，士臣皁(無爵之衛士)，皁臣輿(衆人)，輿臣隸(罪人)，隸臣僚(苦役犯)，僚臣僕(世代奴僕)，僕臣臺(罪人爲奴者)。馬有圉，牛有牧，以待百事。今有司曰：'女胡執人於王宮？'將焉執之？周文王之法曰：'有亡(奴隸有逃亡者)，荒閱(荒，大也。閱，搜也)'，所以得天下也。吾先君文王(楚文王)，作僕區ōu之法(服虔注："僕，隱也。區，匿也。爲隱匿亡人之法也。")，曰'盜所隱器(杜注："隱盜所得器")，與盜同罪'，所以封汝也(杜注："行善法，故能啓疆，北至汝水。")。若從有司，是無所執逃臣也。逃而舍之，是無陪臺(罪人爲奴又逃亡，復獲之則爲陪臺)也。王事無乃闕乎？昔武王數紂之罪，以告諸侯曰：'紂爲天下逋逃主，萃淵藪。'(孔疏："言天下罪人逋逃者，以紂爲主，集而歸之，如魚入深淵，獸奔藪澤也。")故夫致死焉(故衆人欲致死而討紂)。君王始求諸侯而則紂，無乃不可乎？若以二文(周文王和楚文王)之法取之，盜有所在矣(言楚王亦爲盜)。"王曰："取而(爾)臣以往。盜有寵，未可得也。"遂赦之。

　　此篇用極力鞭逼之法，措詞一步緊似一步，末乃以閒閒趣語收之，神妙直到不可測度。
　　此篇不是寫無宇，是寫楚王。王雖無道，亦頗識正人。當無宇斷王旌時，在勢即位後必復仇，而終不復。于是無宇之膽稍大，知此人雖大紕袴，尚可動之以理。入手且不說他收受逃亡，但說己之閽人，即挨次爲王之僕御。照此辦法，不特己無閽人,即王之贄御(執鞭馭車之人),後來亦可逃匿。是開陳一篇大道理,然後步步喫(同"吃")緊。先引周文,後引楚文,檢出成案,加以責備。"則紂"二字,已堪不住直説。道到"盜有所在",直是當面搶白,且成犯上。無宇到此,真暢所欲言。此等文字應作如何收束?若立時命釋逃人,則君權已失;若殺無宇,而王又無此手段。妙在自承爲盜,命收若(猶爾)臣以去,自恃可以違法,并赦無宇之狂恣,非大度也,蓋紈袴滑稽之舉動耳。讀者息息爲無宇危,及到收束,不期一笑。蓋天生此一段文章,經左氏妙手拾得耳。

伯有爲厲昭公七年(前535年)

鄭人相驚以伯有(即良霄,字伯有,鄭卿,魯襄公三十年被殺),曰:"伯有至矣!"則皆走,不知所往。鑄刑書之歲(鄭人將刑法鑄於鼎,事在魯昭公六年)二月,或夢伯有介(著甲)而行,曰:"壬子,余將殺帶(即駟帶,伯有仇家,曾助子晳殺伯有)也。明年壬寅,余又將殺段(即公孫段,駟氏黨)也。"及壬子,駟帶卒,國人益懼。齊、燕平之月壬寅,公孫段卒,國人愈懼。其明月,子產立公孫洩(子孔之子。其父於魯襄公十九年被殺)及良止(伯有之子)以撫之,乃止。子大叔問其故,子產曰:"鬼有所歸,乃不爲厲(惡鬼),吾爲之歸也。"大叔曰:"公孫洩何爲?"(杜注:"子孔不爲厲,問何爲復立洩。")子產曰:"説(指向民衆解釋)也。爲身無義而圖説(杜注:"伯有無義,以妖鬼故立之。恐惑民,并立洩,使若自以大義存誅絶之後者,以解説民心。"説,同"悦",取悦),從政有所反之(違反常道),以取媚(指取悦於民)也。不媚,不信。不信,民不從也。"

及子產適晉,趙景子(即趙成,晉中軍佐)問焉,曰:"伯有猶能爲鬼乎？"子產曰："能。人生始化(羽化,死亡)曰魄,既生魄,陽曰魂。用物精多(奉養之物精美豐贍),則魂魄強,是以有精爽至於神明。匹夫匹婦強死(指死於非命),其魂魄猶能馮 píng 依(馮、依同義,依附)於人,以爲淫厲(禍亂肆虐)。況良霄,我先君穆公之胄,子良之孫,子耳之子,敝邑之卿,從政三世矣。鄭雖無腆,抑諺曰'蕞(zuì,小貌)爾國',而三世執其政柄,其用物也弘(豐富)矣,其取精也多矣。其族又大,所馮厚矣。而強死,能爲鬼,不亦宜乎！"

一落筆,突然跳出伯有,以下將一篇信史,幾作《鬼董》(亦作《鬼董狐》,宋代志怪小説集,作者不詳)讀矣。實則非是,須知此文滿滿寫鬼,卻是處處寫子產之行政,工夫全在立公孫洩。洩,子孔子也。子孔不爲厲,其子乃與良止同時爲大夫,釋鄭人之疑也。蓋伯有爲厲,則立其子,子孔不爲厲,其子乃不得立,是國家政體,全歸厲鬼把握。史筆焉能舍人而重鬼？讀者不當爲盲左所愚。須看得子產處處仍側重民心,所云不媚不信,特游戲之談。蓋諸人胸中無把握,幾幾(猶幾乎)以駟帶、公孫段之死,以後將更殺多人。子產之意則決以爲偶然,就人事上敷衍。鄭人見伯有之子得立,于心略安,怕鬼之心亦釋。此節節以人事勝也。上半極筆寫鬼,下半極筆論鬼,均不是此篇之主人翁。須知良史之能,決不以鬼事勝人事。讀者以齊諧(人名,一説爲書名。《莊子·逍遥遊》："齊諧者,志怪者也。")誌怪目之,謬矣。

屠蒯諫晉侯 昭公九年(前533年)

晉荀盈(即知悼子)如齊逆女,還,六月,卒于戲陽(地名,在今河南內黃縣北)。殯于絳(晉都,在今山西侯馬市),未葬。晉侯(指晉平公)飲酒,樂(奏樂)。膳宰(掌膳食之官)屠蒯趨入,請佐公使尊,許之。而遂酌以飲工(讓樂工飲酒),曰:"女爲君耳,將司聰也。辰(日)在子卯,謂之疾日(杜注:"疾,惡也。紂以甲子喪,桀以乙卯亡,故國君以爲忌日。"),君撤宴樂,學人(學樂之人)舍業,爲疾故也。君之卿佐,是謂股肱。股肱或虧,何痛如之?女弗聞而樂(不聞此理而奏樂),是不聰也。"又飲外嬖(嬖臣)嬖叔,曰:"女爲君目,將司明也。服以旌(表)禮,禮以行事,事有其物(類),物有其容。今君之容,非其物也,而女不見,是不明也。"亦自飲也,曰:"味以行氣,氣以實志,志以定言,言以出令。臣實司味,二御失官(杜注:"工與嬖叔,侍御君者。失官,不聰明。"),而君弗命(不下令以治其罪),臣之罪也。"公説(悦),徹(撤)酒。

初,公欲廢知氏而立其外嬖,爲是悛(悔改)而止。秋八月,使荀躒(li。荀盈之子)佐下軍以説(自解説)焉。

此語大類優孟(春秋時楚國藝人,名孟。善談笑諷諫。事見《史記·滑稽列傳》)、優旃(zhān。戰國秦國藝人,名旃。身材短小,善戲謔笑談。事見《史記·滑稽列傳》)諸人,用譎諫勝。大夫未葬,而公飲酒,未必即爲過舉。然屠蒯知公意在嬖叔,率性把嬖叔盡情一説,説國有卿佐之喪,而作樂歡會,已非其物。物,類也。言外似隱隱斥公之昏樂,意均在立汝。公嬖汝,故昏樂無度也。飲工、自飲,均是陪筆。左氏恐人不明屠蒯指趣,故揭出欲廢知氏而立外嬖,把一路疑團,用一筆醒出,方見得屠蒯譎諫之有因,此畫龍點睛筆也。

楚子狩於州來 昭公十二年(前530年)

楚子(指楚靈王)狩於州來(地名,在今安徽鳳臺縣),次於潁尾(地名,潁水入淮處,在今安徽壽縣正陽關),使蕩侯、潘子、司馬督、囂尹午、陵尹喜(五人皆楚大夫)帥師圍徐以懼吳。楚子次於乾谿(地名,在今安徽亳州市東南),以爲之援。雨雪,王皮冠,秦復陶(秦所贈羽絨衣),翠被(pī。翠羽披肩),豹舄(xì。豹皮所製之鞋),執鞭以出,僕(太僕,爲親近之臣)析父從。右尹(楚官名,令尹之佐)子革(即鄭人然丹,字子革)夕(晚上朝見),王見之,去冠、被、舍鞭,與之語曰:"昔我先王熊繹(楚始封君)與呂伋(姜太公之子)、王孫牟(衛康叔之子)、燮父(晉唐叔之子)、禽父(周公旦之子)並事康王(周康王),四國皆有分(所分珍寶之器),我獨無有。今吾使人於周,求鼎以爲分,王(周景王)其與我乎?"對曰:"與君王哉!昔我先王熊繹,辟在荆山(楚國發祥地,在今湖北南漳縣西),篳路藍縷,以處草莽,跋涉山林,以事天子,唯是桃弧(桃木之弓)、棘矢(棘枝之箭)以共禦(共,通"供",供給。禦,通"御",奉獻)王事。齊,王舅也;晉及魯、衛,王母弟也。楚是以無分,而彼皆有。今周與四國服事君王,將唯命是從,豈其愛鼎?"王曰:"昔我皇祖伯父昆吾,舊許(在今河南許昌市。昆吾曾居於此,後許國南遷於叶、夷,原地爲鄭所得,故稱舊許)是宅(居住)。今鄭人貪賴其田,而不我與。我若求之,其與我乎?"對曰:"與君王哉!周不愛鼎,鄭敢愛田?"王曰:"昔諸侯遠我而畏晉,今我大城陳、蔡、不羹(春秋時不羹有二:一在今河南襄城縣東南者爲西不羹,一在今河南舞陽縣西北者爲東不羹。清人馬宗璉謂此處應爲西不羹,即楚靈王所築襄城),賦(兵車)皆千乘,子與有勞焉。諸侯其畏我乎?"對曰:"畏君王哉!是四國①者,專足畏也。又加之以楚,敢不畏君王哉!"

---

① 王引之等謂"四國"當作"三國",涉上文兩"四國"而誤,且古"四"字積畫,易與"三"字混淆。《國語·楚語下》此處亦作"三國"。三國,即陳、蔡、不羹三城。

工尹路(掌百工之官,名路)請曰:"君王命剝圭以爲鏚柲(qī bí。杜注:"鏚,斧也。柲,柄也。破圭玉以飾斧柄。"),敢請命。"王入視之。析父謂子革:"吾子,楚國之望也。今與王言如響(回聲),國其若之何?"子革曰:"磨厲(同"礪")以須(待),王出,吾刃將斬(意謂斬斷其奢念)矣。"王出,復語。左史倚相趨過。王曰:"是良史也,子善視之。是能讀《三墳》《五典》《八索》《九丘》(四者皆上古帝王之遺書,已佚)。"對曰:"臣嘗問焉,昔穆王(周穆王)欲肆其心,周行天下,將皆必有車轍馬迹焉。祭zhài公謀父(周王卿士,周公之孫)作《祈招》(此爲逸《詩》。"祈招"作何義,諸家説法不一。竹添光鴻謂似樂章名,蓋因《韶樂》而名)之詩以止王心,王是以獲没(得以壽終。没,通"歿")於祇zhī宮(周之別宮,在今陝西華縣北)。臣問其詩而不知也。若問遠焉,其焉能知之?"王曰:"子能乎?"對曰:"能。其詩曰:'祈招之愔愔(yīn yīn,安和貌),式昭德音(彰顯周王之令聞。式,句首語助詞,無實義)。思我王度(王者之氣度),式(乃。下同)如玉,式如金。形民之力(量百姓之力而行。形,通"型",衡量),而無醉飽之心。'"王揖而入,饋不食,寢不寐,數日。不能自克,以及於難(指次年楚靈王兵敗,並自縊而死)。

仲尼曰:"古也有志:'克己復禮,仁也。'信善哉!楚靈王若能如是,豈其辱於乾谿(按,靈王駐乾谿期間,郢都發生政變,太子被殺,公子比立爲王。於是乾谿之楚衆皆潰,去靈王而歸)?"

愚按:

此章文字甚類故家之子弟。先疇(先祖所遺的田地)垂盡,一旦忽將其家藏周鼎商彝,一一陳諸廳事,徧召倡優雜技,與之考究古器之由來。語雖堂皇,卻句句不脱紈袴習氣。而門客中滑稽之士,則亦句句側媚(爲僻側之事而諂媚討好),莊中寓諧,純是縣裏之針,而聽者瞀(mào,昏)然無覺。直待後來説到鍾鳴漏盡,家產蕩然,流離無歸,始失聲而哭,然亦卒不撤其故家之架子,以訖於亡。詞令之妙,如蛟波龍瀾,軒然(高湧貌)萬疊,極力鞭倡讀者幾疑下此無一歸宿之地。中間忽插入工尹路剥圭爲秘之請。圭者,國君執以朝會者也。乃剥而爲秘,仍大紈袴之作用,令人欲笑。然即用此爲全篇之停頓。蓋不有工尹路一梗,其間氣勢太近直瀉;不有析父之斥子革,則文章亦無眼目。左氏用此二人,暫蘇其氣。忽閒閒點出左史倚相,或是子革預約其來,亦未可定。不然,斷無如此湊巧文字。

綜言之,此篇前後皆借古事以發揮:靈王所引故事,多半是得諸傳聞之傖 cāng 語(鄙俚的文辭);子革所引故事,則深中王心之隱微。王無心而子革有心。寫深人與淺人論事,步步皆有趣味。

叔向斷獄 昭公十四年(前528年)

晉邢侯(楚申公巫臣之子)與雍子(楚人奔晉者)爭鄐(chù,晉邑,在今河南修武縣)田,久而無成。士景伯如楚,叔魚(即羊舌鮒,叔向之弟)攝理(代理斷獄官),韓宣子命斷舊獄,罪在雍子。雍子納其女於叔魚,叔魚蔽(斷,判)罪邢侯。邢侯怒,殺叔魚與雍子於朝。宣子問其罪於叔向。叔向曰:"三人同罪,施生戮死可也。雍子自知其罪而賂以買直(以賄賂求勝訴),鮒 fù 也鬻獄(受賄枉法。鬻,賣也),邢侯專殺,其罪一也。己惡而掠美爲昏,貪以敗官爲墨,殺人不忌爲賊。《夏書》(《尚書》組成部分之一,相傳爲記載夏代史事之書,今本包括《禹貢》《甘誓》《五子之歌》《胤征》四篇)曰'昏、墨、賊,殺',皋陶(yáo。虞舜時的司法官)之刑也。請從之。"乃施邢侯而尸雍子與叔魚於市。

仲尼曰:"叔向,古之遺直也。治國制刑,不隱於親。三數叔魚之惡,不爲末減(末減指減輕。末,薄也)。曰義也夫,可謂直矣!平丘之會(見《左傳》昭公十三年),數其賄也,以寬衛國,晉不爲暴;歸魯季孫(見《左傳》昭公十三年),稱其詐也,以寬魯國,晉不爲虐;邢侯之獄,言其貪也,以正刑書,晉不爲頗(偏頗)。三言而除三惡(指暴、虐、頗),加三利。殺親益榮,猶義也夫!"

此篇有兩疑竇。叔向不袒叔魚,似傷友于(典出《書·君陳》:"惟孝友于兄弟。"後以"友于"稱兄弟間的友愛)之義。故孔子曰"義也夫","也夫"二字,不敢決定之詞。然而結束處,復曰"猶義也夫"。到底是義非義?須知先説"也夫",是曲揣時人之意,疑其不近義也。及到收束,曰"猶義也夫",此"猶"字,是言殺親,猶不失義也,"猶"字方有著落。此無可疑之一也。至"益榮"二字,若照字面解之,似叔向殺鮒以取榮名,此解又誤。須觀"晉不爲暴""晉不爲虐""晉不爲頗",三語尊晉極矣。"益榮"者,益晉之榮名也。"殺親"者,叔向一家之不幸也。"益榮"則一國之幸矣。且鮒之死,死于邢侯,非叔向手刃其弟。不過爲國家榮名計,則不能不出公道之言。"遺直"是許其行事之當。再伸"義"字,是世人所不經(常)見之義。夫子因其直而詮釋之,以息羣疑。諸解皆誤,愚特以意定之,或且不悖於理。

無極害朝吳 昭公十五年(前527年)

楚費無極(楚少師)害(患)朝吳(蔡大夫)之在蔡也,欲去之,乃謂之曰:"王唯信子,故處子於蔡。子亦長矣,而在下位,辱。必求之,吾助子請。"又謂其上之人曰:"王唯信吳,故處諸蔡,二三子莫之如也。而在其上,不亦難乎?弗圖,必及於難。"夏,蔡人逐朝吳,朝吳出奔鄭。王怒,曰:"余唯信吳,故寘諸蔡。且微(無)吳,吾不及此。女何故去之?"無極對曰:"臣豈不欲(善)吳?然而前知其為人之異也。吳在蔡,蔡必速飛。去吳,所以翦其翼也。"

朝吳去,不惟楚無所損,蔡尤可知。左氏記之,誌楚禍之胎也。朝吳可去,則伍奢(楚太師,為費無極所譖殺)亦可殺,鞭尸之禍(據《史記·伍子胥列傳》載,伍奢之子伍子胥為報殺父之仇,率吳軍攻下郢都後,"掘楚平王墓,出其尸,鞭之三百"),基于此矣。

全篇關係在"蔡必速飛"一語,打中平王心坎,明知其讒,然以蔡較吳,則吳輕而蔡重。盧杞之愚德宗,即用此法。閒閒寫來,都是害人妙蘊。

宣子求環 昭公十六年(前526年)

宣子(韓宣子,即韓起)有環(玉環),其一(指配對的另一隻)在鄭商。宣子謁(請)諸鄭伯(指鄭定公),子產弗與,曰:"非官府之守器也,寡君不知。"子大叔(即游吉,鄭大夫)、子羽(鄭行人)謂子產曰:"韓子亦無幾求,晉國亦未可以貳。晉國、韓子,不可偷(怠慢)也。若屬(zhǔ,適逢)有讒人交鬭(猶交構,挑撥)其閒,鬼神而助之,以興其凶怒,悔之何及?吾子何愛於一環,其以取憎於大國也,盍(猶何不)求而與之?"子產曰:"吾非偷晉而有二心,將終事之,是以弗與,忠信故也。僑(子產之名)聞君子非無賄(財貨)之難(患),立而無令(善)名之患。僑聞爲國非不能事大、字（撫養）小之難，無禮以定其位之患。夫大國之人令於小國，而皆獲其求，將何以給之？一共（通"供"）一否，爲罪滋大。大國之求，無禮以斥之，何饜之有？吾且爲鄙邑，則失位矣。若韓子奉命以使，而求玉焉，貪淫甚矣，獨（豈）非罪乎？出一玉以起二罪，吾又失位，韓子成貪，將焉用之？且吾以玉賈（gǔ，求取）罪，不亦銳（細小）乎？"

　　韓子買諸賈人，既成賈（通"價"）矣，商人曰："必告君大夫。"韓子請諸子產曰："日（往日）起請夫環，執政弗義，弗敢復（不敢再次請求）也。今買諸商人，商人曰必以聞，敢以爲請。"子產對曰："昔我先君桓公與商人皆出自周，庸次比耦（猶言共同合作。諸家説法不一。竹添光鴻謂"庸、次、比"即《方言》之"庸、恣、比"，皆訓代。"庸、次、比耦"言更代相耦耕。陳朝爵《讀左隨筆》："庸，即傭工之傭。傭工合作，或換工遞作，必以次序，故曰次、比、耦"），以艾殺（清除、整治。艾，通"刈"，斬殺）此地，斬之蓬、蒿、藜∥、藋①（diào。蓬、蒿、藜、藋泛指各種野生草木。參《讀左隨筆》卷下"蓬、蒿、藜、藋"條注），而共處之。世有盟誓，以相信也，曰：'爾無我叛，我無強賈，毋或匄奪（乞求、強奪）。爾有利市（賺錢的交易）寶賄（珍貴的財貨），我勿與知。'恃此質誓（質誓指盟誓。質，盟信），故能相保，以至于今。今吾子以好來辱，而謂（使）敝邑強奪商人，是教敝邑背盟誓也，毋乃（未免）不可乎！吾子得玉，而失諸侯，必不爲也。若大國令，而共無藝（供給無準則），鄭，鄙邑也，亦弗爲也。僑若獻玉，不知所成（善）。敢私布（陳）之。"韓子辭玉，曰："起不敏，敢求玉以徼二罪？

---

①　藋，原書誤作"藿"，據阮刻本《春秋左傳正義》改。

敢辭之。"

區區一環,直一没緊要事,子産竟小題大做,此是子産賣弄聰明處。明知宣子可以情喻理折,故敢斗膽發言。若遇叔向之弟(指晉大夫叔魚,奸詐而貪婪),亦只好以待子晳(鄭大夫,"無禮而好陵人",終爲子産所誅)之禮待之,敷衍了事矣。

通篇用意在一個"鄙"字:"吾且爲鄙邑",防其不成國也;"鄭,鄙邑也,亦弗爲也",自謙爲鄙,不願鄙也。前半請環,拒之尚爲有理,可以成辭。後半買環,是公平交易,與朝廷半點無干,此著萬難措手。而子産博通掌故,竟尋出數百年前故案,前來搪塞,仍皦定不爲鄙邑一語,强硬到底。實則杜漸防微之意,已流露于"一共一否"之語。共宣子而不共續來之使者,則適以自取其咎。眼光遠,語氣達,使人聞之能于心上點頭。"貪淫"二字,是背議宣子之罪;"强奪"二字,是强加宣子之罪。不説宣子强奪,而説敝邑强奪,且繩以舊時盟誓之故案,即公平交易,亦强奪矣。關鍵全在"我勿與知"四字,前後封閉謹嚴,精神四徹。讀之幾無瑕隙可薄,真詞林妙品也!

駟乞之立昭公十九年(前523年)

鄭駟偃(字子游,鄭卿)卒。子游娶於晉大夫,生絲,弱,其父兄立子瑕(即駟乞,字子瑕,駟偃之弟)。子産憎其爲人也,且以爲不順(杜注:"舍子立叔,不順禮也。"),弗許,亦弗止。駟氏聳(恐懼)。他日,絲以告其舅。冬,晉人使以幣如鄭,問駟乞之立故。駟氏懼,駟乞欲逃,子産弗遣。請龜以卜,亦弗予。大夫謀對,子産不待而對客曰:"鄭國不天(不爲天所保佑），寡君之二三臣札瘥cuó夭昏（泛指非壽終命而死，詳見下文杜注），今又喪我先大夫偃。其子幼弱，其一二父兄懼隊（同"墜"，失）宗主，私族於謀（即私謀於族），而立長親。寡君與其二三老曰：'抑天實剥亂是（意謂上天欲打亂繼承之常規。抑，發語詞，無實義。剥，亂也），吾何知（與聞）焉？'諺曰：'無過亂門。'民有兵亂，猶憚過之，而況敢知天之所亂？今大夫將問其故，抑寡君實不敢知，其誰實知之？平丘之會（見《左傳》昭公十三年），君尋（重溫）舊盟曰：'無或失職。'若寡君之二三臣，其即世（去世）者，晉大夫而專制其位，是晉之縣鄙也，何國之爲？"辭客幣而報其使，晉人舍之。

"大死（遭大疫而死）曰札，小疫曰瘥，短折曰夭，未名曰昏。"（《左傳》昭公十九年杜注）此篇關鍵在一個"知"字。入手寫駟氏家族紛亂，子產宜預知之，乃一路矯爲不知。弗許其立，亦弗止其立，欲逃弗遣，請龜弗予，一似駟氏家事，不宜與知者，實隱隱已料駟絲外家，前來干與。夫身爲執政，且不敢知其事，外人又何知焉？立得界限分明，則對外已有把握。故一對晉使，即推寡君不知。言"寡君"者，指有權之人不敢知也；言"誰"者，斥外人無權，不宜知也。然仍駁他不倒，則引出平丘故案"無或失職"四字。"無或失職"，即防他人之越職言事。大國之人，可以越職言鄰國之家事，則本國之執政，寧非失職爲他人所劫持？辭氣極堅強，又極平恕，此所以成爲子產也。

費無極害伍奢 昭公二十年（前522年）

費無極（楚少師）言於楚子（指楚平王）曰："建（太子之名）與

伍奢將以方城（楚之北山，在今河南葉縣南）之外叛，自以爲猶宋、鄭也，齊、晉又交（夾）輔之，將以害楚，其事集（成）矣。"王信之，問伍奢。伍奢對曰："君一過（指平王納太子建之未婚妻）多矣，何信於讒？"王執伍奢。使城父（楚地，在今安徽亳州市南）司馬奮揚殺大子。未至，而使遣之（使人遣令去）。三月，大子建奔宋。王召奮揚，奮揚使城父人執己以至。王曰："言出於余口，入於爾耳，誰告建也？"對曰："臣告之。君王命臣曰：'事建如事余。'臣不佞，不能苟貳。奉初以還（xuán。杜注："奉初命以周旋。"），不忍後命，故遣之。既而悔之，亦無及已。"王曰："而（爾）敢來，何也？"對曰："使而失命，召而不來，是再奸（gān，犯）也。逃無所入。"王曰："歸，從政如他日。"

無極曰："奢之子材（有才能），若在吳，必憂楚國。盍以免其父召之？彼仁，必來。不然，將爲患。"王使召之，曰："來，吾免而（爾）父。"棠君尚（棠邑大夫，名尚，伍奢之長子）謂其弟員（yún，即伍子胥）曰："爾適吳，我將歸死。吾知（同"智"）不逮（不及），吾能死，爾能報。聞免父之命，不可以莫之奔也；親戚（親人，此指父兄）爲戮，不可以莫之報也。奔死免父，孝也；度功（估量成效）而行，仁也；擇任而往，知（同"智"）也；知死不辟（同"避"），勇也。父不可棄，名不可廢，爾其免（一本作"勉"）之，相從爲愈（勝）。"伍尚歸。奢聞員不來，曰："楚君、大夫其旰 gàn 食（晚食。意謂將有吳憂，不得早食）乎！"楚人皆殺之。

員如吳，言伐楚之利於州于（即吳王僚）。公子光（即後來的吳王闔廬）曰："是宗爲戮，而欲反（復）其讎，不可從也。"員曰："彼將有他志（指奪位之心）。余姑爲之求士，而鄙（退居邊鄙)以待之。"乃見(引見,推薦)鱄zhuān設諸(吳之勇士。《史記》作"鱄諸"。楊伯峻《春秋左傳注》謂"設"爲語詞)焉,而耕於鄙。

奮揚者,蒯通(即蒯徹,秦末漢初謀士。曾說服韓信取齊地。又勸其叛漢自立,不見用。韓信被誅後,漢高祖欲烹通,以辯得免)之師也。蒯通自承教韓信反,奮揚自承放子建逃。蒯通對高祖言,知韓信不知陛下。奮揚對平王言,"不能苟貳,奉初而還"。皆理直氣壯,因而得赦。實則奮揚之言,面面圓轉,忠于建,又忠于王。雖以平王淫昏,亦不能屈。此篇主人翁似屬伍家父子,然寫奮揚之忠藎(jìn。忠誠)智巧,幾喧賓奪主矣。

齊豹之亂 昭公二十年(前522年)

衛公孟縶(zhí。衛靈公之兄,又稱孟縶。公孟氏,名縶)狎(輕視)齊豹,奪之司寇與鄄(juàn,齊豹食邑,在今山東鄄城縣西北)。有役則反之(杜注:"縶足不良,故有役則以官邑還豹使行。"),無則取之。公孟惡北宮喜、褚師圃,欲去之。公子朝通於襄夫人宣姜(靈公嫡母),懼,而欲以作亂。故齊豹、北宮喜、褚師圃、公子朝作亂。

初,齊豹見(引見)宗魯於公孟,爲驂乘焉。將作亂,而謂之曰:"公孟之不善,子所知也,勿與乘,吾將殺之。"對曰:"吾由子事公孟,子假吾名(假吾名猶借我以善名,意即替我宣傳)焉,故不吾遠也(意謂因此公孟親近於我)。雖其不善,吾亦知之。抑以利故,不能去,是吾過也。今聞難而逃,是僭子(使子之言失信。僭,不信,此爲使動用法)也。子行事乎,吾將死之,以周(謹密)事子,而歸死於公孟,其可也。"

丙辰，衛侯(指衛靈公)在平壽(衛邑，今地不詳)，公孟有事(祭祀)於蓋獲之門(衛郭門)外，齊子氏(齊豹家人)帷(設帷帳)於門外，而伏甲焉。使祝鼃(祭祀之官，名鼃。鼃，同"蛙")寘戈於車薪以當(擋)門，使一乘從公孟以出。使華齊御公孟，宗魯驂乘。及閎(郭門)中，齊氏用戈擊公孟，宗魯以背蔽之，斷肱，以中公孟之肩。皆殺之(代指公孟和宗魯)。

公(指衛靈公)聞亂，乘，驅自閱門(衛城門，蓋偏側之門)入。慶比御公，公南楚驂乘，使華寅乘貳車(靈公之副車)。及公宮，鴻駵魋(liú tuí。鴻駵魋為衛大夫)駟乘于公(杜注："鴻駵魋復就公乘，一車四人。")，公載寶以出。褚師子申(衛大夫)遇公于馬路之衢(交通要道)，遂從。過齊氏，使華寅肉袒，執蓋(車蓋)以當(遮擋)其闕(空缺)。齊氏射公，中南楚之背，公遂出。寅閉郭門，踰(逾越城牆)而從公。公如死鳥(衛地，今地不詳)，析朱鉏(xú。衛大夫)宵從竇(水道)出，徒行從公。

齊侯(指齊景公)使公孫青(齊頃公之孫)聘于衛。既出，聞衛亂，使請所聘(派人請示當聘與否)。公曰："猶在竟(境)內，則衛君也。"乃將事(奉命行事)焉，遂從諸死鳥，請將事。辭曰："亡人不佞，失守社稷，越(流亡)在草莽，吾子無所辱君命。"賓曰："寡君命下臣於朝曰：'阿ē下(謙卑地服事。阿，親附)執事(指衛侯)。'臣不敢貳。"主人曰："君若惠顧先君之好，照臨敝邑，鎮撫其社稷，則有宗祧tiāo在。"(杜注："言受聘當在宗廟也。")乃止。衛侯固請見之(代指公孫青)，不獲命，以其良馬見，為未致使(未成行聘之使命)故也。衛侯以為乘馬。賓將掫(zōu。巡夜戒備)，主人辭曰："亡人之憂，不可以及吾子；草莽之中，不足以辱從者。敢辭。"賓曰："寡君之下臣，君之牧圉(放牧牛馬之人)也。若不獲扞(hàn，保護、警戒)外役,是不有寡君也。臣懼不免於戾,請以除死。"親執鐸(大鈴,巡夜用),終夕與於燎(設火燎以警夜)。

齊氏之宰渠子召北宮子(即北宮喜)。北宮氏之宰不與聞,謀殺渠子,遂伐齊氏,滅之。丁巳晦,公入,與北宮喜盟于彭水(古水名,近衛都,今不存)之上。秋七月戊午朔,遂盟國人。八月辛亥,公子朝、褚師圃、子玉霄、子高魴出奔晉。閏月戊辰,殺宣姜。衛侯賜北宮喜諡曰貞子,賜析朱鉏諡曰成子,而以齊氏之墓予之。

衛侯告寧於齊,且言子石(杜注:"子石,公孫青。言其有禮。")。齊侯將飲酒,徧賜大夫曰:"二三子之教也。"苑何忌(齊大夫)辭,曰:"與於青之賞,必及於其罰。在《康誥》(《尚書》篇目)曰,父子兄弟,罪不相及,(孔疏:"此非《康誥》之全文,引其意而言之。")況在羣臣。臣敢貪君賜以干(犯)先王?"(杜注:"言受賜則犯《康誥》之義。")

琴張聞宗魯死,將往弔之。仲尼曰:"齊豹之盜,而孟縶之賊,女何弔焉?君子不食姦,不受亂,不爲利疚於回(意謂不因貪利而受到邪惡腐蝕。疚,病也。回,邪也。下"回"同),不以回待人,不蓋(掩蓋)不義,不犯非禮。"

公孟之冒利而忘禍,齊豹之輕舉而赤族(誅滅全族。顏師古曰:"誅殺者必流血,故云赤族。"),是一種愚妄作用,不足重輕(重輕指品評高下)者也。獨奇宗魯一種似義非義之言,說得侃侃動聽,讀者幾以爲外不負齊豹之薦,内足酬公孟之知。防齊豹因己而得禍,遂不敢言;因公孟待己之有恩,甘與同死。蓋烈丈夫也。乃篇終經夫子一言,言其食姦、受亂,蓋不義,犯非禮,既爲齊豹之盜,復爲孟縶之賊,兩兩不是,不必逐句駁他,但凜凜(嚴正貌)定一爰書,而宗魯早已不值一錢矣。

此篇精神全在首尾。宗魯一面，似有獨見之談。在聖人一面，則玲瓏(明澈貌)到底，立義精，斷獄確。又經左氏一寫，宗魯似山雞，而聖人則鏡也。山雞之羽五采紛披，實足以眩人之目，卻逃不過鏡光之明徹。此爲首尾起結之關鍵。至間插入公孫一段，非閒筆也，爲衛侯渲染出奔後之景物。觀其獻馬、執鐸、與燎，皆奕奕有神。至歸結齊豹伏誅，黨人出走，宣姜授首，北宮喜、析朱鉏生人得謚，並賜生壙(kuàng。生前預造之墳墓)，亦並歸到公孫青報命後，齊侯置酒，何忌陳辭，篇中人物，點滴都無遺漏。然後大書聖人之斷語，燦如日月，烈如風雷。文之布置穿插，瑣瑣碎碎，無在不有精神，亦無處不有束筆。如"終夕與於燎"，是結束子石；"以齊氏之墓予之"，是結束二子；何忌引《康誥》，是結束齊侯：此三者，小結束也。至夫子之言，則終篇之大結束，與宗魯之言，首尾相應。此亦應有之文法，似奇而實非奇。

華貙爲亂 昭公二十一年(前521年)

　　宋華費遂(宋大司馬)生華貙 chū、華多僚、華登。貙爲少司馬。多僚爲御士(宋公侍御之士)，與貙相惡，乃譖諸公(指宋元公)曰："貙將納亡人。"前此出奔之華亥等。亟(多次)言之。公曰："司馬(即大司馬華費遂)以吾故，亡其良子。華登也。死亡有命，吾不可以再亡之。"對曰："君若愛司馬，則如亡。言不如出亡也。死如可逃，何遠之有？"公懼，使侍人召司馬之侍人宜僚，飲之酒，而使告司馬(告之將驅華貙)。司馬歎曰："必多僚也。吾有讒子，而弗能殺，吾又不死。抑(然而)君有命，可若何？"乃與公謀逐華貙，將使田孟諸(孟諸爲宋大澤，在今河南商丘市東北)而遣之。公飲之酒，厚酬之，賜及從者。司馬亦如之。張匄（華貙家臣）尤（驚異）之，曰："必有故。"使子皮（即華貙，字子皮）承宜僚以劍而訊（問）之。宜僚盡以告。張匄欲殺多僚，子皮曰："司馬老矣，登之謂甚，傷登之亡也。吾又重之，不如亡也。"五月丙申，子皮將見司馬而行，則遇多僚御司馬而朝。張匄不勝其怒，遂與子皮、臼任、鄭翩（任、翩亦華貙家臣）殺多僚，劫司馬以叛，而召亡人。壬寅，華、向入（華氏、向氏回國）。樂大心、豐愆、華牼 kēng 禦諸橫（橫爲宋地，即今河南商丘市橫城）。華氏居盧門，宋東城南門也。以南里（宋都城里名）叛。六月庚午，宋人城（築城）舊鄘（宋故城，在今河南商丘市）及桑林之門（城門名，在宋都郊外）而守之。

宋元公無信多私，逐華氏而敗，以公子質（作爲人質抵押於）華氏，華、向亦以子質公，可笑也。已而公殺華、向質子，逐華、向、華登，獨華牼保全公子不殺，公復（使……恢復官職）之，則華氏之忠，獨一華牼。（按，華、向之亂，事見《左傳》昭公二十年。）至華費遂，則木偶人耳。戾氣所鍾（匯集），乃生多僚。至兄弟不相容，華氏之族垂赤矣，通篇樞紐全在張匄一人。子皮弱，尚知愛其父，並及其兄登。元公懦，尚憐司馬之謹愿（恭謹），而不爲已甚。至中多僚之譖，謂死亡且及其身，勢在不能不發。一路寫來，賜酒厚酬，並及從者，即司馬亦欲善遣華貙，華貙亦但欲一面司馬即行，似甚太平無事。偏生張匄一段憤怒之氣，積不能甘。宠對之來，又適與多僚相遇。張匄既動，則子皮亦不能不從。此皆華氏一門之戾氣壅積，不至於崩剝不止。故讀史有悟者，往往歸之於天也。

華登以吳師救華氏 昭公二十一年（前521年）

冬十月，華登以吳師救華氏。齊烏枝鳴（齊大夫）戍宋。

廚人濮(宋廚邑大夫,名濮)曰:"《軍志》有之:'先人(先發制人)有奪人之心,後人有待其衰。'盍及其勞且未定也伐諸?若入而固,則華氏衆矣,悔無及也。"從之。丙寅,齊師、宋師敗吳師於鴻口(地名,在今河南虞城縣西北),獲其二帥公子苦雂qín、偃州員。華登帥其餘以敗宋師。公(指宋元公)欲出,廚人濮曰:"吾小人,可藉(踏)死而不能送亡,君請待之。"乃徇(宣示)曰:"揚徽(徽識,旗幡之類)者,公徒也。"衆從之。公自揚門(睢陽正東門,在今河南商丘市)見之,下而巡之,曰:"國亡君死,二三子之恥也,豈專(獨)孤之罪也?"齊烏枝鳴曰:"用少莫如齊致死,齊致死莫如去備(竹添光鴻箋:"去備謂去陣列備具","以示必死")。彼多兵矣,請皆用劍。"從之。華氏北(敗北),復即(追)之。廚人濮以裳裹首而荷(扛)以走,曰:"得華登矣!"遂敗華氏於新里(華氏所取之邑,在今河南開封市東)。翟僂lǚ新(宋大夫)居於新里,既戰,説(通"脱")甲於公而歸(歸附)。華妵(tǒu。華氏族人)居於公里(竹添光鴻箋:"城下之里不與華氏者,皆公里也。"),亦如之。

十一月癸未,公子城以晉師至。曹翰胡(曹大夫)會晉荀吳(晉大夫)、齊苑何忌(齊大夫)、衛公子朝救宋。丙戌,與華氏戰於赭zhě丘(宋地,在宋都郊外)。鄭翩(華氏黨)願爲鸛(鸛與下文之鵝,皆戰陣名),其御願爲鵝。子禄御公子城,莊堇jǐn爲右。干犨御吕(吕邑,宋地,在今江蘇徐州市北)封人(封人爲掌封疆之官)華豹(華氏黨),張匄爲右。相遇,城(公子城)還。華豹曰:"城也!"城怒而反之(指返還戰)。將注(注指搭箭於弦),豹則關(通"彎",拉滿弓)矣。曰:"平公(即宋平公,公子城之父)之靈,尚(希望)輔相(輔相指佑助)余。"豹射,出其間(箭出於子城和子禄之間)。將注(公子城將搭箭),則又關矣(華豹又拉滿弓)。曰:

"不狃（不輪流射箭），鄙（卑鄙）！"抽矢（華豹取下箭），城射之，殪（yì，指華豹死）。張匄抽殳（shū，一種杖形兵器）而下，射之，折股。扶伏（匍匐）而擊之（代指公子城），折軫（zhěn，車後橫木）。又射之，死（指張匄被射死）。干犨請一矢（意即求死），城曰："余言女於君。"對曰："不死伍乘（不與同乘共伍之士卒戰死），軍之大刑也。干（犯）刑而從子，君焉用之？子速諸！"乃射之，殪（指干犨被射死）。大敗華氏，圍諸南里。華亥搏膺（猶捶胸）而呼，見華貙，曰："吾爲欒氏矣！"（杜注："晉欒盈還入，作亂而死，事在襄二十三年。"）貙曰："子無我迋（通"恇"kuāng，恐嚇），不幸而後亡。"（林堯叟注："言汝無恐我，事至不幸而後奔亡，未至死滅。"）使華登如楚乞師，華貙以車十五乘、徒七十人犯師（突襲宋公之師）而出，食於睢上（睢水岸邊，在今河南商丘市一帶），哭而送之，乃復入。楚薳 wěi 越帥師將逆華氏，大宰犯諫曰："諸侯唯宋事其君。今又爭國，釋君而臣是助，無乃不可乎！"王（指楚平王）曰："而（爾）告我也後，既許之矣。"

讀此篇訖，當知左氏喜爲鈎心鬪角之文。寫戰事，必寫其極瑣屑者，千頭萬緒，一一皆出以縣細之筆，令讀者眉宇軒然，足悟古人行文之巧處。何以言之？華族雖衆，於宋國中特一小部分耳，公子城以晉師至，益以曹、衛與齊，但書大敗華氏足矣。乃左氏舍卻諸侯之師不叙，卻叙華豹；猶之華登以吳師至時，不寫齊宋合兵之敗吳，卻專寫華登。蓋以衆擊少，狀其勝敗，行文多用簡筆；而左氏偏於簡處用繁，遂覺行陣生死交關處，寫華氏之勇，人人皆有精彩。廚人濮之以裳裹首，而荷以走，大呼曰："得華登矣。"華登，華氏之望也，能以吳軍敗北之餘衆，再勝公徒，其勇可知。一爲廚人濮大聲傳呼全軍失帥，烏得不敗？此非寫廚人濮，正極力渲染華登也。公子城之遇華豹,豹兩闋弓,皆在公子城之先。城始而哀鳴呼,祝其先靈平公,次則責豹不待更迭而射爲鄙夫。二者皆出無聊,而豹凜然,果抽矢不射,坐待其斃。至於張匄折軫,干犫請死,三子之勇,皆出公子城之上。及華棠全敗,華貙尤能以十五乘之車、七十人之徒,直貫諸侯之師而出,出而更入,似華氏之人,無非一猛士者。文字之五光十色,可爲亂臣賊子作無盡波瀾矣。

　　不知宋元公之無道,太子爲華氏所刼,公亦刼取華亥之子無慼 qī 等爲質,君臣互質,大義全乖。繼復殺華氏質子,華亥之子見殺,竟令華牼歸太子於宋。在叛臣中,似華亥尚有天良。已而多僚構釁,司馬華費遂見囚,華氏乃再叛。此中頭緒繁多,不能定其曲直。故左氏無一詞論斷,但細紀戰狀,而曲直自見其中,此又左氏一種寫法也。

吳公子光之亂 昭公二十七年(前515年)

　　吳子(指吳王僚)欲因楚喪而伐之,使公子掩餘、公子燭庸帥師圍潛(楚地,在今安徽霍山縣東北)。使延州來季子(季札,吳王壽夢之子。本封延陵,繼封州來,故稱延州來季子)聘於上國,遂聘於晉,以觀諸侯。楚薳尹然(楚治田之官,名然)、工尹麇(jūn。掌百工之官,名麇。工尹,一本作"王尹",掌宮內事務之官)帥師救潛,左司馬沈尹戌帥都君子(都邑親兵)與王馬之屬(楚王養馬之官屬)以濟(益,增援)師,與吳師遇於窮(楚地,在今安徽霍邱縣西南)。令尹子常以舟師及沙汭(沙水入淮處,在今安徽懷遠縣東北)而還。左尹郤宛、工尹壽帥師至於潛,吳師不能退。

　　吳公子光曰:"此時(時機)也,弗可失也。"告鱄設諸(吳之勇士。《史記》作"專諸"。楊伯峻《春秋左傳注》謂"設"爲語詞)曰:"上國有言曰'不索(索求)何獲'。我,王嗣也,吾欲求之。事若克,季子雖至,不吾廢也。"鱄設諸曰:"王可弒也。母老子弱,是無若我何?"(杜注:"猶言我無若是何,欲以老弱託光。")光曰:"我,爾身也。"

夏四月,光伏甲於堀室(地下室。堀,通"窟")而享王。王使甲坐於道及其門。門、階、戶、席,皆王親(親兵)也,夾之以鈹(pī,一種兵器,劍屬,兩邊有刃,以刀鞘裝之)。羞者(進食者)獻體(獻體指解衣露體)改服於門外。執羞者(執羞者猶羞者,即進食者。羞,食物)坐行(以膝著地而行,以示敬畏)而入,執鈹者夾承之,及體(指鋒刃抵身),以相授(指食物交給王僚之左右後,再進呈王僚)也。光偽足疾,入於堀室。鱄設諸寘劍於魚中以進,抽劍刺王,鈹交於胸,遂弒王。闔廬(即公子光)以其子爲卿。

季子至,曰:"苟先君無廢祀,民人無廢主,社稷有奉,國家無傾,乃吾君也,吾誰敢怨?哀死事生,以待天命。非我生亂,立者從之,先人之道也。"復命(回復使命)哭墓(哭泣於王僚之墓),復位而待(指待闔廬之命)。吳公子掩餘犇(同"奔")徐,公子燭庸犇鍾吾(鍾吾爲小國,在今江蘇宿遷市北)。楚師聞吳亂而還。

　　文中用一"此"字,用一"吾"字,用一"我"字,並不詞費,而成事、料事、用人,咸得其要領,非公子光之長,實左氏之善用簡筆也。"此"字一頓,"時也"又一頓。言"此"者,言二子帥師,季子在使,佐僚者無人,而足以使己畏服又無人也,局定矣。"不吾廢"之"吾"字,知季子成事不說也,心又定矣。"我,爾身也",此"我"字是代刺客承家養子之意,刺客之心服,而己事又定矣。讀者爭著眼于鱄諸行刺事,而不知左氏在不經意中已定全篇之局。末一語補上楚師,是點滴不漏處。

晉殺祁盈 昭公二十八年(前514年)

晉祁勝與鄔臧通室(杜注:"二子,祁盈家臣也。通室,易妻。")。祁盈(晉大夫)將執之,訪(咨詢)於司馬叔游(晉大夫)。叔游曰:"《鄭書》(鄭國史書,已佚)有之:'惡直醜正,實蕃有徒。'(杜注:"言害正直者,實多徒衆。")無道立矣,子懼不免。《詩》曰:'民之多辟(邪惡),無自立辟(法度)。'(《詩·大雅·板》)姑已,若何?"盈曰:"祁氏私有討,國何有焉?"遂執之。祁勝賂荀躒,荀躒爲之言於晉侯。晉侯執祁盈(杜注"以其專戮")。祁盈之臣曰:"鈞(同樣)將皆死,愸(yìn,寧願)使吾君聞勝與臧之死也以爲快。"乃殺之。夏六月,晉殺祁盈及楊食我(即叔向之子伯石,羊舌氏,食邑於楊)。食我,祁盈之黨也,而助亂,故殺之。遂滅祁氏、羊舌氏。

初,叔向欲娶於申公巫臣氏(即申公巫臣與夏姬所生女),其母欲娶其黨。叔向曰:"吾母(指其父之妾媵)多而庶(指其父之庶子)鮮,吾懲①(鑒戒)舅氏矣。"其母曰:"子靈之妻(子靈即巫臣,其妻即夏姬)殺三夫、一君、一子,而亡一國、兩卿矣,可無懲乎?吾聞之,'甚美必有甚惡',是鄭穆少妃姚子之子(女兒),子貉(mò,鄭靈公)之妹也。子貉早死,無後,而天鍾(匯集)美於是,將必以是大有敗也。昔有仍氏(古諸侯。有,詞頭,無實義)生女,黰(zhěn,頭髮濃密)黑而甚美,光可以鑑,名曰玄

---

① 懲,原書誤作"徵"字,據阮刻本《春秋左傳正義》改。

妻①。樂正后夔取之,生伯封,實有豕心(言其心似豬),貪惏(lán,婪)無饜,忿纇(怨恨暴戾。纇,通"戾")無期(通"綦",極也),謂之封(大)豕。有窮后羿(有窮國之君,號羿。有,詞頭,無實義。后,君主)滅之,夔是以不祀。且三代之亡、共子(即晉獻公太子申生,謚恭。共,通"恭")之廢,皆是物也。女何以爲哉(汝爲何娶之)?夫有尤物,足以移人。苟非德義,則必有禍。"叔向懼,不敢取。平公强使取之,生伯石。伯石始生,子容(叔向姪子)之母走謁諸姑(夫之母曰姑),曰:"長叔姒(長叔姒即大弟媳婦)生男。"姑視之,及堂,聞其聲而還,曰:"是豺狼之聲也,狼子野心。非是,莫喪羊舌氏矣。"遂弗視。

　　此篇表賢母也,而祁盈事特作一引子而已。家臣通室,狗彘之行爲。主人聽之可也,乃必加以重罰。然小人貪生,苟可得生,何所不爲?荀躒之貪益晉國,又何所不允?納賂殺盈,即了一宗公案矣。然羊舌氏由此赤族(誅滅全族。顏師古曰:"誅殺者必流血,故云赤族。"),此晉史所不能不紀也。蓋羊舌氏之敗,均出女孽:叔虎之母美,而叔虎伏刑;伯石之母又美,而伯石覆宗。二者均爲叔向之母所預料。其料叔虎之母也,曰"深山大澤,實生龍蛇";其料伯石之母也,曰:"夫有尤物,足以移人。苟非德美,則必有禍。"後皆應其言。且聞聲知爲狼子,識見等於子文(楚令尹。曾言其姪鬭椒有"熊虎之狀而豺狼之聲","弗殺,必滅若敖氏"。事見《左傳》宣公四年),賢母之眼光,直貫徹到底。

　　且寫家庭情事,歷歷如繪。伯華(即羊舌赤,叔向之兄)之妻聞叔向生子,走謁諸姑,言叔姒生男,寫婦人情狀,毫

---

① 妻,原書誤作"髪"字,據阮刻本《春秋左傳正義》改。

髮皆肖。然不涉張皇,似出無意之筆,所以佳也。余恆言爲婦人作銘誌及事略最難著筆。唯善讀《左傳》《史》《漢》,方能曲折道出,縣細中卻含古雅。舍是,則萬萬不足動人矣。

吳滅徐 昭公三十年(前512年)

吳子(指吳王闔廬)使徐人執掩餘,使鍾吾人執燭庸,二公子犇楚。楚子(指楚昭王)大封(賞給大量田地),而定其徙(定其所徙之居),使監馬尹大心(掌馬政之官,名大心)逆吳公子,使居養(楚地,在今河南沈丘縣東),莠尹然、左司馬沈尹戌城之;取於城父(楚地,在養東北)與胡(楚地,在養東南,即今安徽阜陽)田以與之:將以害吳也。子西(即公子申,字子西)諫曰:"吳光(即吳王闔廬,名光)新得國,而親其民,視民如子,辛苦同之,將用之也。若好(交好)吳①邊疆,使柔服焉,猶懼其至。吾又彊其讎,以重(加重)怒之,無乃不可乎？吳,周之胄裔也,而棄在海濱,不與姬通。今而始大,比於諸華。光又甚文,將自同於先王。不知天將以爲虐乎,使翦喪(滅亡。翦、喪同義)吳國而封大(擴張。封、大同義)異姓乎？其抑亦將卒(最終)以祚(佑助)吳乎？其終不遠矣。我盍姑億(安)吾鬼神,而寧吾族姓,以待其歸(杜注"善惡之歸"),將焉用自播揚(播揚猶勞動或勞神)焉？"王弗聽。

吳子怒。冬十二月,吳子執鍾吾子,遂伐徐,防山以水之(意謂築堤壩以山水灌徐。防、堤壩,此用爲動詞)。己卯,滅徐。徐子章禹斷其髮,攜其夫人,以逆吳子。吳子唁而送之,

---

① 吳,原書誤作"吾"字,據阮刻本《春秋左傳正義》改。

使其邇臣(近臣)從之,遂犇楚。楚沈尹戌帥師救徐,弗及。遂城夷(夷即上文之城父),使徐子處之。

吳子問於伍員(yún。即伍子胥)曰:"初而言伐楚,余知其可也,而恐其使余往也,又惡人之有余之功也。今余將自有之矣,伐楚何如?"對曰:"楚執政衆而乖(相違戾),莫適dí任患(意謂無人敢承擔責任。適,作主)。若爲三師以肄(杜注:"肄,猶勞也。")焉,一師至,彼必皆出。彼出則歸,彼歸則出,楚必道敝。亟(屢次)肄以罷(同"疲")之,多方以誤之。既罷而後以三軍繼之,必大克之。"闔廬從之,楚於是乎始病。

此篇寫楚之挑敵,吳之料敵,首尾相應,文極緊湊。然楚有子西,把吳國和盤打算,祚吳爲客,喪吳爲主,後皆不出所料。是楚雖挑敵,正有料敵之人在也。吳有子胥,善於料敵。言"楚執政衆而乖,莫適任患",楚之覆敗,早在成算之中,是善於料敵者。於是爲三師以肄楚,肄之爲言勞也,則子胥既能料敵,又能挑敵矣。連環鎖紐,製局極緊。尤妙者,子西所言,似把公子光之刱(同"創")發不終,一綫料之到底。不惟眼光高,其謀國亦極踏實。乃不見聽於王,可惜也。若吳光、子胥,則君臣一心,專意滅楚,似夢寐之中,不得楚不甘。至三師之肄,吳逸楚勞,留下"楚於是乎始病"六字,作入郢張本。似斷非斷,尤極有神。

晉侯將以師納公 昭公三十一年(前511年)

"三十一年春王正月,公(指魯昭公)在乾gān侯(晉邑,在今河北成安縣東南)",言不能外內(杜注:"內不容於臣子,外不容於齊、晉。")也。

晉侯(指晉定公)將以師納公,范獻子曰:"若召季孫而不來,則信(確實)不臣矣,然後伐之,若何?"晉人召季孫,獻子使私(私下傳話)焉,曰:"子必來,我受(保)其無咎。"季孫意如(即季平子)會晉荀躒於適 dí 歷(晉地,今地不詳)。荀躒曰:"寡君使躒謂吾子:'何故出君?有君不事,周有常刑。子其圖之!'"季孫練冠(喪禮十三月小祥後所戴白布冠)、麻衣(即喪服)、跣(xiǎn,赤足)行(以上季孫如此穿著舉動,示對昭公出奔憂戚之深),伏而對曰:"事君,臣之所不得也,敢逃刑命?君若以臣爲有罪,請囚於費(bì,季氏食邑,在今山東費縣),以待君之察也,亦唯君(唯君命是從)。若以先臣之故,不絕季氏,而賜之死。若弗殺弗亡,君之惠也,死且不朽。① 若得從君而歸,則固臣之願也,敢有異心?"

夏四月,季孫從知伯(即荀躒)如乾侯。子家子(即子家羈,魯莊公玄孫,從昭公出亡者)曰:"君與之歸。一慙(同"慚",恥)之不忍,而終身慙乎?"公曰:"諾。"衆曰:"在一言矣,君(指晉君)必逐之!"荀躒以晉侯之命唁公,且曰:"寡君使躒以君命討於意如,意如不敢逃死,君其入也!"公曰:"君惠顧先君之好,施及亡人,將使歸糞除(掃除。糞、除同義)宗祧(tiāo。宗廟)以事君,則不能見夫人(指季孫)。己所能見夫人者,有如河!"荀躒掩耳而走,曰:"寡君其罪之恐,敢與知魯國之難?臣請復於寡君。"退而謂季孫:"君怒未怠(倦怠,平息),子姑歸祭(杜注:"歸攝君事")。"子家子曰:"君以一乘入于魯師,季孫必與君歸。"公欲從之。衆從者脅公,不得歸。

────────

① 姚鼐《左傳補注》:"此處文舛誤,當移'死且不朽'四字于'賜之死'之下。"

三家敝晉，晉未亡也；三家分晉，晉亡矣。此時晉國不惟韓、趙、魏眼中無君，即范、荀二氏，目中亦豈有君臣之一倫？但觀范氏之召季孫，曰"我受其無咎"五字，得賂助逆彰彰矣，實作一圈套以陷昭公。蓋深知昭公之負氣不服，故意使季孫詐爲恭順之狀，激昭公從者之怒，以便使昭公不歸，可以常常得季孫之賄。而荀躒之貪頑，尤無人理。而昭公又爲左右所劫，一無把握，於是遂終於乾侯。不然，以晉之強，用三百乘之衆即足納君，何用作爾許張皇？惟此時倫紀既斁（dù，敗壞），固無公道之足言，至易之事，乃爲賂賄所梗，轉成爲至難。公側雖有子家，上既不能使公振作，下尤不能使同伴曲從。在外有范、荀之劫持，在內有季孫之盤踞，寥寥忍恥數言，萬萬不能平衆從者之氣。經左氏逐一寫來，鬼域行踪，一一躍然於紙上矣。

叔孫成子逆公喪定公元年（前509年）

夏，叔孫成子逆公之喪（靈柩）于乾侯。季孫曰："子家子亟言於我，未嘗不中吾志也。吾欲與之從政，子必止（挽留）之，且聽命焉。"子家子不見叔孫，易幾（同"機"，時期）而哭。叔孫請見子家子，子家子辭，曰："羈（即子家子，名羈）未得見（杜注"出時成子未爲卿"），而從君以出。君不命而薨，羈不敢見。"叔孫使告之曰："公衍、公爲（二者皆昭公之子）實使羣臣不得事君。若公子宋（昭公之弟定公）主社稷，則羣臣之願也。凡從君出而可以入者，將唯子是聽。子家氏未有後（爵位繼承人），季孫願與子從政。此皆季孫之願也，使不敢（叔孫成子之名）以告。"對曰："若立君，則有卿士、大夫與守龜（天子、諸侯占卜用之龜謂之守龜）在，羈弗敢知。若（至於）從君者,則(若)貌而出者(表面上從昭公以出者),入可也;寇而出者,行可也。(杜注:"與季氏爲寇讎者,自可去。")若羈也,則君知其出也,而未知其入也,羈將逃也。"喪及壞隤(tuí。壞隤爲魯地,在今山東曲阜市),公子宋先入,從公者皆自壞隤反。

六月癸亥,公之喪至自乾侯。戊辰,公(指魯定公)即位。季孫使役如闞(kàn,闞爲魯群公墓所在地,在今山東曲阜市)公氏(公氏即昭公之墓宅),將溝(挖溝使之與先公墓分開)焉。榮駕鵝(即榮成伯,魯大夫)曰:"生不能事,死又離之,以自旌(自彰其惡)也?縱子忍之,後必或恥之。"乃止。季孫問於榮駕鵝曰:"吾欲爲君謚(爲惡謚),使子孫知之。"對曰:"生弗能事,死又惡之,以自信也(杜注:"信,明也。以自明己之不臣也。")。將焉用之?"乃止。

秋七月癸巳,葬昭公於墓道南。孔子之爲司寇也,溝而合諸墓(意謂挖溝於昭公墓外,使之與先公墓同一兆域,明臣無貶君之義)。

昭公出故,季平子禱于煬公。九月,立煬宮。(煬宮,魯煬公之神廟。元趙汸《春秋集傳》引萬孝恭曰:"煬公,考公之弟也。魯以弟繼兄,蓋始乎此。定公乃昭公之弟,季孫舍昭公之嫡嗣而立定公,恐人議己,於是立煬宮。其意若曰:'魯一生一及,乃國之舊制,非吾之私意也。'")

此篇是忠奸一篇對鏡文字,或謂觀子家應對,添無盡心酸。

觀季氏行爲,生無窮髮指。斯言磭(同"確")哉!此時意如(即季平子)意中,實傾服子家不已,以此昭公果聽其言,一則忍慼歸國,一則料己之必與君歸,行事兩全,則己亦不至使逐公客死于外。此是奸臣一種天良不昧之處,故陰感子家,冀得其附己,爲掩覆謀逆之地。叔孫一段甜毳(通"脆")之言,均屬意如所授。子家不動聲色,卻推得乾淨。立君事大,己不敢與。意爾舊君可由爾逐,則新君亦可由爾立,不便斥他專權。但處處歸之卿士、大夫與守龜,亦不明言彼之專斷,蓋不以立君之權予賊臣也。"貌而出者",以義從公,與季無怨;"寇而出者",不滿于季,與季爲仇。此二語應他可以入者,當以義入,己亦不聞其事。至于己身,所謂君知其出,非言知一身之出也,蓋言君終于出,不復入矣。以己喻公,意深而言婉。滿腔忠憤,出以和平,非學養深醇者不能到。

至寫季氏之待死君,將溝公墓,且加以惡諡,其不果行者,不問人言,亦屬奸臣天良之偶動,然寸心則得得(任情自得貌)稱快。觀私立煬宫,似鬼神呵護奸賊,用此以爲酬謝,讀者將不止髮指,又將爲之解頤(開顔歡笑。頤,面頰)矣。

文中叙子家,能爲驚天動地之言,叙榮成伯,又用熱刺冷嘲之語,皆臻絶妙。

公侵齊門於陽州 定公八年(前502年)

公(指魯定公)侵齊,門(攻城門)於陽州(本爲魯邑,此時已爲齊所有,在今山東東平縣北)。士皆坐列(言無鬥志),曰:"顔高(魯勇士)之弓六鈞(指拉滿弓用六鈞之力。按,古以三十斤爲一鈞)。"皆取而傅觀之。陽州人出,顔高奪人弱弓,籍丘子鉏(xú。籍丘氏,字子鉏,齊人)擊之,與一人俱斃(跌倒)。偃(指顔高仰卧),且射子鉏,中頰,殪(yì,死)。顔息(魯人)射人中眉,退曰:"我無勇,吾志其目也。"師退,冉猛(魯人)僞傷足而先。其兄會乃呼曰:"猛也殿(殿後)!"

此記魯國之無軍政,士嚻而惰。顔高之勇,乃隸之窳 yu

敗(腐敗。窳,衰弱、懶惰)軍中,非死莫可也。文寥寥百餘語,將一時敗狀窮形盡相而出之,筆路極類《檀弓》(《禮記》篇名。宋洪邁《容齋隨筆》云:"《檀弓》上下篇,皆孔門高弟子在戰國之前所論次。其文章雄健精工,雖楚、漢間諸人不能及也。")。攻城何如事,乃列坐傳觀一弓,在百忙中,若無事者。一寫陽州人出,則舉軍紛亂,而顏高之勇,轉在垂死中見奇。其下顏息、冉猛,一則矜其藝以爲戲,一則曙其私而市僞。中眉、中目,皆中也。退而語人,是沾沾詡其一得。冉猛之僞傷足,舉軍當無不知,會呼猛爲殿,直是當面說謊。

尺幅中寫出死者死,逃者逃,在可勝之勢而轉成爲敗,並不加論斷,而魯國軍政之敝壞,可觸目而了,斯真善寫生者爾!

陽虎之亂 定公八年(前502年)

季寤(季桓子之弟)、公鉏極(季桓子之族人)、公山不狃(季氏家臣,費邑之宰)皆不得志於季氏,叔孫輒(叔孫武叔之庶子)無寵於叔孫氏,叔仲志(叔仲昭伯之孫。按,叔仲氏爲叔孫氏分支)不得志於魯,故五人因(親附)陽虎(季氏家臣)。陽虎欲去三桓(即魯大夫孟孫、叔孫、季孫三家。皆爲桓公之後,故稱三桓),以季寤更季氏,以叔孫輒更叔孫氏,己更孟氏。冬十月,順祀先公(依魯君在位順序祭祀。按,文公二年,魯將僖公神主置於閔公之上,此時予以糾正)而祈焉。辛卯,禘于僖公(竹添光鴻箋:"爲僖公禘于大廟,以審定昭穆之位。"杜預《春秋釋例》云:"大祭于太廟,以審定昭穆,謂之禘。")。壬辰,將享季氏于蒲圃(園圃名,在魯都城東門外)而殺之,戒都車(敕令都邑之戰車)曰:"癸巳至。"成宰(成邑之宰)公斂處父(孟氏家臣)告孟孫曰:"季氏戒都車,何故?"孟孫曰:"吾弗聞。"處父曰："然則亂(作亂)也，必及於子，先備諸？"與孟孫以壬辰爲期。

陽虎前驅，林楚御桓子(季桓子)，虞人(掌田獵之官)以鈹(pī,一種兵器,劍屬,兩邊有刃,以刀鞘裝之)、盾夾之，陽越(陽虎之堂弟)殿，將如蒲圃。桓子咋(同"乍",暫,突然)謂林楚曰："而(汝)先皆季氏之良(良臣)也，爾以是繼之。"對曰："臣聞命後(晚)。陽虎爲政，魯國服焉，違之徵(招致)死，死無益於主(大夫之臣稱其大夫曰主)。"桓子曰："何後之有？而能以我適(前往)孟氏乎？"對曰："不敢愛(吝惜)死，懼不免主。"桓子曰："往也！"孟氏選圉人(家奴)之壯者三百人，以爲公期(公期爲孟氏支子)築室於門外。林楚怒馬，及衢(交通要道)而騁。陽越射之，不中。築者閽(閉)門。有自門閒射陽越，殺之。陽虎劫公(指魯定公)與武叔(叔孫武叔)，以伐孟氏。公斂處父帥成人自上東門(杜注"魯東城之北門")入，與陽氏戰于南門之內，弗勝；又戰于棘下(魯都城內地名)，陽氏敗。陽虎說(同"脫")甲如公宮，取寶玉、大弓以出，舍(停留)於五父之衢(道路名,在今山東曲阜市東南)，寢而爲食(陽虎就寢而命人做飯)。其徒曰："追其將至。"虎曰："魯人聞余出，喜於徵(通"繩"yíng,緩)死，何暇追余？"從者曰："嘻！速駕！公斂陽(即公斂處父,名陽)在。"公斂陽請追之，孟孫弗許。陽欲殺桓子，孟孫懼而歸之(歸季桓子於季氏)。子言(即季寤,字子言)辨(通"遍")舍爵(放置酒杯並斟滿酒)於季氏之廟而出。陽虎入于讙(huān,魯地,在今山東肥城市南)、陽關(魯地,在今山東泰安市東南)以叛。

陽虎之謀略膽力非小也，即季寤亦亂人中之有智慮者。然此二人之乖覺(狡許)，均不敵　公斂陽之乖覺。都車者，都邑之兵車也。公歛一見,即覺刺眼,明告孟氏以亂,已有成算。圍人壯者三百人之集,大抵亦公歛所部署。季孫憒憒(kuì kuì,昏庸糊塗),及登車時,見鈹、盾夾行,始大悟此身如赴法場。其咋謂林楚,則亦一時之急智。咋之爲言暫也。雖倉卒中,發言卻極動聽。林楚既告以實。季孫知林楚非噬己之人,故趣之行。已而越陽死,季孫幸入孟氏之門。公歛再戰,而陽虎立敗。然尚能取寶玉、大弓以出,爲他日行賂投奔之地,則其臨機預算有大過人者。復料追者之弗來,敢公然寢而爲食,吾所謂膽力非小者此也。

通篇寫來,無一不有生氣。似乎孟孫得人,季孫得天,實則當時情事,亦不過一亂象而已。經左氏寫出,大覺離奇,其中似有神樞鬼藏(形容神奇奧妙之構思),不可方物(猶識別、名狀。方,別也;物,名也),無他,由筆妙也。

陽虎歸寶玉、大弓 定公九年(前501年)

夏,陽虎歸寶玉、大弓。書曰"得",器用也。凡獲器用曰得,得用焉(竹添光鴻箋:"用焉者,謂能自動用其身焉者也,人民、牛馬皆是。")曰獲。

六月,伐陽關。陽虎使焚萊門(陽關之城門)。師(魯師)驚,犯(指陽虎突圍)之而出,奔齊,請師以伐魯,曰:"三加(三次加兵於魯),必取之。"齊侯(指齊景公)將許之。鮑文子(鮑叔牙之曾孫,齊大夫)諫曰:"臣嘗爲隸(臣)於施氏(魯大夫)矣,魯未可取也。上下猶和,衆庶猶睦,能事大國,而無天菑(同"災"),若之何取之? 陽虎欲勤(勞)齊師也,齊師罷,大臣必多死亡,已於是乎奮(施展)其詐謀。夫陽虎有寵於季氏,而將殺季孫,以不利魯國,而求容(博取喜悅)焉。親富不親仁,君焉用之？君富於季氏，而大於魯國，玆陽虎所欲傾覆也。魯免其疾(患)，而君又收之，無乃害乎？"齊侯執陽虎，將東之(囚之於齊東鄙)。陽虎願東，乃囚諸西鄙。盡借邑人之車，鍥其軸，麻約而歸之。載葱靈(裝載衣物於葱靈。葱靈，賈逵認爲指衣車，前後有遮蔽，兩旁開窗，可以觀望。葱，通"窗"。靈，通"櫺" líng，窗格子)，寢於其中而逃。追而得之，囚於齊。又以葱靈逃，奔宋，遂奔晉，適趙氏。仲尼曰："趙氏其世有亂乎！"

　　鮑文子之諫齊，詞直理舉，堂堂正正文字也。此篇當詳審其用字之法，正以窮形陽虎之狙詐(猶狡詐)。
　　虎之意本欲西，乃曰"願東"，正以速齊吏之西囚。齊固以爲西囚，足以抑虎之奸謀，不知乃適墜其計。鍥軸、鍥，刻也，刻其軸使易折。麻約，以麻縛刻處，使不斷，一馳則絕，以絕追者。用字簡省切當，而虎之狡黠過人處，皆屬賊智，一一陳諸紙上。第一次以葱靈輜車，車之有障蔽者。逃而見獲，則第二次決無更用葱靈之理，而仍逃脫。想孔子已一一聞之，聞其適趙，故慨歎曰"趙氏其世有亂乎"，不說陽虎，只說趙氏。文用此等筆作結穴，神韻天然，大不易及。

晉敗鄭師_{哀公二年(前493年)}

　　秋八月，齊人輸范氏粟，鄭子姚(即罕達，字子姚)、子般(即駟弘，字子般)送之。士吉射(即范昭子)逆之，趙鞅禦之，遇于戚(衛邑，在今河南濮陽市北)。陽虎曰："吾車少，以兵車之旆(大將旗幟)與罕、駟(罕達、駟弘)兵車先陳(同"陣"，列陣)。罕、駟自後隨而從之，彼見吾貌，必有懼心。於是乎會之，必大敗之。"從之。卜戰，龜焦(燒焦不成兆)。樂丁(晉大夫)曰：

"《詩》曰：'爰始爰謀(意謂先行謀劃。爰，語助詞，無義。始、謀同義，謀劃)，爰(乃)契(同"鍥"，以刀刻)我龜。'(《詩·大雅·緜》)謀協(謀劃妥當)，以故兆詢(兆，占卜。詢，確實)可也。"簡子(趙簡子，即趙鞅)誓曰："范氏、中行氏反易(違反。反、易同義)天明，斬艾(通"刈"，斬殺)百姓，欲擅晉國而滅其君。寡君恃鄭而保焉。今鄭爲不道，棄君助臣，二三子順天明，從君命，經(行)德義，除詬恥(詬恥指恥辱)，在此行也。克敵者，上大夫受縣，下大夫受郡，士田十萬(指十萬畝，一説指十萬步)，庶人、工、商遂(進用，做官)，人臣、隸、圉(三者皆奴隸)免(赦免)。志父(杜注："志父，趙簡子之一名也。")無罪(指事濟)，君實圖之。若其有罪，絞縊以戮，桐棺三寸(桐木棺材三寸厚，爲受刑人之葬制)，不設屬辟(屬辟指屬棺和椑棺。屬棺，大棺内的第二層棺。辟，通"椑"。椑棺，貼身棺材)，素車樸馬(杜注"以載柩")，無入于兆(兆域，祖墳)，下卿之罰也。"

甲戌，將戰，郵無恤御簡子，衛大子爲右。登鐵(鐵爲衛地，在今河南濮陽市北)上，望見鄭師衆，大子懼，自投于車下。子良(即郵無恤，字子良)授大子綏(挽以上車之繩索)而乘之，曰："婦人也。"簡子巡列，曰："畢萬(晉獻公之卿，魏之始祖)，匹夫也。七戰皆獲，有馬百乘，死於牖yǒu下(句意謂得善終。牖，窗户)。羣子勉之！死不在寇。"繁羽御趙羅(趙簡子族人)，宋勇爲右。羅無勇，麇(通"稛"kǔn，捆綁)之。吏詰之，御對曰："痁(shān，瘧疾)作而伏。"衛大子禱曰："曾孫蒯聵敢昭告皇祖文王、烈祖康叔、文祖襄公：鄭勝(鄭聲公，名勝)亂從(偏離和順之道。從，和順)，晉午(晉定公，名午)在難，不能治亂，使鞅討之。蒯聵不敢自佚(通"逸")，備持矛焉。敢告無絶筋，無折骨，無面傷，以集(成)大事，無作三祖羞。大命(死生之命)不敢請，佩玉不敢愛。"

鄭人擊簡子中肩，斃（跌倒）于車中，獲其蠭旗（旗幟名。蠭，同"蜂"）。大子救之以戈。鄭師北，獲溫大夫趙羅。大子復伐之，鄭師大敗，獲齊粟千車。趙孟（指趙鞅。竹添光鴻《左氏會箋》："世族稱謂有累世相襲者，趙盾、趙武、趙鞅、趙無恤皆稱趙孟。"）喜曰："可矣。"傅傁（sǒu。趙鞅之部屬）曰："雖克鄭，猶有知（知氏）在，憂未艾（止）也。"

初，周人與范氏田，公孫尨（máng。范氏家臣）稅焉。趙氏得而獻之。吏請殺之，趙孟曰："爲其主也，何罪？"止而與之田。及鐵之戰，以徒五百人宵攻鄭師，取蠭旗於子姚之幕下，獻曰："請報主德。"追鄭師，姚、般、公孫林（鄭大夫）殿而射，前列多死。趙孟曰："國無小。"（杜注："言雖小國，猶有善射者。"）既戰，簡子曰："吾伏弢（tāo，弓袋）嘔血，鼓音不衰，今日我上（指我功爲上）也。"大子曰："吾救主于車，退敵于下，我，右之上也。"郵良（即郵無恤）曰："我兩靷（yǐn，馬胸前之皮帶）將絕，吾能止之，我，御之上也。"駕而乘材（碾壓橫木），兩靷皆絕。

　　此篇描畫極工，是一篇可笑之文字。趙簡子所左右之人，一個亂臣之陽虎，一個賊子之蒯瞶。然陽虎老奸巨猾，所言尚洞兵機，而蒯瞶則見敵而畏死，倖勝而矜功。觀其昭告文王、康叔之言，"請無絕筋，無折骨，無面傷，而集大事"，此即東坡所謂"無災無難到公卿"（蘇軾七絕詩《洗兒戲作》）矣。及以戈救主，非勇也，特倉卒之中，與人迸命，蓋所謂倖勝者。及事定論功，靦tiǎn然（厚顏貌）自以爲上，則自投車下時，爲子良授綏，戲斥以婦人，此等奇辱，全不省記矣。然而可笑者，尚不止是。趙羅爲將，乃爲人所縶，縛也。坐於車上，謬爲痞作,直是載一土偶行軍。至鄭師大北之時,而趙羅尚爲所獲,想縛處稍鬆,翻於車下,爲人拾得,讀之令人捧腹。

　　至簡子誓師之言,亦純是一套欺天欺人之語。所謂天明者,以臣事君,天之明道也。范、中行固不有其君,然而趙氏非分晉滅君之一家耶? 何用血口祝詛,甘心絞縊以戮? 蓋奸雄之欺人,純用乖巧之語。所謂絞縊以戮者,人刑也。趙氏能以兵勝其同僚,國家安能加以刑戮? 彼不敢曰"志父無罪,上帝鑒臨,俾墜其師,覆其家族"者,蓋篡賊心虛,不敢誓天自表。故誓言雖厲,均屬假話。且未戰而喪膽,既戰而爭能,又是一羣盜賊,打夥行劫,劫後分贓不勻,彼此爭競。經左氏寫來,仍是皇皇裔 xù 裔(惶恐不安貌。皇,通"惶"。裔,驚懼貌)。讀者細觀其情態,良(確實)不值一錢耳。

黄池①爭長 哀公十三年(前482年)

　　秋七月辛丑,盟,吴、晉爭先(爭歃血之先後)。吴人曰:"於周室,我爲長。"晉人曰:"於姬姓,我爲伯。"趙鞅呼司馬寅(晉大夫)曰:"日旰(gàn,晚)矣,大事未成,二臣之罪也。建鼓整列,二臣死之,長幼必可知也。"對曰:"請姑視之。"反,曰:"肉食者無墨(指臉無晦暗之色)。今吴王有墨,國勝(國爲敵所勝)乎? 大子死乎? 且夷德輕,不忍久,請少待之。"乃先晉人。

　　吴人將以公(指魯哀公)見晉侯(指晉定公),子服景伯(即子服何,魯大夫)對使者曰:"王合諸侯,則伯(諸侯之長)帥侯牧(侯牧指一方諸侯之長)以見於王;伯合諸侯,則侯帥子、男以見於

---

① 黄池,地名,在今河南封丘縣西南。

伯。自王以下，朝聘玉帛不同。故敝邑之職貢於吳，有豐於晉，無不及焉，以爲伯也。今諸侯會，而君將以寡君見晉君，則晉成爲伯矣，敝邑將改職貢：魯賦於吳八百乘，若爲子、男，則將半邾（哀公七年《傳》云"邾賦六百乘"，故半邾之賦爲三百乘）以屬於吳，而如邾（指六百乘）以事晉。且執事（指吳王夫差）以伯召諸侯，而以侯終之，何利之有焉？"吳人乃止。既而悔之，將囚景伯。景伯曰："何（子服景伯之名）也立後於魯矣，將以二乘與六人從，遲速唯命。"遂囚以還。及户牖（宋邑，在今河南蘭考縣東北），謂大宰（指吳太宰嚭）曰："魯將以十月上辛（第一個辛日）有事（祭祀）於上帝、先王，季辛（最後一個辛日）而畢。何世有職焉，自襄以來，未之改也。若不會，祝宗（掌祈禱祭祀之官）將曰：'吳實然（是吳國致使如此）。'且謂魯不共（通"恭"），而執其賤者七人，何損焉？"大宰嚭 pǐ 言于王曰："無損于魯，而祇爲名（杜注"適爲惡名"），不如歸之。"乃歸景伯。

吳申叔儀（吳大夫）乞糧於公孫有山（又稱公孫有陘，魯大夫）氏，曰："佩玉縈（ruǐ，下垂貌）兮，余無所繫之；旨酒一盛（猶一杯）兮，余與褐之父（貧賤之老翁。褐，賤者之服）睨（nì，斜視）之。"對曰："粱（指細糧）則無矣，麤（同"粗"，粗糧）則有之。若登首山（山名，今地不詳）以呼曰'庚癸（據《越絶書·計倪内經》，庚癸乃吳越行話，爲食之最粗者）乎'，則諾。"

王欲伐宋，殺其丈夫而囚其婦人。大宰嚭曰："可勝也，而弗能居也。"乃歸。

冬，吳及越平。

此一篇文字大類故家愚驁（同"呆"）之敗子弟，一力（盡力)妝點門面,其實外強中乾,爲人愚弄到底。尚有攜帶之奴僕,向人乞食,當場出醜,左氏寫得不遺餘力矣。

以公見晉侯者,蓋欲以子爵挈提(挈提即提攜)公爵,自張其大國之體統。子服景伯趁勢疾入,首言王,隱隱遂其僭號。次言伯,明明戴以虛銜,抑晉尊吳極矣。立即撤去王儀,但舉伯禮,稱晉爲伯,尚不足動彼之心。說到職貢所關,則此等門面,吳人萬萬不削,輕描淡寫,使他不得不從。及轉念悟時,已來不及,只好翻臉將景伯囚拘。景伯曰"何也立後於魯",何,景伯名也。既立後,則不畏斬宗,此身一無足惜。既及戶牖,忽思及吳人畏鬼,但言上辛有事,己則有職于壇坫(diàn。壇臺),若不供職,將動上帝之疑,吳人實執其咎,似上天降罰,立刻至于吳會(吳郡和會稽郡,泛指吳越地區)。然又不即說明,又把己身及六人,儕於賤列,以爲無損於魯,神閒氣定。怵(chù,恐懼)之以有害,又告之以無利,太宰庸妄,豈有不聽?言之昏君,又豈有不從?然而景伯逍遙事外矣,歷歷憨狀,爲人顛倒,渾不之知。

及收束處,又補記其丟臉之事。堂堂一吳大夫,佩玉無繫,已太甚矣。至思酒與禍①夫同腕而流涎,真僇 lù 辱(僇、辱同義,侮辱)到不堪田地。不寧惟是,至于謀殺宋男,俘囚宋女,直一流寇行爲。左氏鉥(shù,刺)心鏤骨之文思,真寫生到十分滿足矣。

齊陳逆之亂_{哀公十四年(前481年)}

齊簡公之在魯也,闞止(字子我,齊大夫)有寵焉。及即位,使爲政。陳成子(即陳恆,齊正卿)憚之,驟顧(頻頻回顧)諸

---

① 據文意,"禍"疑爲"褐"之訛。

朝。諸御鞅（僕御之官，名鞅）言於公曰："陳、闞不可並也，君其擇焉。"弗聽。

子我夕（子我傍晚朝見簡公），陳逆（字子行，陳成子族人）殺人，逢之，遂執以入。陳氏方睦，使疾（裝病）而遺之潘（淘米水）沐，備酒肉焉，饗守囚者，醉而殺之，而逃。子我盟諸陳於陳宗（陳氏宗主之家）。

初，陳豹（陳成子族人）欲爲子我臣，使公孫（齊大夫）言己（推薦自己），已（已而，不久）有喪而止。既（喪畢）而言之曰："有陳豹者，長而上僂（身材高大而肩背佝僂），望視（仰視，得志之貌），事君子必得志，欲爲子臣。吾憚其爲人（指爲人狡詐）也，故緩以告。"子我曰："何害？是其在我也。"使爲臣。他日，與之言政，説（悦），遂有寵。謂之曰："我盡逐陳氏而立女，若何？"對曰："我遠（指血緣遠）於陳氏矣。且其違者不過數人，何盡逐焉？"遂告陳氏。子行曰："彼得君，弗先，必禍子（指陳成子）。"子行舍（隱藏）於公宮。

夏五月壬申，成子兄弟四乘如公。子我在幄（wò，帷帳），出逆之。遂入，閉門。侍人（簡公之侍人）禦之，子行殺侍人。公與婦人飲酒於檀臺（路寢之臺，在公宮之內），成子遷諸寢（寢宮）。公執戈，將擊之。大史子餘曰："非不利也，將除害也。"成子出舍於庫，聞公猶怒，將出（出奔），曰："何所無君？"子行抽劍，曰："需（遲疑），事之賊也。誰非陳宗（意謂陳氏族内，誰不可代子做宗主）？所不殺子者，有如陳宗（意謂有歷代陳氏宗主作證）！"乃止。

子我歸，屬（zhǔ，聚）徒攻闈（宮墻小門）與大門，皆不勝，乃出。陳氏追之，失道於弇yǎn中（弇中爲山谷名，在今山東淄博市臨淄區至萊蕪市之間），適豐丘（陳氏食邑，今地不詳）。豐丘人執之以告，殺諸郭關(齊都郭門)。成子將殺大陸子方(子我家臣。食邑於陸鄉，故號大陸氏)，陳逆請而免之。以公命取車於道，及䣝(ér，齊魯交界之地)，衆知而東之(杜注："知其矯命，奪車逐使東。")。出雍門(齊都西門)，陳豹與之車，弗受，曰："逆為余請，豹與余車，余有私焉。事子我而有私於其讎，何以見魯、衛之士？"東郭賈(東郭賈即大陸子方)奔衛。

庚辰，陳恆執公於舒州(齊地，在今河北大城縣)。公曰："吾早從鞅之言，不及此。"

凡作文字，猶相體而裁衣；欲狀何人，即當肖其人之口吻。此篇叙姜、田易姓之大關係，首發難者，為一陳逆，因而刧君殺相，成篡弑之局。叙事之有層次，雖瑣必備，此易知也。然諸禦鞅之明，公孫之直，陳豹之狡，陳逆之橫，東郭賈之正，一一匪不曲肖(曲肖猶畢肖)，當體驗其用筆選言之有輕重。

鞅之言曰"陳、闞不可並也"，知子我忠君而寡謀，陳氏畜憾(懷藏怨恨)而多詐，"不可並"三字，已斷定亂源，此其明也。公孫之進陳豹，固知其不足恃，顧刧(刧指脅迫)於陳氏，不得不言；則斷之曰"吾憚其為人也"，似已逆料(猶預料)陳豹之為間諜，正言以告，此其直也。陳豹一矢口，便曰"我遠於陳氏矣"，言疏遠終屬陳宗，其下即言"違者不過數人"，不宜盡逐，左袒陳宗之心已見。然驟聞之，似甚和平，能使子我不疑，此其狡也。至陳逆抽劍，曰"需，事之賊也"，仍是當路殺人之故態，一發吻，便露兇悍。左氏蓋極寫其橫矣。大陸子方從容數語，不偏不倚，悠然而逝，和平中卻帶忼(同"慷")爽，千載下猶見其不從逆之節概。

左氏每叙一人，必宛肖此一人之口吻。能深心體會，自能悟出其妙。

白公勝之亂 哀公十六年（前479年）

楚大子建之遇讒也，自城父（楚地，在今安徽亳州市南）奔宋。又辟（避）華氏之亂于鄭，鄭人甚善之。又適晉，與晉人謀襲鄭，乃求復（返鄭）焉。鄭人復之如初。晉人使諜於子木（即太子建，字子木），請行而期（杜注"請行襲鄭之期"）焉。子木暴虐于其私邑，邑人訴之。鄭人省之，得晉諜焉，遂殺子木。其子曰勝，在吳，子西（即公子申，字子西，楚令尹）欲召之。葉公（即沈諸梁，字子高，楚葉地之長）曰："吾聞勝也詐而亂，無乃害乎？"子西曰："吾聞勝也信而勇，不爲不利。舍諸邊竟，使衛藩焉。"葉公曰："周（親）仁之謂信，率（循）義之謂勇。吾聞勝也好復言（履行諾言），而求死士，殆有私乎！復言，非信也；期（必）死，非勇也。子必悔之。"弗從。召之，使處吳竟，爲白公（楚白邑之長）。請伐鄭，子西曰："楚未節也（杜注："言楚國新復，政令猶未得節制。"）。不然，吾不忘也。"他日，又請，許之。未起師，晉人伐鄭，楚救之，與之盟。勝怒，曰："鄭人在此，讎不遠矣。"（杜注："比子西於鄭人。"）

勝自厲（同"礪"，磨）劍，子期（即公子結，字子期，楚司馬）之子平見之，曰："王孫何自厲也？"曰："勝以直聞，不告女，庸爲直乎？將以殺爾父。"平以告子西。子西曰："勝如卵，余翼而長之。楚國第（杜注"用士之次第"），我死，令尹、司馬，非勝而誰？"勝聞之，曰："令尹之狂也！得死（指善終），乃非我。"子西不悛。勝謂石乞（勝之黨羽）曰："王與二卿士（指子西、子期），皆（共）五百人當（對付）之，則可矣。"乞曰："不可得也。"曰："市南有熊宜僚者，若得之，可以當五百人矣。"乃從白公而見之。與之言，説。告之故，辭。承之以劍（指用劍指其喉），不動。勝曰："不爲利諂，不爲威惕（懼），不洩人言以求媚者，去之。"

吳人伐慎（吳地，在今安徽潁上縣北），白公敗之。請以戰備（作戰器具）獻，許之。遂作亂。秋七月，殺子西、子期于朝，而劫惠王。子西以袂掩面而死。子期曰："昔者吾以力事君，不可以弗終。"抉（拔取）豫章（豫章即樟木）以殺人而後死。石乞曰："焚庫弑王，不然不濟。"白公曰："不可。弑王，不祥；焚庫，無聚（儲備）。將何以守矣？"乞曰："有楚國而治其民，以敬事神，可以得祥，且有聚矣，何患？"弗從。葉公在蔡，方城（楚之北山，在今河南葉縣南）之外皆曰："可以入（指入郢平亂）矣。"子高曰："吾聞之，以險徼幸者，其求無饜，偏重必離（意謂偏於求利，其衆必離散）。"聞其（指白公）殺齊管修（楚賢大夫，齊管仲之後）也，而後入。

白公欲以子閭（楚平王之子，名啓）爲王，子閭不可，遂劫以兵。子閭曰："王孫若安靖楚國，匡正王室，而後庇焉，啓之願也，敢不聽從？若將專利，以傾王室，不顧楚國，有死不能（寧死不從）。"遂殺之，而以王（楚惠王）如高府（楚之別府），石乞尹門（尹門，擔任門尹）。圉公陽（杜注："公陽，楚大夫。"《史記》此處作"屈固"，爲石乞從者。疑"圉公陽"即下文之"箴尹固"）穴宮（在宫墙上挖洞），負王以如昭夫人之宫。

葉公亦至，及北門，或遇之，曰："君胡不冑（冑本指頭盔，此指戴上頭盔）？國人望君如望慈父母焉。盜賊之矢若傷君，是絶民望也，若之何不冑？"乃冑而進。又遇一人曰："君胡冑？國人望君如望歲（盼望豐收）焉，日日以幾（通"冀"，希望)。若見君面,是得艾(安寧)也。民知不死,其亦夫有奮心(奮發之心),猶將旌君(旌表君之姓名)以徇(巡行)于國,而又掩面以絕民望,不亦甚乎?"乃免冑而進。遇箴尹固(箴尹爲掌諫議之官,名固)帥其屬,將與(助)白公。子高曰:"微二子(指子西、子期)者,楚不國矣。棄德從賊,其(豈)可保乎?"乃從葉公。使與國人以攻白公,白公奔山而縊,其徒微(藏匿)之。生拘石乞而問白公之死(通"尸")焉。對曰:"余知其死所,而長者(指白公)使余勿言。"曰:"不言將烹。"乞曰:"此事也,克則爲卿,不克則烹,固其所也,何害?"乃烹石乞。王孫燕(白公之弟)奔頯 kuí 黃氏(頯黃氏爲吳地,在今安徽宣城市)。

沈諸梁兼二事,國寧,乃使寧(即公孫寧,子西之子)爲令尹,使寬(即公孫寬,子期之子)爲司馬,而老于葉(楚地,在今河南葉縣南)。

  凡讀古人極喧鬧之文字,萬萬不可爲之震眩失次,先著眼定其主客。此篇之主,似屬白公,實非白公,蓋葉公也。
  白公之入楚由子西,而葉公已一眼看到。曰"復言,非信;期死,非勇",此二語將白公生平斷定如鐵案。以下聽其喧鬧到不堪田地,似是主位,而不知盡客位也。亂到極處時,但閒閒點出"葉公在蔡"四字,已全神在握。又復舍去,寫石乞之劫王,復閒閒點出"葉公亦至"四字。以下寫"冑而進""免冑而進",則人心歸向葉公,萬萬無不勝之理。至言"使國人以攻白公",則上二項即爲得人平亂之波瀾,此易辨也。
  中間插入箴尹固一段,即《南史·元凶劭傳》中所謂"虎頭(宋文帝次子劉濬小字)來毋晚乎"(此爲劉濬在叛亂失敗後,乞降時所問之語),爲百忙中之閒筆。《南史》之有此筆,或即摹仿《左氏》,未可知也。

白公既縊,石乞既烹,葉公遂兼二事。兼二事者,應上無令尹、無司馬,將子西、子期作一照應之筆。"國寧"二字,王復位已在其中。既有寧、寬二人,遂歸老于葉。寧,子西子也;寬,子期子也。仍以子西、子期爲結束,章法逎緊極矣。
　　尤妙在百忙中,插入一熊宜僚之勇而知義、子閭之忠不惜死,爲白公、石乞之反照;實則隨手結束,于正文並不牽涉,由其才力有餘,故部署井井。即寫到子西、子期,一則掩袂而死,悔過也,一則抉豫章殺人而死,示勇也,亦不苟將二人閒閒抹殺,是其精神完到處。至于白公厲劍等事,均脱不出白公期死復言之一語。
　　通篇無懈可擊,生氣勃勃動人。

讀左隨筆

陳朝爵　著

讀左隨筆序

余以癸亥(1923年)來秋浦(安徽秋浦縣,治所在今安徽東至縣北),館周氏宏毅學舍(近代著名實業家周學熙所創辦之學堂),日以《春秋左氏傳》課諸生。慮其未識經學塗徑,或知所謂經學矣,而塼(同"專")守一先生言,暖姝(xuān shū,自得貌。典出《莊子·徐无鬼》:"有暖姝者⋯⋯。所謂暖姝者,學一先生之言,則暖暖姝姝而私自説也,自以爲足矣。")溝瞀(kòu mào,愚昧無知。典出《荀子·儒效》:"其愚陋溝瞀而冀人之以己爲知也,是衆人也。"),封(通"豐",豐厚)己而嫉人,或篤古拘墟(拘守一隅,見聞狹隘。典出《莊子·秋水》:"井䵷不可語於海者,拘於虛也。"陸德明《釋文》:"本亦作'墟'"),徒知記誦數典,而大義芒然(即茫然),則司空城旦書(典出《史記·儒林列傳》:"竇太后好《老子》書,召轅固生問《老子》書。固曰:'此是家人言耳。'太后怒曰:'安得司空城旦書乎?'乃使固入圈刺豕。"日本瀧川資言《史記會注考證》:"'司空城旦書',罵儒書也。當時以經義斷獄,故云。言政刑之書,無所取也。"《漢書·惠帝紀》注引應劭曰:"城旦者,旦起行治城,四歲刑也。")之不若,是皆非通儒治經法也。爰以講授之際,隨口指授,稍稍積累,因命諸生録出,條分比次,印成以畀(bì,賜予)之。冀其鑑古知今,庶幾於吾夫子深切著明之書(指孔子所作《春秋》。公羊學認爲《春秋》託二百餘年行事以明褒貶之義。參《春秋繁露·俞序》:"仲尼之作《春秋》也……。孔子曰:'吾因其行事而加乎王心焉',以爲見之空言,不如行事博深切明。"《史記·太史公自序》:"子曰:'我欲載之空言,不如見之於行事之深切著明也。'"),讀以呂成公(即呂祖謙,謚成。著有《春秋集解》《左氏博議》《左氏傳説》《左氏傳續説》等)須切近看之法。世之人或不敢疑經學爲無用,而古字訓故爲文章鈐鍵,皆弗可略,亦復引申先儒義例,要以通經而止。時所講爲姚叔節(即姚永概,字叔節。安徽桐城古文名家,著有《慎宜軒詩文集》,編有《左傳選讀》《孟子講義》《歷朝經世文鈔》《初學古文讀本》等)氏選讀本,故非全書,而其於文章義法,批郤導窾(kuǎn。劈開筋骨的間隙,導向骨節的空處。此比喻抓住關鍵,順勢而爲。郤,通"隙"。窾,空也。典出《莊子·養生主》:"批大郤,導大窾,因其固然。"),殆無遺蘊(意謂没有遺漏未被闡發之深奥涵義)云。時民國十四年乙丑歲(1925年)閏四月,長沙陳朝爵自識於秋浦館中。

　　泱泱神州,民性實仁。一治一亂,孰紀(治理)孰棼(通"紊",擾亂)。生民者天,恩民者聖。恩之維何?曰一以定。其一維何?毂gǔ力(會聚衆力)用德。以德服人,東西南北。在昔孟氏,深於《春秋》。知聖心之所懼,甘罪我而不尤。(語本《孟子·滕文公下》:"孔子懼,作《春秋》。《春秋》,天子之事也。是故孔子曰:'知我者其惟《春秋》乎!罪我者其惟《春秋》乎!'")小子硜硜(kēng kēng,鄙陋而頑固貌,自謙詞),蛾術(螞蟻時常銜泥造土堆,比喻勤學不息,精進不止。典出《禮記·學記》:"蛾子時術之。"蛾,同"蟻"。術,方苞《禮記析疑》認爲即"銜"字之誤)自精。急何能擇,呼天大鳴。天乎愛民,庶終反(同"返")於太平。朝爵再題。

讀左隨筆卷上

《左氏》爲《春秋》古文學。

讀《左氏》，不可不知漢人經師今文古文之分。漢時《春秋》今文學，惟《公羊》最盛，立學官，置博士。《穀梁》至宣帝時乃立。《左氏》爲古文學，博士排之甚力，與《古文尚書》《毛詩》《周官》《逸禮》此《逸禮》三十九篇，爲今《儀禮》外之逸篇。皆遏抑不行。至劉歆好之，與諸儒辨論，詳具《移書讓大(同"太")常博士》文。班固稱其言甚切，諸儒皆怨恨。至平帝時，王莽秉政，立《左氏春秋》《毛詩》《逸禮》《周官經》《古文尚書》。光武興，皆罷之。皆今文家所爲也。然許叔重(即許慎，字叔重)在東漢初，爲《説文解字》。自叙云："其稱《書》，孔氏；《詩》，毛氏；《禮》，《周官》；《春秋》，左氏。"皆古文，因其師賈逵(東漢經學家。著有《春秋左氏傳解詁》《春秋左氏長經章句》《春秋三家經本訓詁》等，已佚)之授也。班氏爲《漢書·藝文志》，亦崇《左氏》，自是諸儒好《左氏》者日衆，二傳漸微。服虔(東漢經學家。著有《春秋左氏傳解誼》《春秋成長説》《春秋左氏膏肓釋痾》等，已佚)乃爲專門名家。迄晉代杜預尤好之，爲之注，杜注出而服注微。蓋《左氏》

與《毛詩》《周官》諸經，皆經兩漢數百年之遏抑，終大顯於世，可見人心之公，愈遏則愈起。今文家以私意排除異己，當時勢橫一世，自後視之，一何隘也。又爲今文學者，詆《左氏》，必曰劉歆、王莽，不知歆、莽之人自惡，所傳之學則聖經。以人廢言，聖人弗爲。今《論語》用何氏集解，何晏（三國魏玄學家，著有《論語集解》等）之爲人豈足道？即《易》用王弼（三國魏玄學家，著有《周易注》《周易略例》《老子注》《老子指略》等），弼與晏皆范甯（東晉經學家，著有《春秋穀梁傳集解》）所論爲罪浮（浮指超過）桀、紂者，又何説耶？

《左氏》與《公羊》《穀梁》。

讀《左氏》者，又不可不兼治二傳。二傳皆出口説，《班志》（指班固《漢書·藝文志》）所謂"末世口説流行"者也。然二傳發明義理，實多精言。治《左氏》者，必資兼采。且三傳亦各有短長，《困學紀聞》（南宋王應麟撰。該書收採王氏讀書雜記及考證之文，凡二十卷）之説，最撷其要。其略曰：

　　三傳皆有得於經，而有失焉。"《左氏》善於禮，《公羊》善於讖，《穀梁》善於經"，此鄭康成（即鄭玄，字康成，東漢經學家。遍注群經，著有《六藝論》《駁五經異義》《發墨守》《箴膏肓》《起廢疾》等，已佚）之言也。"《左氏》艷而富，其失也巫（通"誣"）；《穀梁》清而婉，其失也短；《公羊》辨而裁（能裁斷），其失也俗"，范武子（即范甯，字武子）之言也。"《左氏》之義有三長，二傳之義有五短"，劉知幾（唐代史學家，著有《史通》等）之言也。"事莫備於《左氏》，例莫明於《公羊》，義莫精於《穀梁》。或失之巫，或失之亂,或失之鑿",胡文定(即胡安國,諡文定。宋代經學家,著有《春秋傳》等)之言也。"《左氏》史學,事詳而理差;《公》《穀》經學,理備而事誤",朱文公(即朱熹,諡文)之言也。學者取其長,舍其短,庶乎得聖人之心矣。

三傳得失。

三傳各有得失,非竟其業不敢言。然其門庭,亦宜先曉《困學紀聞》所舉,既精矣。大概杜氏《左傳》注自序、范甯《穀梁傳集解》自序,二文必當詳讀。杜於《左氏》,言之親切有味。范於三傳得失,指示尤明。文中子(即王通,死後追諡文中子。隋代經學家、教育家,著有《中說》)云:"杜預屈經以申傳,何休(東漢經學家。代表作爲《春秋公羊傳解詁》。另著有《公羊墨守》《左氏膏肓》《穀梁廢疾》等,已佚)引緯以汨(gǔ,擾亂)經,唯甯之學最善。"(《困學紀聞·穀梁》引)顧亭林(即顧炎武,號亭林。明清之際思想家,著有《左傳杜解補正》《日知錄》《天下郡國利病書》《肇域志》《音學五書》《亭林詩文集》等)《日知錄》亦引黃震(南宋理學家,著有《黃氏日抄》《古今紀要》等)言:"杜預註《左氏》,獨主《左氏》;何休註《公羊》,獨主《公羊》;惟范甯不私於《穀梁》,而公言三家之失。"是皆治《春秋》之善法,即讀《左氏》之良師也。

啖dàn、趙、陸諸家之說。

《春秋》在唐時名家者,啖助、趙匡、陸淳爲大。陸即傳啖、趙之學者也。所輯有《春秋啖趙集傳纂例》《春秋微旨》《春秋集傳辯疑》,皆在《古經解彙函》(清鍾謙鈞所輯叢書)中。多古經師大義,於三傳貫穿至深。陸氏與柳宗元善,宗元爲作《陸文通先生(即陸淳,門人私諡曰文通先生)墓表》,極道《春秋》之學。又有書與論微旨,其文在柳集及陸書中。讀之可知昔賢治經之略,尤可知古文名家者之湛深經術。本源宏遠,斷無空腹爲文家者也。

《欽定春秋傳説彙纂》。

由唐迄明,各家之説益蕃,欲攬其精粹,莫如用清聖祖《欽定春秋傳説彙纂》。是書於三傳折衷頗允,附以《胡傳》(胡安國《春秋傳》),亦足考見得失,而以朱子明道正誼、據實書事之旨爲歸,固千秋至允至公之論,不必以時代變遷、世人好尚不同,而疑爲帝王時代之説。要之,聖人之書,著萬世之公理,即萬世之公言,世變詭異,不過數十百年間事,爲時甚短,正如風雲晦明,頃刻異狀,聖經則日月在天也。太史公言爲人君、爲人臣、爲人父、爲人子者,皆不可不知《春秋》。清聖祖以帝王之尊,能殫心經術,折衷羣言,正可爲吾輩學人取法,矧(shěn,況且)其會萃宏多,指歸明白,尤爲切用乎。

顧棟高(清初經學家)《春秋大事表》。

是書在《續皇清經解》(又稱《皇清經解續編》,清王先謙所輯叢書)中,於《春秋》諸家之説,可謂集大成、無遺憾者。無義不備,無論不碻(同"確"),其考核精當,識力堅卓,自不待言。尤難者,於漢唐以下,至元明清諸儒之説,博觀約取,毫無偏畸之見,一破墨守門户之積病。學者服膺此書,《春秋》一經,無待他求矣。

《左傳》注疏。

唐初孔氏(指孔穎達)作疏,用杜氏注,近人言經學者多不满杜注，以服注古於杜氏也。其實服注自隋代已不行，見《隋書·經籍志》。今孔疏中，亦多存服說，尚可資參考。又劉炫（隋代經學家。著有《春秋左氏傳述義》《春秋攻昧》《春秋規過》等，已佚）規杜，亦多在疏中，閱疏文者，皆當注意。

《春秋左氏傳賈服注輯述》。

欲知杜注得失，自宜參稽賈、服（賈逵、服虔）舊說。爲此學者，有顧炎武、惠棟（清初漢學家，著有《春秋左傳補注》《周易述》《易漢學》《古文尚書考》《九經古義》《松崖文鈔》等）各家，其書在《皇清經解》（清阮元所輯叢書）中。而其最備者，則爲李貽德（清中期學者，精於經、史、小學）之《賈服注輯述》二十卷（載《皇清經解續編》）。讀杜注及孔疏時，宜備此本，以便參究。

杜注長短。

杜注專長在地理與歷法，前人備言之。今所行注本外，別有《春秋釋例》十五卷、《長歷》一卷，條理最備。其注中說地理最精慎，如豫章（《左傳》昭公十三年："吳人敗諸豫章。"杜注："當在江北淮水南，蓋後徙在江南豫章。"《左傳》定公四年："自豫章與楚夾漢。"杜注："豫章，漢東江北地名。"）、大別（《左傳》定公四年："乃濟漢而陳，自小別至于大別。"杜注："《禹貢》：漢水至大別南入江。然則此二別在江夏界。"）之類，皆其著者。而余謂尤長於兵家、法家之義。注中言兵法處多精微。言法律處，如邲（bì，鄭地，在今河南滎陽市東北）之戰"有律以其如（從）己也"，注尤爲古今至言。而於古字假借聲音亦多指示。《左氏》多古字古言，《班志》固已揭出，（當出班固《漢書·劉歆傳》）杜氏去兩漢不遠，其音訓自可信。如文十七年"鹿死不擇音"注（杜注：

"音,所茇蔭之處。古字聲同,皆相假借。"),其發凡也,依其説求之,古字古言,可得大半。

姚培謙(清初學者)**《左傳補注》**。

通行《左傳》讀本多用杜、林(杜預、林堯叟注),江寧、長沙局本爲姚培謙補注。姚氏本最便讀,於三傳頗撮要義,而地理尤詳明,皆釋以今名,視杜注爲便矣。又有道光三年(1823年)《欽定左傳讀本》,地理亦精詳,採摭(zhí,拾取)古説亦多,皆勝於杜、林本。

强汝諿《春秋測義》。

强氏,溧陽人,書成於光緒九年(1883年)。其大旨本朱子據事直書之説,推合於《孟子》"其文則史"、班史(班固《漢書》)"筆則筆,削則削"之意,以爲《春秋》皆魯史之文,孔子之義在筆削。然筆削其事,非筆削其文,事之善惡筆之,而其義自見。自序言:"以千餘年相承褒貶之説,一旦欲盡去之。"蓋其時漢學熾盛,説《春秋》者,方崇《公》《穀》,鯀碎(碎尸)怪迂,競炫專門,而强氏奮然一舉而盡掃之。其説皆平易通達,固斯經之坦途也。

"書曰:'**鄭伯**(指鄭莊公)**克段于鄢**(鄭地,在今河南鄢陵縣)。'"隱元(前722年)。

《公羊》:"克之者何?殺之也。殺之則曷爲謂之克?大(擴大,突出)鄭伯之惡也。"《穀梁》:"克者何?能也。何能也?能殺也。段,弟也,而弗謂弟;公子也,而弗謂公子:貶之也。段失子弟之道矣,賤段而甚鄭伯也。何甚乎鄭伯？甚鄭伯之處心積慮，成於殺也。于鄢，遠也，猶曰取之其母之懷中而殺之云爾，甚之也。"此經三傳所説略同，而《公》《穀》語意尤精嚴。其事則《左》爲備，即此可爲三傳相備之例。

"君氏卒"。隱三（前720年）。

君氏，《公》《穀》皆作"尹氏"，尹氏者，天子之大夫也。《公羊》以爲譏世卿，此乃《春秋》大義。讀《論語》"禄之去公室"章，與《左傳》仲由（字子路，孔子弟子，時爲季氏宰）墮（同"隳"huī，毁）三都（指季孫之費、孟孫之成、叔孫之郈，合稱三都）事，聖人之痛惡世卿明矣。公羊家新周王魯、孔子當素王（公羊家認爲："新周者，新黜周，等王者後也"；王魯指"《春秋》托王於魯，因假以見王法"；素王指孔子有德無位，以《春秋》有改制之功而當一代王法）之説，非必無此義，不過爲之説者，失之執泥穿鑿，斯爲妖妄。如以尹氏卒爲譏世卿之類，則大義之炳然者。左氏以爲君氏稱隱公之母，顧氏《大事表》斷爲不成稱謂，全無義理，可以永斷葛籐（同"藤"）。

眕 zhěn，**重也**。（《左傳》原文云："夫寵而不驕，驕而能降，降而不憾，憾而能眕者，鮮矣。"）隱三（前720年）。

《説文》："眕，目有恨而止也。"又重也。案，重者，鎮重之意，言恨憤暴發而能强自鎮定，眕、鎮、止、重皆音近。

"衛人殺州吁（衛莊公庶子）**于濮**（陳地，在今安徽亳州市東南）**"**。隱四（前719年）。

石碏（què。衛大夫）誅州吁，書曰"衛人殺州吁于濮"。

《公羊》曰:"其稱人何? 討賊之辭也。"《穀梁》曰:"稱人以殺,殺有罪也。"案,《春秋》中討賊之事不多見,此事最爲正大,與蔡人殺陳佗、齊人殺無知、楚人殺陳夏微舒,書法同。

"**衛人立晉**(指公子晉,即後來的衛宣公)。"隱四(前719年)。

《左氏》曰:"書曰'衛人立晉',衆也。"杜注:"善其得衆,故不書'入'。"正義:"凡去國,國逆而立之曰入,此宜與齊小白(即齊桓公)同文。"(見《春秋》莊公九年:"齊小白入於齊。")不書"入"者,仲尼善其得衆,故變文示義。此條《左氏》既精,而杜、孔説尤明白。《公》《穀》皆云"立者,不宜立也",《胡傳》又責以"不禀命於天子",義反迂昧。去州吁之禍,衛幾不國,惟一石蜡維繫人心,此時國人屬 zhǔ 望(期望)於晉,以晉亦莊公子也。從民望,定國本,正合《孟子》得民爲君之義。此固石蜡權而合道之事,庶幾伊、霍(伊尹、霍光)之盛烈,豈沾沾焉上告天子、下告方伯之迂見所可語哉? 溧陽强氏《春秋測義》曰:"孔子特筆之,著其能討賊立君也。國不可一日無君。"其説允矣。又或謂晉後淫亂,不當予,尤不合,淫事在後,於此何與耶?

"**三月,公會齊侯、陳侯、鄭伯于稷**(宋地,在今河南商丘市),**以成宋亂**。"桓二(前710年)。

朱子曰:"《春秋》大義數十,如'成宋亂'之類,乃聖人直著誅貶,自是分明。"(《朱子語類·春秋》引程頤《程氏經説》)

"**蔡人、衛人、陳人從王伐鄭**。"桓五(前707年)。

《胡傳》曰:"《春秋》王必稱'天'者,章天命,用天討也。王怒鄭不朝,而以諸侯伐焉,非天討也,故不稱'天'。魯桓弒君而自立,宋督弒君而得政,天下大惡,而莫之討。鄭伯不朝,貶其爵可也,何爲憤怒自將而攻之?移此師以加宋、魯,誰曰非天討乎?《春秋》天子之事,述天理而時措之也,既譏天王以端本矣,三國從王,又君臣之義正也。戰於繻xū葛(繻葛即長葛,鄭邑,在今河南長葛市東北)而不書'戰',王卒大敗而不書'敗'者,又以存天下之防也。若此皆裁自聖心,非國史所能與也。"《欽定》本(按,後文注不載《欽定左傳讀本》,疑"《欽定》本"指《欽定春秋傳說彙纂》)注云:王不稱天,自此始。

桓公之禍。桓十八(前694年)。

《春秋》書"公與夫人姜氏遂如齊"。《春秋》有書"公及夫人"(僖公十一年)者,此獨書"與",《穀梁》云"以夫人之伉(驕縱)也"。蓋婦當從夫,曰"及"者,上下之詞,"與"者,不相制也。凡婦之淫者必兇,至於弒夫不惜,而爲夫者,亦必無夫道,以自致其禍,此古今炯戒(明顯的鑒戒)也。程子(指程頤)曰:"人雖不能無欲,而當有以制之。無以制之,而惟欲之從,則人道廢而入於禽獸矣。"(宋真得秀《心經》引程頤語)

"紀侯大去其國"。莊四(前690年)。

《左氏》云:"紀侯不能下齊(下齊指臣服於齊),以與(將紀國交與)紀季(紀侯之弟)。夏,紀侯大去其國,違(避)齊難也。"《穀梁》:"'大去'者,不遺一人之辭。言民之從者,四年而後畢也。紀侯賢而齊侯滅之,而曰'大去其國'者,不使小人加乎君子。"案,齊襄,鳥獸之人,滅紀,猶豺虎之暴。《左氏》《穀梁》,皆賢紀侯,賤齊襄。《穀梁》曰"不使小人加乎君子",其義尤精。獨《公羊》乃有復九世仇之説,以爲聖人深予齊襄。無論敵惠敵怨,不在後嗣。九世之仇,爲時已遠。即令果有九世之仇,是必賢子孫之孝於祖考者,而後能復。南山雄狐(典出《詩·齊風·南山》:"南山崔崔,雄狐綏綏。"鄭玄箋:"雄狐行求匹耦於南山之上,形貌綏綏然。喻襄公居人君之尊,而爲淫泆之行,其威儀可恥惡如狐。"),彼獨何人身,蔑倫無祖,顧乃妄言復他人九世之仇。欺天嫚祖,莫此爲甚。《公羊》據以説經,無理極矣。而爲公羊學者,多喜張其説,《彙纂》備引諸儒之説以正之。《大事表》曰:"自桓五年至莊四年,首尾十七年,書紀凡十四①事,著齊滅國之罪,而閔(同"憫")紀之亡。"千古是非邪正之公,曒 jiǎo 然(清晰貌)不誣也。

曹劌。莊十(前684年)。

劌,居衛切,音鱖,《史記》作"沫"mèi,《吕覽》作"翽"huì。《史記》在《刺客傳》,以《公羊》莊十三年柯(齊地,在今山東陽榖縣東北)之盟曹子刼桓公事,此與《左傳》異辭者,太史公自言聞《春秋》於董生,董爲公羊學,所謂"文成數萬,其指數千"(《史記·太史公自序》),皆公羊家説。《史記》事多與《左氏》異,此其故也。

《左傳》書烝報之事。莊二十八(前666年)、閔二(前660年)。

上淫曰烝,下淫曰報,旁淫曰爱,男女私合曰姘:此漢

---

① "十四"後衍"年"字,據顧棟高《春秋大事表》删。

律之名,蓋猶沿古之名也。顧讀《左氏傳》,其事有可疑者。晉獻公烝齊姜,生秦穆夫人及太子申生;衛宣烝夷姜,生急子;衛昭烝宣姜,生齊子、戴公、文公、宋桓夫人、許穆夫人;鄭文公報鄭子之妃,生子華、子臧。是皆禽獸之行,人所羞聞。何以當日堂堂國君,公然爲之,且其所生子,爲太子爲繼體之君,女爲諸侯夫人,一若其事昭然行之,國内外人人知之,而非帷薄中、冓(同"溝")之中冥冥墮行者,竊疑古者北狄父死妻後母,兄弟死盡妻其妻之惡俗,中國必有從而效之者。《史記索隱》引《括地譜》云:"夏桀死於鳴條(地名,又名高侯原。今地說法不一,一說在今山西運城市安邑鎮北),其子獯 xūn 粥妻桀之衆妾,避居北野,中國謂之匈奴。"是獯粥實夏桀之子,故《史記·匈奴傳》首明之曰"夏后氏之苗裔"。而妻父妾之俗即原於桀子,後此竟成國俗,如漢元帝以王嬙妻呼韓邪 yé,呼韓邪死,子株絫 léi 單于(《漢書》全稱作"復株絫若鞮單于")復妻昭君,生二女。其時漢亦明詔昭君從胡俗,其女且入侍中國太后,《匈奴傳》載其事甚著。歷代帝女嫁外國者,亦多如此,不以爲怪,然則《春秋》之晉獻、衛宣、公子頑(即衛昭伯或衛昭,衛宣公之子)、鄭文公之徒,直狂悖縱慾,明用夷禮耳。

《春秋》之法,中國而用夷禮,則夷之,然則直書其妻父妾、妻君母、妻季父妃可已,何以書之曰烝曰報,使與齊諸兒(即齊襄公)、魯慶父同耶? 曰:《春秋》,明人道之書也,推見至隱,誅禍亂於萌蘖(niè。猶萌芽)。此諸人者,其絶人理,肆狂慾,意始於淫,故直以淫律誅之,不得容其藉口夷俗也。嗚呼! 男女之欲,有生(有生命者)所同含,聖哲所深懼,不得不人爲之防,而防之之法,自禮義廉恥之說無他策。以《春秋》之義之嚴如此，而猶有懷嬴（秦穆公之女。先嫁給晉懷公，後又改嫁晉文公）、巢刺王妃（即齊王李元吉之妃楊氏，曾有寵於唐太宗）之事，出於賢主英辟之房闥，而隋楊廣、唐高宗、明皇更無論矣。然則誅淫人者，如之何而可不嚴哉？或曰：如子之說，徒徵之史，於經亦能證之乎？《孟子》述象（舜之弟）之言曰："二嫂使治朕棲（意謂象欲以二嫂爲妻。棲，床也）。"試想當日舜如死，象不行非禮乎？且其事更在夏桀之前，是上古野居續亂之風未必無之者也。彼夷狄者，特率其鳥獸狂恣之慾性，無聖人爲之明其恥，遂千萬世仍儦儦（biāo biāo，衆多貌）然鳥羣獸匹耳。而末俗輕薄之流，猶不樂聞儒先倫紀禮防之説，何耶？

"邢遷如歸，衞國忘亡。" 閔二（前660年）。

二句對文，"國"字如昭十三"依陳、蔡人以國"、定五年"國於脾洩（楚邑，當在今湖北荆州市）"、《莊子》"國於蝸之角"之"國"，言立國也。此實字虛用法，《左氏》中此例甚多，如築城曰城，攻城門曰門。而此二句"衞國"對"邢遷"，"忘亡"對"如歸"，字法、句法皆錘鍊簡重，實爲後世駢體之嚆hāo矢（響箭，猶先聲）。《毛詩》"土國城漕"（毛傳："漕，衞邑也。"鄭箋："或役土功於國，或脩理漕城。"土、城皆作動詞）四字，恰與此文同例。若曹子建（即曹植，字子建）詩："生存華屋處，零落歸山丘"（《曹子建集·箜篌引》），又以處於華屋，歸於山丘，錯綜相對；若云"處華屋"，句便弱。文章之道，變動不居如是。

國、邑。

《左氏》"邑"字多訓國，凡言敝邑，皆今所謂敝國也。

哀元年"虞思(有虞之君,名思,姚姓)於是妻之以二姚(虞思之二女),而邑諸綸(綸爲虞地,在今河南虞城縣東南)",即國之於綸,與"國於天地"(《左傳》昭公元年)"國"字文意同,亦可爲"衛國忘亡"之"國"一證。

"楚屈完來盟于師,盟于召 shào 陵(楚地,在今河南郾城縣東)**。"**僖四(前656年)。

《公羊》:"其言盟于師、盟于召陵何？喜服楚(欣喜使楚國服帖)也。夷狄亟病(頻繁禍害)中國,中國不絶若綫。桓公救中國而攘夷狄,卒帖荆(最終使楚國服帖),以此爲王者之事也。其言來何？與(贊許)桓爲主也。"何注云:"來者以從内文,知與桓公爲天下霸主。"《欽定左氏讀本》評云,侵蔡者亦先伐其黨耳。今人信《左氏》之説,以爲爲女子而興師,非矣。强氏《春秋測義》曰:"終桓之世,楚不再伐鄭。"則是役之功甚大,筆之自見。

"室如懸罄"。僖二十六(前634年)。

杜云:"如,而也。"時周四月爲夏正之二月,故言室中空盡,而野無粮穀。服虔云:"言屋皆發撤,惟榱橼(cuī chuán,架屋承瓦之木。方者榱,圓者橼)在,如罄在懸下。"案,此解"罄"當爲"磬"之借字,杜解則讀"如"爲"而",杜義似較捷直。

城濮(衛地,在今山東鄄城縣)**之戰。**僖二十八(前632年)。

城濮之戰,上距召陵之師二十五年。楚子,成王惲也。成工即位十五年,而與齊爲召陵之盟。又十四年而齊桓薨，又六年而晉文起，又五年而與晉戰，敗於城濮。又三十五年，楚莊之十七年，晉、楚戰於邲，楚莊敗晉。又二十二年，楚共王之十六年，晉、楚戰鄢陵，晉敗楚，射共王中目。又十四年而晉悼爲蕭魚（鄭地，當在今河南許昌市）之會，鄭從晉，時距召陵之盟九十六年矣。其時吳用巫臣（本爲楚大夫，後奔晉，爲邢大夫，並助吳攻楚）已二十年，壽夢（吳中興之君，"吳始益大，稱王"）亦卒，諸樊（吳王，壽夢長子）繼起，而楚患吳日甚。此百年中，晉、楚南北大勢變遷如此，而城濮一戰，厥（乃）爲前後關紐。

每每。同上。

每，亡囘（同"回"）反，音煤。《說文》作"苺"，"艸盛上出也。從屮，母聲。"屮象艸出。隸變作"每"，讀上聲。事曰每每如此，亦盛多之意。

"鹽其腦。"同上。

鹽，音古，本訓鹽池，從鹽省，古聲。又不堅固也，如"王事靡鹽"（語出《詩·唐風·鴇羽》《小雅·四牡》等篇），是此"鹽"字。訓嚃嚃者，嗽吸之有聲古古然。《孟子》"蠅蚋（ruì，蚊類昆蟲）姑嘬（chuài，姑、嘬同義，指吸吮）"之"姑"即鹽也。説本朱氏駿聲（清代經學家，訓詁學家，著有《説文通訓定聲》《小學識餘》等）。

秦穆公。僖三十二（前628年）至文三（前624年）。

孔子刪《書》終於《秦誓》，重其能悔過也。其曰"詢茲黃髮（指黃髮老臣），則罔所愆（過失）"，尊蹇叔也至矣。若有一個臣兩段，於君子小人之辨明而且嚴，此聖王之學也。故孔子以繼王者典謨(《尚書》中的兩種文體。典以記國之大事，謨以載謀略之言。典謨泛指古聖賢所遺留的訓誡)，而《大學》引之以説平天下。

晉文公諸子。文六(前621年)。

　　襄公名驩 huān，母偪姞 jí，文公妾，班第二，次季隗第三，次杜祁第四，次辰嬴(即懷嬴)第九。杜祁子名雍，辰嬴子名樂，季隗 wěi 二子伯鯈 chóu、叔劉在狄未歸，文公宮闈小吏卻於晉立靈公時從趙孟(指趙盾)口中帶出。此一段小文，即後人記宮禁事曰某內傳、某外傳諸體所由出也。又觀文公命子名曰驩、曰雍、曰樂，用意皆取家庭雍睦，蓋由鑒於其父寵驪姬殺申生，諸子流亡之慘，而有餘痛也。此見其家政較明，優於小白多矣。

"履士會之足於朝。" 文十三(前614年)。

　　寫難狀之景與情，而以至簡字句分外出神，最爲可玩。《漢書·李陵傳》寫漢使招陵歸事甚妙，即從此脱胎者，文云："昭帝立，霍光、上官桀遣陵故人任立政等三人，使匈奴招陵。立政等至，單于置酒，李陵、衛律皆侍坐，立政等即目視陵而數數自循其刀環，握其足，陰諭之，言可還歸漢也。"此段檢(拾取)《左氏》明甚，然《左氏》祇"履士會之足於朝"，七字已能曲盡，班氏則自"即目視陵"下至"言可還歸漢也"，二十四字方能寫出，以此相較，工拙懸殊矣。

羣蠻。文十六(前611年)。

　　《欽定左傳讀本》注云："羣蠻，散處之蠻。"《春秋人事表》五云:群蠻在今湖南辰、沅二府(辰州府、沅州府)之間。二說近是。乃《大事表》六又謂楚境南不越洞庭湖,今長沙府以南,皆羣蠻地,其言非也。以蠻有二義,三代時荆、揚之地,並號曰蠻,如《史記》"太伯犇(同"奔")荆蠻""封熊繹於楚蠻",此渾舉一方而曰蠻,凡《詩》所云蠻方、荆蠻、蠻夷之類,皆是也。有一族一姓之蠻,則如此羣蠻。又戎之別種亦有蠻氏,見成六年。又稱戎蠻子。《詩》曰"如蠻如髦",對羌、髦(鄭玄箋:"髦,西夷別名。")等國而言者是也。此如山戎、驪戎、白狄、赤狄之類,中國且皆雜居,楚境廣遠,故有羣蠻。莫知其定所,但曰散居可矣。約指之在辰、沅二府之間,亦可矣。辰、沅爲古武陵蠻地,固有據也。若長沙(長沙府)、衡(衡州府)、永(永州府)、常(常德府)、澧(澧州直隸州),《禹貢》荆州之地,春秋戰國至秦漢號曰江南,有《禹貢》之衡山,有舜南巡之蒼梧(地區名,在今湖南南部、廣西東北部、廣東西北部一帶)、九疑(山名,在今湖南寧遠縣南),有《山海經》之瀟、湘、澧、沅,見於周秦古書、《史》《漢》者,不勝其數。周封楚以荆州地矣,獨截江南誰屬乎?《漢志》曰"楚有江漢之饒,江南地廣",其舉楚境言簡而賅,何得云楚南境不逾洞庭哉?或曰《春秋左氏傳》中,洞庭以南未見其地與事。應之曰:春秋之世,北燕亦未嘗見其事。然則召伯所封者,亦非周之諸侯哉?

句澨 gōu shì。同上。

《欽定》(指《欽定左傳讀本》)注云:"句澨,在今均州(今湖北丹江口市)西。"案,《禹貢》漢水過三澨,説者謂在今均州至襄陽一帶。《説文》:"澨,埤 pí 增(埤、增同義,增益)水邊土,人所止也。"此句"瀄"蓋瀄形如句（同"勾"，曲也）者。漢水挾沙，性至獷悍難定，故厚爲隄防，以棲止。後世樂府有襄陽《大隄曲》，其遺制也。

子揚窻（楚人名，字子揚，名窗）。同上。

窻，俗"窗"字，古作"囱"。此六朝俗體，必後世傳寫所誤。

蚡 fén **冒**。同上。

杜以蚡冒爲武王父。《史記·楚世家》"蚡冒弟熊通殺蚡冒子而代立，是爲楚武王"，是蚡冒，武王兄也，與杜異。

"雖敝邑之事君"。文十七（前610年）。

王氏（指王引之，清代經學家、訓詁學家，著有《經傳釋詞》《經義述聞》等）《經傳釋詞》：雖亦與"維"通。此"雖敝邑"之"雖"，當訓維，總上之詞也。

"于思于思，棄甲復來"。宣二（前607年）。

思，通"斯"，斯亦通"鮮"。鮮，白皃（同"貌"）也。《詩》"有兔斯首"，斯者鮮也。來，古音離，正相爲韻。

"宰夫胹 ér **熊蹯**（fán，獸足掌）**不孰"**。同上。

阮校改作"胹"，案《說文》"胹，①爛也。從肉，而聲"，

---

① 說文胹，原書誤作"說胹文"，據文意乙正。

即此"胹"字。孰,古"熟"字。二字皆古字,皆見許書。胹熊蹯是當時名辭,如今人云煨云炖。不孰,是胹之火候七到。今人食此者,火候多至十餘日,是胹之義所謂爛熟也。阮改從水之胹(阮元《十三經注疏校勘記》:"《説文》云'洏,煮孰也',則作'胹'者俗字,作'臑'則更俗矣。《内則》作'濡',亦是'洏'之誤。"),義反不確。

"楚人謂乳穀,謂虎於菟[①] wū tú。**"**宣四(前605年)。

穀借作㝅 gòu,《説文》:"㝅,乳也。從子,㱿聲。"案,乳哺類生子爲㝅,禽鳥類生子爲鷇 kòu,皆一語。乳與㝅音甚近,一音之轉耳。"於菟"二字呼急則爲虎矣。

"前茅慮無。"(孔疏:"在前者明爲思慮其所無之事,恐其卒有非常,當預告軍中兵衆,使知而爲之備也。")宣十二(前597年)。

杜云:"茅,明也。"比言借茅爲明,茅與明雙聲。[②] 朱駿聲云:茅借爲敄 wù。敄,彊也。(出朱駿聲《説文通訓定聲》)音雖可通,而杜義恰是慮無。以此見古訓精到,後人未易勝之。

"百官象物而動,軍政不戒而備。"同上。

此可見古代軍中旗幟號令之明,其法之密,其教之嫻。旗旐象物類,見其物則各爲備,不待號令,即此爲號令,是即如今軍中旗語。

---

① 菟,原書誤作"兔"字,據阮刻本《春秋左傳正義》改。

② 茅與明雙聲,原書誤作"茅與雙明聲",據文意乙正。

"于民生之不易。" 同上。

于，林氏（指林堯叟，南宋末年學者）解爲曰，義本《爾雅》。案，此"于"殆借爲吁嗟之吁，《詩》"于嗟"即吁嗟也。

"屈蕩（楚人名）**户之。"** 同上。

户訓爲止，見《小爾雅》（中國古代訓詁專書，續補《爾雅》而作。約成書於西漢末，作者佚名。原書久佚，今所傳本爲從《孔叢子》第十一篇中抄出別行者），一作扈，同。昭十七年："九扈爲九農正，扈民不婬（同"淫"，放縱）者也。"扈皆訓止。

"楚人惎 jì 之。" 同上。

杜訓惎爲教，惎、教雙聲也。案，《説文》作："𦫵，舉也。從艸，由聲。《春秋傳》楚人𦫵之。"是漢時《左傳》作"𦫵"，訓爲舉，蓋晉人車重墜，陷不得出，楚人爲之舉而出之。杜在晉時，字作"惎"，乃訓爲教，此亦《左傳》多古字之一也。哀元年"惎澆（ào，夏朝人名），能（乃）戒之"，惎又訓毒（嫉恨）。

"歸罪於先縠（hú，晉中軍佐）**而殺之。"** 宣十三（前596年）。

"歸罪"二字，微文見意，召狄未必爲實事（《左傳》宣公十三年："秋，赤狄伐晉。及清，縠召之也。"杜注："邲戰不得志，故召狄欲爲變。"），乃借此殺縠耳。縠之罪實在邲之敗，而不能正之者，以中行桓子（即荀林父）主帥之罪亦未治也。桓子倘能如武侯（即諸葛亮）之誅馬謖，則縠罪亦可早正矣。然而不能，此則當時世家之勢，各不相下，桓子新起，人復柔懦，勢有不能，非盡人之不明也。

"**初税畝**。"宣十五(前594年)。

《左氏》曰:"初税畝,非禮也。穀出不過藉(指藉民力以耕田),以豐財也。"《公羊》曰:"税畝者何?履畝而税也。古者什一而藉,什一者,天下之中正也。什一行,而頌聲作矣。"《穀梁》曰:"古者什一,藉而不税。初税畝,非正也,去公田而履畝,十取一也。"案,此經三傳皆同,譏宣公之廢助法也。至其税之數,《彙纂》以爲《公》《穀》説但廢助法,税仍取一,杜預以爲什而取二。案,杜以爲公田什一之外,又履其餘畝,復取其什一,故哀公曰:"二,吾猶不足。"(語出《論語·顔淵》:"哀公問於有若曰:'年饑,用不足,如之何?'有若對曰:'盍徹乎?'曰:'二,吾猶不足,如之何其徹也?'對曰:'百姓足,君孰與不足?百姓不足,君孰與足?'"鄭玄注:"周法什一而税謂之徹。徹,通也,爲天下之通法。"孔安國注:"二謂什二而税。")徐邈(東晉經學家。著有《五經音》《春秋穀梁傳注》等,已佚)説同。《穀梁》楊疏引。履畝之義,正取於《公》《穀》。《公》《穀》皆舉什一爲中正,《公羊》明曰:"多乎什一,大桀小桀;(何休注:"奢泰多取於民,比於桀也。")寡乎什一,大貉(mò,北方部族名)小貉。"(何休注:"蠻貊無社稷宗廟百官制度之費,税薄。")其言與《論語》《孟子》脗(同"吻")合,是則宣之税畝爲多乎什一審矣。況杜又据《論語》二猶不足之鐵證,然則杜之説固已融合二傳,朱子從之,固無疑義。

"**什一行而頌聲作**"(《公羊傳》宣公十五年)——**何休注與《漢書·食貨志》**説。同上。

何注此傳,備述古井田、廬舍、蠶桑、績織(紡織)、學校之制度,全取之《班書·食貨志》,其説尤爲《論》《孟》《毛詩》《周禮》諸經要義。何休云："民以食爲本，饑寒並至，雖堯舜躬化，不能使野無寇盜；貧富兼并，雖皋陶制法，不能使強不陵弱。"班固曰："財者，帝王所以聚人守位，養成羣生，治國安民之本也。故曰：'不患寡而患不均，不患貧而患不安。蓋均無貧，和無寡，安無傾（傾覆）。'（《論語·季氏》）是以聖王使四民有業，量能授事，地著（使民附著於土地）爲本；出入相友，守望相助，疾病相救；民是以和睦，教化齊同，力役生產可得而平也。"班視何説尤礉緻。要之，二文互相發明，皆諸經之精義，儒術之大本。古今法制事實，雖隨時不同，而其本原定理，百世不易。

試觀由漢迄清，其間朝政清明、節用愛民、奬廉懲貪、扶良鋤暴之時，則天下晏然，人樂太平。反是者大亂作，生民殃，改姓易君，甚者異族肆蹂，神州陸沈（國土淪陷），禍延數世，民靡孑遺（孑遺指殘留。孑，剩餘）。推其原莫不由於政治之潛（同"潛"）貪，民生之困苦。是以自古士君子，處而爲學教人，出而臨民事君，靡不斤斤講求於此。舍此更無所謂經濟（經世濟民），即無所謂禮教也。

今也政污於廷，而學淫於野，其號爲賢智儁（同"俊"）豪之士，上之惟知有裔夷（裔夷指邊遠之夷人）、商賈，立國之政策奇贏技巧，日驅民於淫侈，使蚩氓（敦厚之民。典出《詩·衛風·氓》："氓之蚩蚩，抱布貿絲。"）安於南畮（指田土。南坡向陽，利於農作物生長，古人田土多向南開闢，故稱南畮。畮，同"畝"）者漸稀，下之惟知有肥家室，豢子孫之私計，竊權怙勢，貪饕（tāo。貪婪。饕，貪也）侵暴，無所不至，尤甚者藩鎮專橫，剝民入於骨髓，政黨淫樂，噬人無異豕蛇。總之，笑者一家，哭者萬家，舉國家有限之膏腴，壅腫聚積於私污陰暗之處，莫能宣暢（宣揚、傳布)均平。于是嫉富怨貧之徒,充積四海,有一二梟桀(強悍桀驁)者,乘虛竅(同"窾"kuǎn)□①,禍機乃揭。其均富共產之說,其始若微風起於青蘋之末,未幾而焚輪(自上而下之暴風)、扶搖(盤旋而上之暴風)負大鵬而捲龍伯矣。耗矣哀哉,此開闢以來未有之奇禍也。

　　於此之時,將亦有弭之之術乎?曰:有術。何在?曰:柄國者端己率下,以尚儉重農爲政本,痛革商賈、國家奢侈華靡之敝俗。獎廉潔,誅貪豪。慎選地方官吏,嚴考課之法。凡爲吏者不得營商,官吏不得存欵(同"款")外國銀行,買田者戶不得過若干畝。正供錢糧,永不加額。令南北各省區修治水利、倉儲。各省長吏士,商定糧食價額上下之限,不得騰過。謹正圜 huán 法(圜法指幣制)、捐(稅捐)。前代官荒(屬於官府之荒地),聽民墾種;邊疆省分,大興屯墾。軍將能以其兵墾邊,不爲内訌、陰謀者,特優重之;墾利所獲,勞其將士。方鎮將帥,能愛民訓兵、講求吏治者,崇其勳位,重其權職。推廣其政法,明示天下曰:此愛民之將帥也。其餘工商之業,皆各慎立程法(程式、法則),務使主客、逸勞、厚薄之間,兩劑其平,寬和輯睦,相資以生,合乎通商惠工之旨。如此挈其網,而以羣策羣力行之,有一如管仲、子產、王猛、隋文帝、周世宗者,秉鈞出政,嚴覈(hé。嚴謹明察)英武,羣才奮興,風氣不變。相率而貴儉賤奢,榮廉恥貪,利仁忌暴。行之十年,勿易其人,勿變其法,將見民財裕,生產均,糧價平,游食鮮。至此則均富共產之說自無可售,其奔走呼號之徒亦將卷舌收聲,同我康

---

① □,原書字迹漫漶不清,疑作"導"字。

樂，和親爲一書矣。

不然則惟有防之禁之，辯爭之，格鬥之，如以膏油救火，愈撲愈烈。若其爲儒學者，又惟誾誾（yín yín，爭辯貌）焉，空持三綱五常之説，曰大義，曰名教，或則説因果、靈神鬼以昌其教，叩空寂遺事爲以闡其道，皆曰吾以救世。嗚呼！是民爲餓莩（通"殍"piǎo。餓死），而詫曰："何不食肉糜（通"糜"，粥。典出《晉書·惠帝紀》："及天下荒亂，百姓餓死，帝曰：'何不食肉糜？'"）？"流矢中吾胸而捫（mén，撫摸）足踵（語本《史記·高祖本紀》："項羽大怒，伏弩射中漢王。漢王傷匈，乃捫足曰'虜中吾指'。"匈，同"胸"），以掩人耳目也。亦與彼禁防辯鬥者，同歸於自欺而已矣。

吾欲爲此説甚久，今乃因何氏"什一行而頌聲作"之説，合之《班書》，聊爾發之。天其不滅吾國乎！庶有如吾言者，猶七年之病，而蓄三年之艾（艾草，可入藥）也。（語本《孟子·離婁上》："今之欲王者，猶七年之病求三年之艾也。苟爲不蓄，終身不得。苟不志於仁，終身憂辱，以陷於死亡。"）

"郤 xì 子登，婦人笑於房。"宣十七（前592年）。

《公羊》："晉郤克與臧孫許同時聘於齊。蕭同姪子者，齊君之母也，而窺客，則客或跛或眇（miǎo，一目失明）。於是使跛者迓（yà，迎接）跛者，眇者迓眇者。"《公羊傳》成公二年）《穀梁》："季孫行父（即季文子，魯卿）禿，晉郤克眇，衛孫良夫跛，曹公子手僂，同時而聘於齊。齊使禿者御（陪侍，迎接。下同）禿者，使眇者御眇者，使跛者御跛者，使僂者御僂者。蕭同姪子處臺上而笑之，聞於客。"（《穀梁傳》成公元年）案，此事三傳叙述不同，而《左氏》最簡妙。上句既言"齊頃公帷婦人，使觀之"，下句接之云"郤子登，婦人笑於房"。其笑客之情,與跛者之狀,止在一"登"字、一"笑"字畢出,何其神耶!劉知幾(唐代史學家,著有《史通》等)但議《穀梁》句煩,云宜除"使跛者御跛者"諸句,但云"各以其類逆"(説見劉氏《史通·叙事》),尚爲凡淺之説,不知以《左氏》較之,叙事獨工。而以二傳論其文,正以複取致,又不可以斷鶴脛(典出《莊子·駢拇篇》:"是故鳧脛雖短,續之則憂;鶴脛雖長,斷之則悲。故性長非所斷,性短非所續,無所去憂也。")爲能也。

"作丘甲。"成元(前590年)。

《胡傳》:作丘甲,益兵也。每丘出一甲士,一甸凡出四甲士也。周制每甸出甲士三人,今增其一。案,凡説與杜注不同,顧氏《春秋大事表》從之。甸賦車一乘,每乘步卒七十二人,甲士三人,凡二十五人爲一甲,是四丘共出三甲。今增三分之一,一丘出一甲,蓋每甲士統二十四人,增甲士必增步卒,李靖(唐初軍事家。著有《李衛公兵法》,已佚,清人有輯本三卷)所謂二十五人爲一甲,爲周制之本也。李氏廉(元末學者,輯有《春秋諸傳會通》)曰:"《司馬法》(戰國時齊威王命大夫整理古代兵法而成的一部兵書。因附司馬穰苴所著的兵法,故稱《司馬法》。書中所言規制,多與《周禮》相出入,故班固列入經之禮類,稱《軍禮司馬法》)舊制:四丘出三甲,三甲爲七十五人。今四丘出四甲,四甲爲百人,四丘爲六十四井,五百十二家也。"(《春秋諸傳會通》卷十六"成公元年"條)每一甲士統步卒二十四人,故二十五人爲一甲。

"若知不能(指不能戰),則如無出。"成二(前589年)。

如,不如也,古人急言之例,多如此。僖二十二年:"若愛重傷,則如勿傷。"定五年:"子西(楚公子申)曰:'不能,如辭。'"皆一例。

"靡笄[jī]之下。"同上。

靡笄，《史記》作"靡下"，徐廣（東晉經學家、史學家。著有《史記音義》《晉紀》等，已佚）云當作"歷下"。志（記載）曰歷山，今名千佛山，在濟南府南十里。靡如字，又音摩。

"繫桑本焉。"同上。

考諸本多作"桑本"。詳杜注："以桑樹繫車而走，欲自異"，是"桑木"非"桑本"，蓋惟是樹木乃可繫之以走。若繫之於桑本根，安能走乎？此必刻本之誤。

劉子論敬。成十三（前578年）。

此文與衛北宮文子論威儀（見《左傳》襄公三十一年），朱子采以入小學（朱熹《大學章句·序》："人生八歲，則自王公以下，至於庶人之子弟，皆入小學，而教之以灑掃、應對、進退之節，禮、樂、射、御、書、數之文。"）。《左氏傳》中如此文字甚多，隨處可見。尤著者則如女[rǔ]叔侯（晉大夫）、子太叔（鄭卿）論禮（二人論禮，分別見昭公五年、二十五年），孟僖子（魯大夫）□①子（見昭公七年），子產（鄭卿）論天道（見昭公十八年），邾文公知命（見文公十三年），楚昭王論禍福（見哀公六年）諸文，皆《左氏》極鄭重文字，渾渾然與《大學》《中庸》《論》《孟》《孝經》相爲經緯。竊謂此千古聖學真命脈，非《左氏》殆莫能言。鄭君（東漢經學家，即鄭玄）言《左氏》善於禮，誠哉善於禮也。抑天人性命之蘊，亦莫著於是。西京（指西漢）賈、董、劉（賈誼、董仲舒、劉歆）諸大儒，雖惟賈傳《左氏》（唐陸德明《經典釋文·叙録》述《左傳》傳授甚詳，有

---

① □，原書字跡漫漶不清，疑作"屬"字。

荀況傳張蒼、張蒼傳賈誼之言），要其言性命之精者，曷能有逾於是者乎？逮有宋諸子，作性道，乃成專門之學。然溯原推本，此非星宿乎？學者倘能取《左氏》中言性道禮義之言，輯而録之，加以發明，斯一有益身心之書也。

"晉弑其君州蒲。" 成十七（前574年）。

《欽定傳説彙纂》云："考十二公之編，稱國人以弑（指弑君）者三，宋人弑杵臼（見《春秋》文公十六年）、齊人弑商人（見《春秋》文公十八年）、莒人弑密州（見《春秋》襄公三十一年）是也。稱國以弑者四，莒弑庶其（見《春秋》文公十八年）、晉弑州蒲（見《春秋》成公十八年）、吳弑僚（見《春秋》昭公二十七年）、薛弑比（見《春秋》定公十三年）是也。胡氏安國（宋代經學家，著有《春秋傳》等）多主君無道之説，但揆以全經，如晉、楚、陳三靈皆無道，何以書趙盾、夏徵舒、公子比之名（分別見《春秋》之宣公二年、宣公十年、昭公十三年）？則亦未能盡合也。大抵舊史衹從赴告之文，弑逆之事以實赴於友邦者幾何？其罪必有所諉，大都微者當之也。聖人但書曰某國弑其君、某國人弑其君，雖無所指名，而亂臣賊子之罪，亦有不得逃者矣。"案，此説見文十六年《傳》，與晉弑州蒲事相發，其説大致本之朱子，固爲平允。然《左氏》弑君、稱君、君無道也之例斷非妄作，必爲聖經大義，故《胡傳》亦取之。而清聖祖於其説並不深排，但以爲揆之全經未能盡合，此尤見盛世帝王講學，虛心不敢輕廢古義。惜乎諸儒率忌諱，務爲媚一人之説，不能以聖經古義儆戒人君，使後之凡爲君者小心敬忌，顧畏民嵒（顧念畏懼民情之險峻。語出《書・召誥》："王不敢後，用顧畏于民嵒。"嵒，同"岩"或"巖"），以保天位於不傾也。

"**矯**(即長魚矯,晉大夫)**以戈殺駒伯**。"同上。

駒伯,蓋郤氏父子(郤克、郤錡,晉大夫)食邑之號。邲戰"駒伯曰",杜注郤克,此注駒①伯,云郤錡,參證可知。《大事表》以駒伯爲錡,名似未審。

"**亂在外爲姦,在內爲軌**。"同上。

軌借爲宄,《書》"寇賊姦宄"正作"宄",从宀,九聲。

---

① 駒,原書誤作"杜"字,據阮刻本《春秋左傳正義》改。

讀左隨筆卷上補録

"**夫人子氏薨**。"隱二（前721年）。

"夫人子氏"，三傳説異，杜以爲桓母，《公羊》曰隱母，《穀梁》曰隱妻，程子及《胡傳》則從隱妻之説，究莫能定。夫禮貴決嫌疑、別同異，《春秋》之法尤在正名。君之妻曰夫人，君之母亦曰夫人，是母與妻之名無別也。妻曰夫人，母曰太夫人，帝妻曰皇后，帝母尊曰皇太后，而名正矣，此等皆後世勝於古人處。《爾雅》："姑之子爲甥，舅之子爲甥，妻之昆弟爲甥，姊妹之夫爲甥。"謂四人敵體，更相爲甥（晉郭璞注）。案，姑之子、舅之子，今皆爲表兄弟，妻之昆弟爲内兄弟，姊妹之夫①爲姻兄弟，不得更相爲甥。故郝氏（指郝懿行，清代經學家，著有《爾雅義疏》等）《義疏》云："古來有此稱，今所不行。"凡讀古書必知其有不可從者，雖聖人禮制未至，其時或有不如後人者也。"女子謂姊妹之夫爲私"（《爾雅·釋親》），亦名之不雅者。

---

① 夫，原書脱，據文意補。

"**上思利民，忠也。**"桓六（前706年）。

《困學紀聞》（南宋王應麟撰。該書收採王氏讀書雜記及考證之文，凡二十卷）曰："君之於民亦曰忠。季梁①（隨國賢臣）曰：'上思利民，忠也。'（《左傳》桓公六年）子之於親亦曰慈，《內則》（《禮記》篇名）曰：'慈以旨甘。'聖賢言忠，不顓於事君，爲人謀必忠，於朋友必忠告，事親必忠養。原注："《內則》。"以善教人，以利及民，無適（猶無往、到處）非忠也。"案，深寧（即王應麟，字伯厚，號深寧。南宋經史學者，著有《困學紀聞》《玉海》《深寧集》等）此語，良爲圓足（充足，完全）。《論語》云："夫子之道，忠恕而已矣。"忠恕之道行，則天下均平，禍亂何由而作？自僞儒工言（猶巧言）仁義道德，而行皆違之，於是世人相率而詬道學，及悖戾者起，乃公言掊 pǒu 繫（猶抨擊）道德禮教，然其言固未嘗非善言，其名更無不假美名也。惟人人言善言、名美名，而所行非所言，其實非其名，於是天下之人相率而爲不忠，則雖孔、顏、堯、舜之名，亦適成其爲盜蹠 zhí、桀、紂之實而已。而況巧黠之至者皆口衒（xuàn，誇耀）其至險，而身窟（穴居）於至夷（平坦之處），嗾（sǒu，唆使）人爲實行，而自遯（同"遁"）於空論，是又不恕之甚。嘻！一國之人而盡不忠不恕，其猶能爲國乎？

民生。宣十二（前597年）。

孔子言政，首曰足食。（見《論語·顏淵》："子貢問政，子曰：'足食，足兵，民信之矣。'"）又以庶（指人口衆多）、富、教並舉，而分其先後。（見《論語·子路》："子適衛，冉有僕。子曰：'庶矣哉！'冉有曰：

---

① 梁，原書誤作"良"字，據《左傳》《困學紀聞》改。

'既庶矣,又何加焉?'曰:'富之。'曰:'既富矣,又何加焉?'曰:'教之。'")《孟子》備言制民之產曰:無恆產則無恆心,必使仰事俯畜,不飢不寒。(語出《孟子·梁惠王上》:"若民,則無恆產,因無恆心。……七十者衣帛食肉,黎民不饑不寒,然而不王者,未之有也。……是故明君制民之產,必使仰足以事父母,俯足以畜妻子,樂歲終身飽,凶年免於死亡。")曰:"民事不可緩也。"(《孟子·滕文公上》)曰:"治天下,使有菽粟如水火,則民無不仁者。"(《孟子·盡心上》)凡四子(指孔子、曾子、子思、孟子四子之書,即四書)五經、二十四史、諸子百家,罔非研求民生至精至切之書也。

楚之霸也,莊王長言嗟歎曰:"於民生之不易,禍至之無日,戒懼之不可以怠。"又箴之曰:"民生在勤,勤則不匱。"("楚之霸也"以下句,出《左傳》宣公十二年)蓋自其先世篳路藍縷,以啟山林,其勤儉之德經數世養成,已深得民生之根本,而培植積累、躬行實踐,絕非近世大言欺世之徒可僞託也。

原(推究)夫中夏民族,本以農立國,自周家世后稷(周之先祖,名棄,號后稷,別姓姬氏)之業,力穡服田(語本《書·盤庚上》:"若農服田力穡,乃亦有秋。"),修仁行義。《豳風》(《詩經》十五《國風》之一)之詩、《無逸》(《尚書》篇名)之書,諄諄懇懇,惟在小人之依。其要在使匹夫匹婦無不得所,是直民生主義平民生活之極樂世界也。沿及兩漢,孝弟力田,風俗近古,《班書·食貨志》言之津津有味。後世唐宋明清盛時,無非以民生之樂而致太平。即偏安割據,如諸葛之治蜀,王猛之治秦,宇文周、柴世宗、吳越王,皆有足稱,其政本皆在能厚民生也。試取唐以來詩人及近代鄭板橋諸家田家樂詩歌讀之,畫出太平時代,農人快樂,神仙不過。

《豳風》《無逸》，寫得活潑潑地，然此猶辭章家言也。試考史志，唐貞觀初，米斗四五錢，外戶不閉，馬牛被野，人行數千里不齎(jī，攜帶)糧。貞觀四年(630年)，天下斷獄，死罪者止二十九人，號稱太平。開元時，姚崇、宋璟、韓休、張九齡相繼相，米斛十斗曰斛。不滿三百，絹匹亦如之。海內富安，行者萬里不持寸兵。宋仁宗在位四十二年，史稱深仁厚澤，財以不畜爲富。即所謂藏富於民。其特邵康節(即邵雍，諡康節。北宋理學家，著有《皇極經世》《伊川擊壤集》等)，優游安樂，隨意吟哦，詩名"擊壤"。有句云："惟求處處田禾熟，但願人人福壽長。國有忠臣扶社稷，家無逆子忤爺孃。"此等時期，樂乎不樂？其時米價大約不出千錢。元祐中，杭州大饑，平糶(官府在荒年缺糧時，將倉庫所存糧食平價出售)米價每石六百錢，此見於東坡奏牘者也。

明清時代更近，故老多能言之。大抵康熙、乾隆時，略如唐太宗、宋仁宗景象，民生安樂，不待言矣。就吾身所親歷言之，光緒中江蘇米價低時不過二元，湖北率三千上下，麥麪斤二十餘錢，湖南米石二千餘，大熟年或千二百錢，農家傭工大工六十錢，小工三十錢。宋真宗時，江南泥木工每工六十錢，見建德縣(治所在今安徽東至縣北)大中祥符五年(1012年)梅山崇明禪院碑。窮簷(同"檐")小戶，日食乾飯三餐，人傭五六十錢，尚可飽喫(同"吃")酒肉，米與柴炭油鹽皆賤故也。至宣統二年(1910年)春，江楚米荒，南京米價八千至九千，窮民即有搶米店事。長沙米價漲至六七千，巡撫不問，反肆(通"肆"，極力)威壓，激成民變，燒燬(同"毀")撫署，朝廷卒罷巡撫，以謝湘民。是時清政昏憒極矣，然猶顧忌民生，未敢立而視其死也。凡吾目所及見之書，身所親歷之事，約略如此，蓋未有不顧民生而能有其國者，即未有僞言民生而能欺其人者也。

　　民國十四年(1925年)來，民生果何如乎？但以現在各地糧價比之昔年專制時代，即可知矣。大概近年南方米價最低之處，五元爲極廉。合錢價爲十千有奇。今年滇、贛、湘、鄂各省高者三十五六元百二千斤，雲南。次者三十八千一石，湖北。或六十千至二十千一石，湖南。而諸軍帥則方糜爛其民，率土地而食人肉。其未戰之頃，則荒淫縱慾，窮泰極侈，或設一宴而費擲數千，或營一喪而款需千萬。倘以節儉之説勸之，必曰生活程度高，文明愈進步，彼豈問北方無錢買窩窩頭者或全家餓死，南方樹皮草根，食盡之處，已人食人乎？吾聞近日南北，苛捐虐税十倍前清，小民莫敢違抗。邊遠之處，或至激成民變，即用兵圍殺焚燒，勦墟村邑，耗矣哀哉。今日民生至此乎，吾讀楚莊王吁嗟、箴戒之言，不知涕泗之何從也。

讀左隨筆卷下

"寡人之言,親愛也;吾子之討,軍禮也。"襄三(前570年)。

《南史·臨川靜惠王宏傳》:宏蕭宏爲梁武介弟(介弟爲對他人之弟的敬稱,或對自己弟弟的愛稱),領新軍侵魏,敗潰。宏妾弟吴法壽殺人,匿宏府内,武帝制宏出之,即日償辜(償辜指伏法)。有司奏免宏司徒、揚州刺史,帝注曰:"愛宏者兄弟私親,免宏者王者正法,所奏可。"梁武之於弟可謂處之得宜,然百萬之師潰而不罪,乃以細事用法,亦已傎(同"顛",顛倒)矣。豈若晉悼之於揚干(晉悼公之弟),使魏絳(時任晉中軍司馬)堂堂伸法哉?是時悼公年十七,尤爲英特。

"在帝夷羿。"襄四(前569年)。

羿篡夏稱帝。羿見《帝王世紀》(是專述帝王世系、年代及事蹟的一部史書,西晉皇甫謐撰。所叙上起三皇,下迄漢魏),此云"帝夷羿",則又有謚曰夷也。然經傳於羿無稱以帝者,亂賊衆惡,如王莽、朱温,不與僭竊也。乃辭章之義,有時取其辭以爲雄健。《詩》云:"玄王(指商之先祖契)桓撥(英明。桓,武也。撥,通"發",明也。《韓詩》正作"發")。"(《詩·商頌·長發》)讀其辭,增武勇之概。太白詩："魏帝營八極,蟻觀(比喻輕視)一禰衡(東漢末名士。恃才傲物,嘗罵曹操,後爲黃祖所殺)。"(李白五言古詩《望鸚鵡洲懷禰衡》)亦文辭仰揚取勢之法也。

"**用不恢於夏家**。"(用,因而。恢,擴大。杜注:"羿以好武,雖有夏家,而不能恢大之。")同上。

家,古音姑,與夫韻。與"晉獻筮嫁伯姬"繇辭(卦兆之占詞)姑、逋、家、嘘韻同(見《左傳》僖公十五年)。

"**土可賈**(買)**焉**。"同上。

土者,其土地所產可資商賈。此即後世與外國互市之法,而近代則中外交通,人矜(崇尚)商戰。吾內地土貨,悉爲彼族捆載以去,製爲熟貨,還售於我,以此肥彼瘠我,是今外人之於我,乃適如魏絳之利戎矣。可勝(豈能忍受)慨哉?

"**一介行李**。"襄八(前565年)。

介,陸音(陸德明《經典釋文·春秋左氏音義》)古賀反,此讀爲个也。介、个雙聲,古字通用:《禮·月令》"左个""右个",或作"介";《秦誓》"一个臣",或作"一介臣"。

"**夫婦辛苦墊隘**。"襄九(前564年)。

墊,下也,音店。俗云墊底,即所謂喫虧受苦也。

"**初,子駟**(即公子騑,字子駟,鄭穆公之子)**爲田洫**。"襄十(前563年)。

上已有"初,子駟"句。此第二"初"字,於文爲冗。

《左氏》似無此例,當是衍文。

"書曰'戍鄭虎牢(地名,在今河南滎陽西北)',非鄭地也,言將歸焉。"同上。

《公羊》:"曷爲繫之鄭?諸侯莫之主有,故反繫之鄭。"案,此即近世領土權之義,亦即列國同盟均勢之策。吾國近時青島、旅順、大連之地,不能不力爭回(同"回")者,即此義。吾鄉劉艮生先生,名人熙,瀏陽人。言《春秋》爲古代萬國公法,蓋《春秋》大義實爲立國之經,其切於世用者,無古今之殊也。

"毋保姦。"襄十一(前562年)。

杜注云:"毋藏罪人。"案,此《春秋》國際公法之尤正大者。惟其時敵國多利在藏庇罪人,爲彼此相害之用。楚之納孔寧、儀行父(陳靈公之二佞臣)、晉之用巫臣(本楚大夫,後奔晉,爲邢大夫,並助吳攻楚)、用陽虎(本爲魯季氏家臣,欲去三桓未遂,後奔齊,復奔晉),其尤甚也。其能循公法、昭大義者,惟陳人許衛請殺州吁(衛莊公庶子,弑君自立者)、衛人許宋請歸猛獲(宋將領,助叛亂者)。而石祁子(衛大夫)曰:"天下之惡一也,惡於宋而保於我,保之何補?"(《左傳》莊公十二年)光明圓滿,洵(誠然)萬世至允之法律家也。

近世此義乃異,凡國家罪人無論其賢奸善惡,一入鄰國,即成爲國事犯,例得庇護。於是立國於斯世者,其政治變亂永無寧息之日,何也?罪人咸豫有一尾閭(典出《莊子·秋水》:"天下之水,莫大於海,萬川歸之,不知何時止而不盈;尾閭泄之,不知何時已而不虛。"尾閭本指洩海水之處,此比喻趨歸之所)、菟tú裘(典出《左傳》隱公十一年:"使營菟裘,吾將老焉。"後世因稱告老退隱之處爲"菟裘")以爲後盾也。甚至邪説披猖,盜匪公行。一鄉一邑之中,亦有以無賴賊爲政治犯者。則生民之命,死亡無日矣。

三駕蕭魚(意謂晉第三次興師伐鄭,會於蕭魚。《左傳》襄公九年:"三駕而楚不能與爭。"杜注:"三駕,三興師,謂十年師於牛首,十一年師於向,其秋觀兵於鄭東門。自是鄭遂服。")。同上。

蕭魚,鄭地。《路史》(書名。宋羅泌撰,主要記述上古傳説時期的史事)有修魚,即蕭魚也。蕭、修,一音之轉。

戎子駒支(戎部落首領,名駒支)賦**《青蠅》**(《詩·小雅》篇名。取其詩中"愷悌君子,無信讒言"之意)。襄十四(前559年)。

戎子自云"言語不達"矣,則必無如是之文辭,且何能賦《青蠅》之詩,儼如中夏之學士、大夫耶? 此《左氏》所以爲浮夸與。劉原父(即劉敞,字原父。北宋經史學者,著有《春秋權衡》《劉氏春秋傳》《春秋傳説例》《公是集》等)曰:"去年蒐(sōu,閲兵)于緜上(晉地,在今山西翼城縣西),晉國太和,諸侯遂睦,到此一年爾,何故遽如此? 此皆不實也。"(劉敞《春秋權衡》卷六)

司城子罕(即樂喜,字子罕。時任宋司城之職。按,司城原稱司空,爲避宋武公名改)**歸鄭餘盜**。襄十五(前558年)。

此即晉、鄭亳(亳爲鄭地,在今河商丘市)盟之辭,所謂"毋保姦"者,在今則謂之引渡。司城子罕,賢大夫也,故能爲此。

中行獻子(即荀偃,晉大夫)**禱河辭**。襄十八(前555年)。

今世所傳《秦詛楚文》(秦昭襄王使其宗祝詛咒楚懷王之文辭。北宋時出土有該文刻石,至南宋佚失,有拓本流傳至今),大致與此文相類,是知古人用兵,必先告山川神祇,大抵數敵國之罪惡,祈神佑其勝之耳。

曾臣彪(晉平公名彪)。同上。

杜注:"曾臣猶末臣。"案《曲禮》(《禮記》篇名):"諸候臨祭祀,外事曰曾孫某侯某。"外事謂社稷山川在封内者。以外事而稱曾孫,甚爲可疑,竊以爲當據此曾臣之稱以正之。蓋外事稱曾臣某侯某,寫者以曾臣之名未多見,又上有"孝子某侯某",因誤"曾孫"耳。

渠梁。同上。

渠,苦闃 qù 切,音臭 jú。渠水出濟源縣(今河南濟源市),至溫縣(今屬河南焦作市)入河水,旁有大堤。其字右從臭,音近隙,從目從犬。與氣臭之臭,從自者迥別。刻本多誤從臭。渠邑、闃寂等字,皆從臭,音皆同,俗多誤讀臭。

公姑姊。襄二十一(前552年)。

父之姊曰姑姊,父之妹曰姑妹。此姑姊妻(嫁給)郕庶其(郕大夫,名庶其)者,襄公之姑、成公之姊而宣公之女,劉炫(隋代經學家。著有《春秋左氏傳述義》《春秋攻昧》《春秋規過》等,已佚)說也。案,宣公卒已四十年,襄公年已二十四歲,此姑姊年在四十餘,杜預以爲"寡者二人",一姑一姊,未知孰是。

"鹿門(魯都城東南門)**之關**。"襄二十三年(前550年)。

《說文》:"關,以木橫持門户也。"俗作"樴"shuān,音數還切,俗字一作"閂"。

"象有齒以焚其身",焚,斃也。襄二十四(前549年)。

服虔云:焚,僨 fèn 也,仆也。案,斃即仆也,亦僨也。斃、仆、僨、焚,一音相轉。昭十三年"牛雖瘠,僨於豚上",杜云"僨,仆也",與此"焚,斃也"爲互訓。凡古字訓詁,轉相證合,音義乃明。又當知注家之通例,如文十七年"鹿死不擇音",杜注云:"音,所休蔭之處,古字聲同假借",此杜氏訓詁之例。

師曠(晉樂師,名曠)**、晏嬰**(齊大夫)**論君臣之義**。襄十四(前559年)至二十五(前548年)。

君臣之義,無所逃於天地之間,莊子且云,況儒者乎!然師曠對晉悼公曰:"天生民而立之君,使司牧(司牧指管理)之,勿使失性。有君而爲之貳(副手,卿佐),使師保(教育保護)之,勿使過度。"言君臣相與之義最明。此即《虞書》(《尚書》組成部分之一,相傳爲記載唐堯、虞舜、夏禹等史事之書,今本包括《堯典》《舜典》《大禹謨》《皋陶謨》《益稷》五篇)元首、股肱之喻。《孟子》:天子與君,皆與其臣列於一位。(見《孟子·萬章下》:"天子一位,公一位,侯一位,伯一位,子、男同一位,凡五等也;君一位,卿一位,大夫一位,上士一位,中士一位,下士一位,凡六等。")顧亭林氏所謂非無等之貴,非無事之食,而黄梨洲(即黄宗羲,號梨洲。明清之際思想家,著有《明儒學案》《宋元學案》《明夷待訪録》等)氏《原君》(黄宗羲《明夷待訪録》首篇)之所爲作也。師曠又曰:"天之愛民甚,豈其使一人肆於民上，以從其淫，而棄天地之性？必不然矣。"案，性，古多與"生"通，天立君本以保民之生，所謂"正德、利用、厚生"（《左傳》文公七年）也。君而失道，則使民失其生，故天不忍棄民之生，而縱一人之淫。此即湯武革命，應天順人，而《孟子》謂民貴君輕，君有大過，貴戚之卿，可易其位者也。此諸説者，求之諸經，無所不合。孔孟之言，尤爲昭然。《春秋》大義，必當有此明矣。

　　故《左氏》詳著師曠之言，而齊莊之弑，又著晏子之語曰："君人者（意即做民衆之君者），豈以陵民（欺凌百姓）？社稷是主。臣君者（意即做君主之臣下者），豈爲其口實（俸禄）？社稷是養。"其義與師曠若一。此必古昔先王之法言，《春秋》家親受大義於聖人，故《左氏》有"弑君、稱君、君無道也"（襄公四年）之例。雖於事或有未盡合，而其義則萬世之定衡也。自後世君臣失道，其衰也則莽、操之行肆，其盛也則漢武、明太之威暴；於是惡 wù 篡賊者專崇君綱，畏主威者競爲媚説。而《春秋》大義，相戒莫敢復言。即有一二巨儒如亭林、梨洲者發憤言之，而其時已不可爲，世之儒者猶且咋舌䁔①眙（䁔眙指驚愕直視貌。䁔，同"愕"），議其不純。噫嘻！孰知夫世變所激盪（同"蕩"）、民氣所推排，"曾不崇朝zhāo"（語出《詩·衛風·河廣》。鄭箋："崇，終也。行不終朝，亦喻近。"），而吾儕所爲佌佌（cǐ cǐ，卑微渺小）焉，"媚兹一人"（語出《詩·大雅·下武》。媚，愛也。一人，天子），萬壽無疆者已爲芻狗（典出《道德經》："天地不仁，以萬物爲芻狗；聖人不仁，以百姓爲芻狗。"魏源《老子本義》："結芻爲狗，用之祭祀，既畢事則棄而踐之。"芻狗比喻微賤無用之物），

---

① 䁔，原書誤作"聘"字，據文意改。

溝中斷矣。是雖大勢所牽，人力難爲，然自來儒者，多阿世逢君，不能昌明大義，亦不得不任其咎。彼外國無聖經大義，君主民主，止以勢力閧hǒng鬥(爭鬥)而定，宜其樂走極端。吾國則固有聖經大義，爲至中至正之衡(準則)，乃以廢藏不用，至於禍亂靡屆(没有終極)，不亦大可哀哉？

司馬公(司馬光)**知《春秋》**。

吾讀司馬公《稽古錄》，於劉裕稱其功在華夏，而不責其篡晉之罪，是誠知《春秋》大義者。當其時宋方隆盛，秉筆之臣敢爲是言，不以爲忌，此古之君臣猶知道理，而溫公(司馬光死後被追贈爲溫國公，簡稱溫公)所以爲大儒無媿也。

"**閭丘嬰**(齊大夫)**以帷縛其妻**。"襄二十五(前548年)。

縛音捲。《廣雅》(中國古代訓詁書，三國魏張揖撰。由《爾雅》舊目所增廣，爲研究古代詞彙和訓詁的重要書籍)："縛，束也。"字從專聲。昭二十六年"以幣錦二兩縛一如瑱(tiàn，垂在冠冕兩側用以塞耳的玉墜)"，亦此"縛"字。

"**行及弇**yǎn**中**(弇中爲山谷名，在今山東淄博市臨淄區至萊蕪市之間)。"同上。

弇，於廉切，又於檢切。俗語物之合縫曰合弇。

宋伯姬。成九(前582年)至襄三十(前543年)。

伯姬，魯宣公之女、成公妹也。成九年歸宋共公，十五年共公卒，伯姬嫠lí居(猶寡居。嫠，寡婦)三十四年，以襄三十年死於宋災。《春秋》書曰："五月甲午，宋災，宋伯姬卒。"又書曰："秋七月，叔弓如宋，葬宋共姬。"《穀梁氏》曰："伯姬之婦道盡矣。詳其事，賢伯姬也。"胡氏瑗（北宋學者，著有《周易口義》《洪範口義》《皇祐新樂圖記》等）以伯姬爲女中之伯夷也。此事《公》《穀》二傳於義爲精，《左氏》以爲"女而不婦"（指遵守女道而非婦道。女需待保傅而行，婦則可便宜行事），非也。劉原父已論之（見劉敞《春秋權衡》卷六："如共姬之守禮死義，不求生以害生，亦可免矣，反謂之不婦乎？《易》曰：'恆其德，貞，婦人吉。'共姬恆之矣，所謂婦也。"）。《彙纂》錄二傳，而刪去《左氏》"女而不婦"之文，其義允矣。

"雍子（本楚大夫，後奔晉）之父兄譖（zèn，讒毀）雍子，君與大夫不善是也。"襄二十六（前547年）。

林云："是，正也。君、大夫信其父兄，不能正其曲直。"（宋林堯叟《音注全文春秋括例始末左傳句讀直解》）案，父兄者，族之尊長事，果尊長不直，則亦有伸理之法。如曰尊長於卑幼無曲直可辨，是大悖聖人之道。孔子曰：父父，子子，君君，臣臣。（語出《論語·顏淵》）君父猶不可失理於臣子，然則聖人焉有偏畸不中之倫理乎？凡偏畸之弊，皆小儒曲士（鄉曲之士，指鄉野鄙陋之人）之過，正楚君大夫不能正雍子父兄之罪者也。

向戌（宋大夫）**弭兵**。襄二十七（前546年）。

首云"欲弭諸侯之兵以爲名"，終以子罕（宋卿）痛責其誣，"名"字起，"誣"字結，妙極。如此方終始得長篇全局，而向戌之詐僞干譽，心肝如畫矣。千古天下大事，每壞於此輩僞君子：鑄九州之大錯，賈 gǔ 一己之美名；誤盡蒼生，譽滿天下。其禍至慘，而事最可哀。讀《左氏》者於合左師(即向戌。任左師,食邑在合,故稱合左師),免華臣(宋司徒)、殺太子痤cuó等事,前後統觀,則此老革(猶老兵)巨姦,莫逃禹鑄(意即"鑄九州之大錯")矣。

《象箾》《南籥yuè》與《韶箾》。襄二十九(前544年)。

兩"箾"字,二音二義:象箾音朔,賈逵云舞曲名;韶箾音簫,《說文》"虞舜樂曰《箾韶》"。許君(指許慎)①《春秋》用《左氏》古文,然則今《書·皋陶謨》作"簫"者,今文也。而《說文·音部·韶》又引《書》曰:"簫韶九成,鳳皇來儀",是許君兼用今古文,不守一家之證。韶箾、箾韶,文有上下,義亦無二。

虢之會。昭元(前541年)。

虢即制也,一名虎牢,在今汜水縣(1949年已廢,今屬河南省滎陽縣)西,《公》作"𣵠",《穀》作"郭",凡此皆音近通假,無定字。三傳異文甚多,而音近通假居其大半。虎牢形勢,為中國強弱所係。自晉悼初立,"城虎牢以偪鄭"。襄二。又九年諸侯戍之,次年遂爲蕭②魚之會。襄十一。至是二十二年,當晉平之十七年,晉霸復衰,當國者為偷食老耄(mào。老耄指年老高齡)之趙武,泄沓(懈怠拖沓)委蛇(敷衍應付),爲弭兵之會以自欺。虢之會,諸侯至者十一國,惟見楚圍(公子圍,即後來的楚靈王)之驕肆,中國皆奄奄無氣焉,然楚之強,亦成餘氣,重以圍之佗逆,蘊亂日亟,而吳乃日長炎炎。天下之勢,漸趨於江、淮、汝、潁,兵家所爭,乃在居

---

① 據文意,"許君"後當脫"謂"或"云"字。
② 蕭,原書誤作"簫"字,據前文及阮刻本《春秋左傳正義》改。

巢（巢爲地名，在今安徽巢湖市）、州來（地名，在今安徽鳳臺縣）、鍾離（地名，在今安徽鳳臺縣東北）。虎牢不復爲重，鄭亦少安矣。

"楚子麇(jūn)卒。"同上。

麇，九倫反，《公》《穀》作"卷"，音權。案，麇、卷，雙聲字。此亦音近通假之最明者。因思《禮·玉藻》之"圈豚行，不舉足"，圈豚即逡巡（恭順貌），一作逡遁，皆雙聲之借耳。

"周公殺管叔而蔡 sà 蔡叔。"同上。

注："蔡，放也。"案《說文》："鏺，糤 xiè 鏺散之也。"（段玉裁注："鏺者，複舉字。糤者，衍字。正義曰：'《說文》鏺爲放散之義，故訓爲放。隸書改作，已失字體。鏺字不可復識，寫者全類蔡字，至有爲一蔡字，重點以讀之者。'"）《廣韻》桑割切，音薩，此爲本字，蔡爲假字。《廣韻》正作"鏺蔡叔"。

"三老凍餒(něi。饑寒交迫。餒，饑餓)。"昭三（前539年）。

杜云："三老，謂上壽、中壽、下壽。"服虔云："工老、商老、農老。"案，商老無凍餒之理，杜說爲長。

"仁人之言，其利博哉。"同上。

"博"字，考《彙纂》本、李光明本（晚清南京坊主李光明所刻《左傳》注本），均作"溥"，或誤。惟"博""溥"二字義同，訓大，音亦近。《中庸》"溥博"二字連用，今常語云利溥。

"則使宅人反之。"同上。

宅人，始司市宅之官。如府人、庫人（二者皆爲掌庫藏之官。府、庫可互通,庫亦府也)之稱,又如市官有褚師,漁吏稱侍漁之類。晏子既爲里室如人之舊,即使主市宅之人各反其主。杜云使其宅之人"還其故室",似非。

晏子。襄二十八(前545年)至昭三(前539年)。

襄二十八年,晏子辭邶殿(齊別都,在今山東昌邑市西北)。昭三年,晏子辭宅。兩事及對景公"踊(受刖刑之人所用的特製鞋)貴屨(jù,鞋)賤",一則自處以儉,一則愛人以仁。綜觀晏子之學,蓋墨家而兼道家者。觀其言皆樽節(樽節指抑制節省。樽,通"撙"zǔn)退讓,尤不肯以富貴加乎貧賤,故言"富則曰如布帛之有幅",居則以近市爲小人之利,衣則一狐裘三十年(語本《禮記·檀弓下》:"有若曰:'晏子一狐裘三十年。'"),事事合於刻苦、兼愛、清淨、卑弱之風,而不喜儒者之術。《史記》載沮(阻止)景公用孔子之説(《史記·孔子世家》:"晏嬰進曰:'夫儒者滑稽而不可軌法;倨傲自順,不可以爲下;崇喪遂哀,破產厚葬,不可以爲俗;游説乞貸,不可以爲國。自大賢之息,周室既衰,禮樂缺有間。今孔子盛容飾,繁登降之禮,趨詳之節,累世不能殫其學,當年不能究其禮。君欲用之以移齊俗,非所以先細民也。'"),全是攻儒者之短,以爲用孔子以侈齊俗。蓋儒家文勝,墨、道兩家皆視爲忠信之薄,學術之歧固顯然也。顧孔孟心中,絶不以此而排晏子,《論語》孔子稱晏子善與人交,而孟子對齊宣王雪宮之問,極陳晏子之説以諷王。蓋儒家取墨、道兩家之精意,其足以治平者,在乎平貧富之殊絶,廣施舍之仁政,其精意實與絜矩(絜,度量。矩,法度。絜矩比喻道德規範)以平天下、均無貧和無寡(語出《論語·季氏》)之理訴合,要爲治平之極則。儒家大公無我,善與人同,不因彼之排我,而操戈反攻之,此儒家所以爲大也。《班書》

於道家則推源於《易》之嗛嗛(謙遜貌。嗛，通"謙")，於墨家則推原於禹之菲(微薄)飲食、卑宫室，誠閎通(猶通達)之定評矣。或曰晏子書，《班志》(指班固《漢書·藝文志》)不列之儒家乎？曰此不必以爲疑，蓋百家固出一原，後人叙列，多有出入。如管子入道家，而或以入法家；伊尹、太公在道家，而自儒者所稱伊尹實儒，太公則兵也。且晏子之父名弱，弱名其子曰嬰，觀其命名之義，其爲道家之學，昭然無疑。晏子稱先臣，以辭爽塏(kǎi。爽，明亮。塏，乾燥)而即湫隘(湫 jiǎo，低濕。隘，狹小)，且曰"於臣侈矣"，非其家學淵源之明證乎？

"余髮如此種種。" 昭三(前539年)。

種種即童童，童，秃也。"種"字，《説文》本音童，爲種稑(lù，晚種早熟)之正字。後乃轉借爲種族之種。此種種，蓋本音之僅存者。借種爲童秃，音本同也。《釋文》又作"董董"，童、種、董皆一音耳。其轉音又爲濯濯，《孟子》"是以若彼濯濯也"。秃、童、種、濯皆雙聲遞轉。趙(東漢趙岐)注訓濯濯爲"無草木之貌"，濯濯又可訓光澤貌，凡秃者，亦必光，此又義之相引申矣。

"王使問禮於左師(宋左師，指向戌)**與子産。"** 昭四(前538年)。

戌於襄十七年華臣之亂，即稱老夫，至此又十八年矣，其年應耄耋(mào dié，猶高齡)。《左氏》記其言，皆陰桑①深閟(bì，深邃隱蔽)，可畏之人也。

---

① 據文意，"桑"疑爲"柔"之形訛。

滅賴。同上。

賴，《公》《榖》作"厲"，今河南商城縣。案，賴、厲，雙聲。

芋尹。昭七（前535年）。

芋，于付反。孔疏："芋是草名。陳有芋尹，以草名官，不知其故。"申無宇（楚大夫）爲此官。案《方言》："芋，大也。"《詩·斯干》"君子攸芋"，即訏 xū 樂（語本《詩·鄭風·溱洧》："洧之外，洵訏且樂！"毛傳："訏，大也。"鄭箋："言其土地信寬大又樂也。"）之意。是芋尹，或即大尹。凡于聲之字，多訓大也。

"僕區（ōu）之法"。同上。

區，烏侯反。"僕，隱也。區，匿也。爲隱匿亡人之法。"（《左傳》孔疏引服虔語）案《說文》："區，踦（通"羇"，寓居）區，藏匿也。从品，在匚中。品，衆也。"匚，古"隱"字。是區之本義爲藏匿。今人但作區別、區區之義，而忘其本義。乃於其本義轉爲烏侯之音，然古義猶於此僅存，故班曰《左傳》多古字。

叔向引《詩》"巧言如流"。昭八（前534年）。

杜云："嗀 gě，嘉也。師曠此言，緣問流轉，終歸於諫，故以比'巧言如流'也。當叔向時，《詩》義如此，故與今說《詩》者小異。"孔疏引隱元年注云："詩人之作，各以情言；君子論《詩》，不以文害意。故《春秋》引《詩》不皆與今說《詩》者同。他皆放此。"然則引《詩》斷章取義，得異於本詩。故王伯厚（即王應麟，字伯厚，號深寧。南宋經史學者，著有《困學紀聞》《玉海》《深寧集》等)引《春秋繁露》曰："《易》無達吉,何義門(即何焯,學者稱義門先生。清初學者,有《義門讀書記》等傳世)云："吉疑作'占'。"《詩》無達詁,《春秋》無達例。"(王應麟《困學紀聞·春秋》)

"**朝而塴** bèng。"昭十二(前530年)。

塴,北鄧反。孔云:"《周禮》作'窆',《禮記》作'封',字不同而聲相近,經篆、隸而字轉易耳。"案《說文》正作:"塴,喪葬下土也。《春秋傳》曰'朝而塴',《禮》謂之'封'。"是漢時《左傳》塴从朋,乃古字。後變从崩,亦一音。孔舉窆、封聲轉,碻依《說文》可徵。說經成法,前儒已具。又案,朝與日中兩時均可葬,是當時尚未有陰陽家擇時辰之習。

"**有酒如淮**。"同上。

陸(陸德明)云:"學者以淮、坻(通"阺"dǐ)韻不切,淮當爲濰 wéi,齊地水名。下稱澠,澠亦齊國水也。案,澠是齊地水,齊侯稱之。荀吳(晉大夫)非齊人,不應遠舉濰水。古韻緩,作淮足得,無勞改也。"此陸《釋文》訂正音讀之最明者。讀經改字,以就己說,自昔已然,惟通儒慎之耳。

季平子(魯大夫)**伐莒**。同上。

伐莒在十年(指昭公十年),是役用人(用人指殺人以祭)於亳社(殷社。魯因商奄之地及殷遺民,故立亳社),與楚靈"用隱太子(蔡靈公之太子,追諡隱)於岡山(竹添光鴻謂當在今湖北松滋市)",宋襄"用鄫 zēng 子於次睢之社(社名,位於睢水邊,當在今江蘇銅山縣附近)",皆暴虐妖蠻之事,此等事即所謂用夷禮。蓋洪荒以來,夷俗猶未能盡革,韓昌黎云"占無聖人,人之類滅久矣"（韓愈《原道》），豈不然哉？

"坎（挖坑）**，用牲，加書**（加盟書於牲上）**。"**昭十三（前529年）。

襄二十六年宋伊戾（宋太子之宦官，名伊戾）"歃，用牲，加書"，彼作"歃"，借字，此正字。

"則如違之，則如與（支持）**之。"**同上。

如，即不如。古語緩急之故，已見前。

"盟以底信。"同上。

杜注："底，致也。"案，陸《釋文》"底音旨"，是，當從厂。從广者，相沿（同"沿"）之誤。"厎"與"底"二字，段氏《説文》广、厂兩部，分別甚明。顔（顔師古）注《漢書》，亦皆辨別，凡訓致也，至也，平也。如"震澤厎定"（《尚書·禹貢》）、"瞽瞍（gǔ sǒu，舜之父）厎豫（得以歡樂）"（《孟子·離婁上》）之類，皆從厂，音旨。又通作"耆"，《周頌》"耆定爾功"是也。若《左傳》昭元年"壅閉湫底"（四字義近，指壅塞不通），與凡底止、底滯（服虔注："底，止也。"杜注："底，滯也。"），皆從广，即底下之底。《詩》"伊於胡底"，段亦謂當爲厎至之厎，然《爾雅》底、厎，皆訓止也。郝（郝懿行）疏云二字皆從氐聲。然則音近例可互通，分別亦可勿泥。朱氏駿聲（清代經學家、訓詁學家，著有《説文通訓定聲》《小學識餘》等）又以底定等義，借爲厎，是以底①爲本義，以底本訓止也，其説亦通。

---

① 原書"是以底"兩見，據文意刪。

"**君信蠻夷**（杜注："蠻夷，謂邾、莒。"）**之訴。**"同上。

邾，曹姓，陸終（上古傳說中人物，楚先祖火正吴回之子）之後；莒，己姓。皆子爵。文七年《傳》："穆伯（魯大夫）娶於莒，曰戴己（己姓，諡曰戴）。"此乃謂之蠻夷，亦强大輕弱小之詞耳。此可見三代所謂蠻夷者，皆相輕之語，如後世索虜、島夷（見《資治通鑑·魏紀》"文帝黄初二年"條："宋、魏以降，南北分治，各有國史，互相排黜，南謂北爲索虜，北謂南爲島夷。"胡三省注："索虜者，以北人辮髮，謂之索頭也。"）云爾。

"**三年之喪，雖貴遂服，禮也。**"昭十五（前527年）。

"三年之喪，雖貴遂服"，即所謂"自天子達於庶人"（《禮記·王制》）也。自漢文短喪，迄於後世，不能復古，儒者非之。晉武獨行三年，允爲賢主。杜預注《左傳》，又依《傳》末流，爲天子諸侯卒哭（《儀禮·既夕禮》鄭玄注："卒哭，三虞之後祭名。始朝夕之間，哀至則哭。至此祭，止也。朝夕哭而已。"杜預《春秋釋例》："君既葬，反虞則免喪，故曰卒哭，哭止也。"按，既葬之後的祭祀謂之虞）除喪之説，是不能將順人主之美，而不卹得罪名教，前人論之備知。晉武服三年事見泰始二年（266年）。

"**庸次、比、耦。**"昭十六（前526年）。

案，庸即傭工之傭。傭工合作，或换工遞作，必以次序，故曰次、比、耦。"次比耦"三字，同義疊字如"儀式型"（儀，儀表。式，法式。型，模型。三者用爲動詞，意即效法。語出《詩·周頌·我將》："儀式刑文王之典，日靖四方。"）之例。《周頌》有主、伯、亞、旅（《詩·周頌·載芟》："侯主侯伯，侯亞侯旅。"毛傳："主，家長也。伯，長子也。亞，仲叔也。旅，子弟也。"），亦言農人工作之輩，與此相類。

"**蓬、蒿、藜、蔩**(diào。蓬、蒿、藜、蔩泛指各種野生草木)。"同上。

蓬虆 léi，與缺盆一類，蔓生，有刺。缺盆一名覆盆。又有山苺(同"莓")、藨 pāo 苺，皆同類。實如桑葚，紅赤色。草中又有蛇苺，俗名蛇果。苺，徒弔反。《爾雅》郝疏云："俗名灰蔩，一名灰菜。藜全似蔩，而葉心赤，俗謂之紅灰菜，老可爲杖。"案，今多呼灰莧 xiàn 菜，初生可食。

"**出舊宮人**。"昭十七(前525年)。

杜云："舊宮人，先公宮女。"案，宮人、宮女之名始此。

"**親戚爲戮**。"昭二十(前522年)。

古語父子兄弟，皆爲親戚，言親屬共休戚也。

"**吳人伐州來**。"昭二十三(前519年)。

《大事表》：州來，今壽州，即壽春(今安徽壽縣)也。自成七年，吳入州來，至昭二十三年，雞父(楚地，在今河南固始縣東南)之戰，州來遂入吳，自是入郢之禍兆矣。吳蓋爭之，七十餘年而後得。

"**正其疆場**。"同上。

疆場，古止作"易"，言疆界至此易主也。見《漢書·食貨志》張晏注。《毛詩》《左傳》通作"塲"，加土，此亦俗字，而俗又多誤爲場圃之場。

"**不懦不耆**。"同上。

杜云："耆，強也。"音臣支切。朱駿聲云：耆，即榰 zhī

柱之楮,今通作"支"。案,楮柱即枝梧,言抵拒也。耆爲強,懦爲弱。

"左師展(魯大夫)**將以公乘馬而歸**。"昭二十五(前517年)。

乘,騎也。劉炫謂此騎馬之漸(開端)。案《論語》:"有馬者,借人乘之。"是春秋中世已有騎馬者。

林雍(魯人)"**鏧**(通"羥"qīng,指單足跳走)**而乘於他車以歸**"。昭二十六(前516年)。

鏧,《釋文》音馨。疏引《說文》:"鏧,金聲也。"《欽定》本(指《欽定左傳讀本》)云:"一作羥。"《廣韻》:鏧、羥並音輕。

堀室。昭廿七(前515年)。

陸《釋文》:堀,一作"窟",同。案,《說文》作"堀",突也。突者,出於穴之貌。今通作"窟"。

晉滅祁氏、羊舌氏。昭二十八(前514年)。

祁奚、羊舌肸xī,皆賢大夫。又晉公族楊食我(即羊舌肸之子伯石,食邑於楊),不聞大過,祁盈(祁奚之孫,晉大夫)討其淫亂之家臣,義正辭直,乃晉頃昏悖,信荀躒(lì。即知文子,晉大夫)之譖,一朝而滅二氏,此千古冤獄,有甚於伍奢、伍尚。《左氏》記司馬叔游(晉大夫)止祁盈之言,曰:"'惡直醜正,實蕃有徒'(杜注:"言害正直者,實多徒衆。"),無道立矣,子懼不免。"其語悲憤沈痛,有心人所不忍聞。洩冶(陳大夫)諫陳靈之淫而被殺,孔子曰:"民之多辟(邪僻),無自立辟(法)。"(語出《詩·大雅·板》。清馬瑞辰《毛詩傳箋通釋》:"謂邪僻之世,不可執法以繩人。")曾伯宗(晉大夫)好直言,其妻曰:"盜憎主人,民惡其上。子好直言，必及於難。"卒爲三郤(郤錡、郤犨、郤至)所害。合之司馬叔游之言，皆千古傷心之語。史官記之，皆所以存直道、伸公論，與明哲保身之說，用意固不相同，今人則但知有明哲保身之說矣。

於論齊豹(衛司寇)**，及三叛**(指邾庶其、莒牟夷、邾黑肱三個叛逆者)**人名，不名。**昭三十一(前511年)。

或求名而不得，或欲蓋而名彰。欲蓋而名彰者，所以誅竊邑叛君徼(同"邀"，求)利之賊，此人人所知之賊也。至求名而不得者，則專以過止攻難(攻難猶作難)之士，即近世所謂冒險敢死之輩、破壞暗殺之徒也。太史公傳刺客、游俠，班史(班固《漢書》)已譏其進姦雄。是非繆於聖人，若近世縱橫策士之流，立説譁衆，導揚歐西革命之風，甚至本國歷史崇尚洪、楊(太平天國首領洪秀全、楊秀清)，一時風靡。若狂不及一紀(一世)，而神州殺劫糜爛，無人復能收拾。反觀當時鼓吹革命破壞者，則又皤pó然(指鬚髮白貌)皓首，時時流露其悔心矣。駟不及舌(典出《論語·顏淵》："子貢曰：'惜乎！夫子之説君子也，駟不及舌。'"何晏集解引鄭玄曰："過言一出，駟馬追之不及舌也。")，雖悔何追？然則《春秋》之義，誠不可不知也夫！

"元年春王。"定元(前509年)。

《公羊》："定何以無正月？正月者，正即位也。定無正月者，即位後也。即位何以後？在季氏也。"《穀梁》："不言正月，定無正也。昭無正終，故定無正始。"案，定元年不書正月，《公》《穀》之説甚精，雖日月諸例，多寘(zhì，阻止)礙難通，至此等説，則明白正大。其義發於隱元年，《公羊》言王正月爲大一統,《穀梁》言無事必舉正月爲謹始,皆不可易之義。

榮駕鵝(即榮成伯,魯大夫)。定元(前509年)。

陸云:"駕,音加。"案,駕从鳥。依《説文》,作"䳒 gē 鵝"。駕、䳒,一音之轉。或作"駕",从馬,亦通借字。

肅爽。定三(前507年)。

爽,一作"霜"。馬融(東漢經學家、文學家。遍注群經,著有《三傳異同説》等,均佚)説:"肅霜,雁也。其羽如練,高首修頸,馬似之。"案,《説文》有"鷫鵊",當爲俗字。《左氏》"肅爽",爲古字。《左氏》本爲古文學,其中多古字。許君爲《左氏》古文學,亦兼收俗字者,字之義爲孳 zī 乳(繁衍、派生)寖(jìn,漸)多,後出俗字於例應立,不爲病也。近人墨守許書者,乃必於出九千三百五十三文外者,一概排去,至並經字而不信,甚矣其惑也。

"分之土田、陪敦"。定四(前506年)。

杜云:"陪,增也;敦,厚也。"《説文》:"培敦,土田山川也。"案,杜解但釋"陪"、"敦"二字之義,而文意未協。許説土田山川尤不瞭。近見孫氏詒讓(清末經學家、文字訓詁學家,著有《周禮正義》《墨子閒詁》《古籀餘論》《札迻》等)説,陪敦即附庸(指附屬於諸侯的小國),"土田、陪敦"即《詩》之"土田、附庸"。(説見孫詒讓《古籀餘論》卷中)蓋陪①與培通,培有剖音。襄二十四年,"培塿 lǒu 無松柏",其字《説文》作"附

---

① 陪,原書誤作"培"字,據文意改。

婁"，是陪、培與附音相轉通，陪、培皆可轉作附音矣。至敦之爲庸，則以古文墉作"𩫖"，與敦所從之䵅（chún。據《說文》，敦本字作"𢼹"，䵅聲），形相似，乃誤以庸爲敦。此說甚有理，優於古說。衡之文義，"土田、陪敦"與下"祝、宗、卜、史（祝指太祝，掌祭祀祈禱之事；宗指宗人，掌宗廟祭祀之禮；卜指太卜，掌卜筮之事；史指太史，掌記載史事、推算曆法等事），備物（服用的器物及禮儀。備，通"服"）、典策（典籍簡冊），官司（百官）、彝器（常用禮器）"平列，皆名辭實字，《左氏》文之通例，不得培敦獨訓增厚爲虛義也。

申包胥。定四（前 506 年）。

申包胥，《戰國策》作"棻 fén 冒勃蘇"。王深寧曰："豈棻冒之裔，楚之同姓歟？"（語出王應麟《困學紀聞·春秋》。按，蚡冒爲楚國君。王氏意謂"棻冒"疑即"蚡冒"。）錢大昕（清中期史學家、漢學家，著有《廿二史考異》《十駕齋養新錄》《潛研堂詩文集》等）云："'棻'爲'楚'之訛。'冒'者，'眉'之訛。'眉'，古文'申'字。'勃蘇'，與'包胥'聲相近。"（清翁元圻集注《困學紀聞》引）案，勃蘇與包胥聲近，誠是。棻之爲楚，昌之爲眉，影響（仿效）虛造，錢氏此弊甚多，不可信。竊意棻與申音近，楚固有申氏，多賢人，《大事表》列之申叔時、申叔豫一族。古人姓氏音近錯出者多，如荆卿、慶卿（《史記·刺客列傳》："荆軻者，衛人也。其先乃齊人，徙於衛，衛人謂之慶卿。而之燕，燕人謂之荆卿。"），太叔、世叔（朱熹《論語集注》："世叔，游吉也，《春秋傳》作'子太叔'。"），不可勝數，而楚之蔿 wěi、薳（清人范照藜《春秋左傳釋人》："薳，地名，與'蔿'通。"），尤切證也。冒勃蘇，或即"包胥"二字之緩音。冒、勃、包，三字一音也。此又如郱婁爲郳（《禮記·檀弓》"邾婁復之以矢",陸德明《釋文》云:"邾人呼邾聲曰婁,故曰邾婁。《公羊傳》與此記同,《左氏》《穀梁》但作邾。")、於越爲越(《左傳》定公五年"於越入吳",杜注:"於,發聲也。")、鱄 zhuān 設諸(吳之勇士。《史記》作"鱄諸"。楊伯峻《春秋左傳注》謂"設"爲語詞)、孟施舍(《孟子·公孫丑上》"孟施舍之所養勇也",趙岐注:"孟,姓。舍,名。施,發音也。")之類耳。

申包胥與伍子胥皆復仇。定四(前506年)。

伍子胥復仇之義,自《公羊》張之。太史公尤描寫激昂,子長(即司馬遷,字子長)固多主《公羊》也。而王深寧賢包胥獨至,蓋大其復國仇也。其言曰:"申包胥似張子房,天下士也。自夏靡之後,忠之盛者,包胥而已。我思古人,惟諸葛武侯可繼之,'鞠躬盡瘁,死而後已',其志一也。若梁之王琳(初爲南朝梁將領,參與平定侯景之亂。梁亡後投奔北齊。不久爲陳朝軍隊所敗,被擒殺。《南史》稱其"輕財愛士,得將卒之心;屢經喪亂,雅有忠義之節")、唐之張承業(唐末賢宦。一生忠於唐朝。唐昭宗時使晉,爲河東監軍。唐亡後仕後晉,仍以唐舊官自居。後因諫阻李存勖稱帝不遂,不食而卒),功雖不就,抑可以爲次矣,不當以功之成否論。太史公①傳伍員而不傳包胥,非所以勸②忠也。"(王應麟《困學紀聞·春秋》)王氏所言如此,可謂炳丹青而昭日月矣。其意蓋傷宋亡之不可復,而於文天祥、陸秀夫、張世傑諸公不言及者,切近不可顯言。

定、哀之際,多微辭之義耳。(見《公羊傳》定公元年:"定、哀多微辭。"孔廣森通義:"微辭者,意有所託而辭不顯,唯察其微者,乃能知

---

① 公,原書脱,據《困學紀聞》補。
② 勸,原書誤作"觀"字,據《困學紀聞》改。

之。")愚觀《左氏》記鄖 yún 公辛（即鬭辛，楚鄖邑長官）責其弟懷（即鬭懷），極論君不可讎，蓋於子胥有微辭焉。又歷記吳人之爭宮，夫概王（闔閭之弟，名夫概。自立爲王，故稱夫概王）之歸而自立，後奔楚，皆有疾（厭惡）吳之意。而於楚之諸賢，自包胥外，則如司馬戌之忠壯，子西、子期之智略，鬭辛、由于（即王孫由于，楚大夫）之肫 zhūn 誠（誠摯），乃至鍾建、鬭巢之倫，詳哉言之，而結束於子西遷郢（ruò，楚邑，在今湖北宜城縣市東南），改紀其政，以定楚國。又於楚昭王卒，詳記其言行，而斷以孔子曰："楚昭王知大道矣，其不失國也宜哉！"（《左傳》哀公六年）讀者合前後觀之，《左氏》意蓋不同於《公》《穀》。深寧之論，雖其身世所遭，有感於包胥，而其旨要同《左氏》也。

子西。定四（前506年）。

子西爲楚賢相，讓王興國，德與才不亞管仲、子產，《左氏》記之甚備。孔子於昭王稱爲知大道，不應於子西獨曰"彼哉彼哉"（語出《論語·憲問》，言無足可稱），若以爲沮（阻止）書社之封（見《史記·孔子世家》。日本瀧川資言注："蓋書社，書名於里社之籍也，猶曰居民也。"），則晏嬰亦沮封（齊晏嬰諫阻景公以尼谿田封孔子，見《史記·孔子世家》）。而孔子不以此疾晏子，說已具前。《論語》所稱子西，毛奇齡（清初經學家、文學家，有《西河合集》傳世）從馬融說，斷爲鄭子西，公孫夏也。張文楚（毛奇齡門人）備引其與子產同時，相鄭伯、伐陳諸事，皆見《左傳》，甚爲明確。（見毛奇齡《四書改錯》）凡史策中同名同字者多矣，未可誤認。

季芈(楚昭王之妹)。同上。

《公》《穀》詳書吳人處楚宮事。楚之宮室，蓋有難言者。《左氏》衹著"以班處宮"(杜注："以尊卑班次，處楚王宮室。")四字，而詳叙季芈出亡及嫁鍾建事，光明正直，以著楚有此貞信之女，其意深而其筆尤潔矣。更當與《列女傳》楚王母伯嬴事參證：其時吳王入宮，伯嬴持刀以言語斥退吳王，閉永巷門三旬，懔懔嚴正，大爲楚人吐氣；中壘(即劉向。官至中壘校尉，故世稱劉中壘。西漢經學家、目錄學家、文學家。著有《五經通義》《春秋穀梁傳說》等，已佚)取以爲傳，亦所以解《公》《穀》兩家之穢。而《穀梁》文云"蓋有欲妻楚王之母者"，比《公羊》文多一"欲"字，情事分明，視《公羊》有黑白之分，可謂一字千金矣。中壘爲《穀梁》之學，故更爲楚王母作傳以雪之，此皆古人忠厚之至處。

"從祀先公"。定八(前502年)。

文二年"大事於太廟，躋僖公(意謂將僖公神主置於閔公之上)"，至此乃正其昭穆之次，故曰從祀，《左氏》釋之曰順祀。案，《春秋》書禘 dì 祭，或曰吉禘，或曰禘，或曰大事，或曰有事，杜皆以爲禘也。以其審諦(《説文·言部》："諦，審也。")昭穆，謂之禘，合食羣廟，謂之祫 xiá，一祭而二名也。此杜氏《左傳》之説，顧氏《大事表》主之，著論五千數百言，歷引漢唐宋諸儒之説，盡闢其誣妄支離者，大抵以爲報本反始(見《禮記·郊特牲》："萬物本乎天，人本乎祖，此所以配上帝也。郊之祭也，大報本反始也。"孔疏："天爲物本，祖爲王本，祭天以祖配，此所以報謝其本。反始者，反其初始。"反，同"返")，宜從其實。如殷、周肇基稷(周之先祖，名棄，號后稷，別姓姬氏)、契(xiè，商之先祖。堯時爲司徒,封於商),則當以稷、契爲始祖,始祖以上,不必及也。漢儒感生帝靈威仰之類,固爲誣妄,而《祭法》(《禮記》篇名)殷、周禘嚳之文,亦漢儒之説。歷考《詩》《書》及孔、孟之文,無一言及帝嚳者。《生民》《長[①]發》《閟宫》《玄鳥》(四者皆《詩經》篇名),無一言及稷、契之父者。《史記》言稷、契與堯爲親兄弟,出於《世本》(古書名。《漢書·藝文志》載有《世本》十五篇,記黄帝以來至春秋時列國諸侯大夫的氏姓、世系、居、作等。此書至宋代已散佚,清代有多種輯本)之妄説。

千年鉅典,看破盡屬子虛。其言似創聞(猶罕聞、罕見)可駭,然實則信經而不信傳,至平易之義也。而其要尤在祭於廟,而非祀天帝。夫禘祫之説,聚訟千載,明清以來,皆不舉行禘祭,亦以歧説太多歟。

"**盜竊寶玉、大弓**。"同上。

杜注云:"夏后氏之璜,封父(國名,在今河南封丘縣)之繁弱(良弓名)。"案,孔疏云:"此是國之重寶。自劉歆以來,説《左氏》者皆同。《公羊傳》曰:'寶者何?璋判白(何休注:"判,半也。半圭曰璋,白藏天子,青藏諸侯,魯得郊天,故錫以白。"),弓繡質(指弓把上繪有五彩花紋。質,柎 fǔ 也,即弓把),龜青純(指龜甲邊緣爲青色。純,緣也。古人認爲千歲之龜青髯,明於吉凶)。'妄也,且所盜無龜。"今案劉歆之説,以本傳自證,可見漢人説經之法,惜其存而可據者少耳。

"**兹陽虎**(本爲魯季氏家臣,欲去三桓未遂,後奔齊,復奔晉)**所欲**

[①] 長,原書誤作"喪"字,據《詩經》改。

傾覆也。"定九（前501年）。

茲，滋也。滋，益也。猶"三命（指大國之卿或上卿）茲益恭"（《左傳》昭公七年）之"茲"。兩"茲"字，杜、孔皆不説，王氏《經傳釋詞》亦未碻。今以文義推之如此。《孟子》："若是，弟子之惑滋甚"，與此一例。

葱靈。定九（前501年）。

孔云："《説文》：'輧軿 píng，衣車也，前後有蔽。'賈逵云：'葱靈，衣車也，有葱有靈。'然則此車前後有蔽，兩旁開葱，可以觀望。葱中豎木，謂之靈，今人猶謂之靈子。"案，今作"窗櫺 líng"。此直以葱韭之葱爲窗，又從俗作"葱"，此可見"子揚窻"（楚人名，見《左傳》文公十六年）之"窻"字，必六朝後改寫之誤也。

夾谷（齊地，在今山東萊蕪市夾谷峪）**之會**。定十（前500年）。

孔子相定公，以兵退萊人事，三傳略同。《家語》（即《孔子家語》。《漢書·藝文志》載該書二十七卷，至唐已散佚。今本十卷，爲三國魏王肅所傳，係雜採秦漢諸書所載孔子遺文逸事而成）、《史記》皆取之，先儒多疑其附會。強氏《測義》以爲聖人尚禮，不尚勇，衣裳好會，非用武之地，蓋儒者張大其事。愚謂此説，亦不盡然。衷甲（披甲於内，而加衣甲上）劫盟，史册非一，折衝尊俎（折衝，擊退敵人的戰車。尊俎，古時盛裝酒肉之器。折衝樽俎指在杯酒宴會間，運用外交手段克敵制勝），貴有勇謀，聖人必不爲講經退賊之迂也。此事《左氏》所記本平正。蓋齊欲以萊兵劫魯侯，孔子知而早退。所謂"士兵（兵指以兵攻擊）之"者，特威懾之，固未用斧鉞也。《穀梁氏》乃有齊人鼓譟、優施（樂舞藝人，名曰施）舞笑、孔子使司馬行法、手足異門而出之説，近於俳 pái 優（俳優指滑稽雜戲）戲劇，明爲增飾之辭。《史記》好奇，不取《左氏》，而取《穀梁》，正史遷之陋。《家語》出於王肅，又無論矣。

"還，卒於陘，去檇李七里。" 定十四（前 496 年）。

檇，音醉。檇李，今嘉興（今浙江嘉興市）地。陘，音刑，亦嘉興地。去檇李七里，是《左氏》叙地遠近法，此後人地志文法之先例。

陳懷公朝（召見）**國人，問與吳與楚**。哀元（前 494 年）。

"吳之入楚也，召陳懷公。懷公朝國人而問焉，曰：'欲與（親附）楚者右，欲與吳者左。'（竹添光鴻箋："陳侯南面，楚在右，吳在左，故以左右分吳楚耳。"）陳人從田（杜注："田在西者居右，田在東者居左。"），無田從黨（從其族黨之有田者）。"逢滑（陳大夫）當公而進，不左不右，獨爲國無私心，乃定計辭吳，是衆之未可恃也。然王子朝（周景王庶長子）之亂，晉使士景伯（即士彌牟，又稱士伯）蒞問周故（如周問子朝、敬王之曲直），士伯立於乾祭（乾祭指周王城北門）而問於介（大）衆，乃辭王子朝，謀王室，昭二十四年。是又謀於衆以定大計也。二事將孰取信乎？善乎欒武子（即欒書，晉中軍將）之言曰："善鈞（通"均"，均等）從衆。夫善，衆之主（憑依）也。"時繞角（蔡地，在今河南魯山縣東南）之役，武子率六軍卿佐十一人，惟知莊子（即荀首）、范文子（即士燮）、韓獻子（即韓厥）三人不欲戰，武子從三人而絀（通"黜"，摒棄）八人，是以少數屈多數也。而武子以善鈞，然後從衆；然則其不善，則千萬人不如一人也。善爲衆之主，以善當衆,不必人數之衆,此理最精。姚叔節(即姚永概,字叔節。安徽桐城古文名家,著有《慎宜軒詩文集》,編有《左傳選讀》《孟子講義》《歷朝經世文鈔》《初學古文讀本》等)推論此説,以爲不求善而猥以衆,則必使智者受制於愚,賢者聽命於不肖。衆而不善,未有不敗者,其言可謂切矣。成六。

更徵之子産:子産自言救世,孔子尤稱之,其爲政尚猛,而不毀鄉校。至於作丘賦(楊伯峻謂"丘賦疑與魯成公元年之丘甲同意,謂一丘之人出軍賦若干"。另參《讀左隨筆》卷上"作丘甲"條),鑄刑書,毅然獨斷,不爲衆撓。始歌孰殺,終歌誰嗣。(語本《左傳》襄公三十年:"從政一年,輿人誦之,曰:'取我衣冠而褚之,取我田疇而伍之。孰殺子産,吾其與之!'及三年,又誦之,曰:'我有子弟,子産誨之;我有田疇,子産殖之。子産而死,誰其嗣之?'")而孔子稱之曰:"古之遺愛。"然則古君子爲國,其用衆之道可知矣。故《洪範》(《尚書》篇名)於大疑曰:"謀及庶人",而《論語》又曰:"天下有道,則庶人不議。"

"晉趙鞅率師納衞世子蒯聵于戚(衞邑,在今河南濮陽市北)。"哀二(前493年)。

《穀梁》云:"納者,内弗受也。何用弗受?輒(蒯聵子之名)不受父之命,受王父(祖父,此指衞靈公)之命,其弗受以尊王父也。"案此傳,范氏甯非之云:"經稱蒯聵爲世子,則靈公不命輒審矣。"(語出范甯《春秋穀梁傳集解》。下同)又云:"以拒父爲尊祖,是爲子可得而叛也。"強氏《測義》云:"蒯聵負罪而出,衞別立公子可也,而乃立輒,輒據國不讓,遂至父子爭國,此人倫之大變也。蒯聵父死不哀,欲因以爲利,罪無可辭,而輒之罪尤甚。"

"**獲齊粟千車,趙孟**(指趙鞅)**喜**。"哀二(前493年)。

是役齊輸范氏粟,鄭出兵送之,而齊人不出,故趙鞅誓辭、覵瞶禱辭,皆不及"齊"一字。至此則所獲者,實齊粟千車,鞅不覺喜曰:"可矣。"晉與齊兩不破面,而齊人不能一言,情事妙絕。近時外國人或有溷(同"混")迹我內地助亂者,於軍事對敵時,擊斃隱諱,不能一言,正此情也。又近日軍中有用某國人爲外國人爲兵卒尉弁(biàn,武官服皮弁,因稱武官爲弁)者,其人皆先入我籍,爲我人民,不復爲外國人。即彼本國政府亦不能責我,亦與此事義意相類。

"**國無小**。"哀二(前493年)。

"國無小"三字甚鍊,與"蕞爾國"三字意味正同。"國"字皆當重讀,其味即見。

差chāi**車**。哀六(前489年)。

杜云:"差車,主車之官。"案《爾雅》:"差,擇也。"《詩》:"既差我馬。"此差車之訓,正同《釋文》:"差,所宜切。"楚官亦有右領差車。哀十七。以此見列國官名多同也。

"**江、漢、雎、漳,楚之望也**。"哀六(前489年)。

雎水,出今遠安縣(在今湖北省)西北。雎,今作"沮"jū。遠安縣城門名臨沮樓。漳水出今南漳縣(在今湖北省)。二水合流在當陽縣(今湖北當陽市)東南五十里之合溶渡,南流入江。合溶,今名河溶。余少時曾經此地,有詩句云:"青鞵(同"鞋")暮渡沮川雨,黃犢秋耕楚塞烟。"猶想像其山水云。

楚昭王之賢。哀六(前489年)。

昭王之賢,孔子稱之,余前已論之矣。又讀《昌黎集·題昭王廟》詩云:"丘墳滿目衣冠盡,城闕連雲草樹荒。猶有國人懷舊德,一間茅屋祭昭王。"昌黎《宜城驛記》:"宜城縣(今湖北宜城市)東北有井,傳是昭王井。井東北有昭王廟,今惟草屋一區,每歲十月,民相率祭其前。"讀昌黎記與詩,可想像古人愛敬昭王之意若何,而其得爲傳於後世者,要有賴於良史之筆也。

"**太伯**(周太王長子,春秋時吳國之始祖)**端委**(玄端之衣與委貌之冠,即禮服)**以治周禮,仲雍**(太伯之弟)**嗣之,斷髮文身,臝以爲飾,豈禮也哉?**"哀七(前488年)。

臝,《説文》作"臝",从衣,羸聲,俗字作"裸"。陸《釋文》云:"本又作'倮'。"案,對人子孫,豈能斥言其祖?"斷髮文身,裸以爲飾",此正子貢外交雄辯之才,故爲傲慢以折強矣。近世李文忠公(即李鴻章,諡文忠)外交雄略,西人敬憚,其與西人燕談,往往談諧狎侮,而人愈恭,正有似於子貢。然此非實有其才與望者,萬不能效顰。又案,吳此會徵百牢(一百份太牢。按、牛、羊、豕各一爲一太牢),魯卒不敢不共,先王之典,視若弁髦(典出《左傳》昭公九年:"豈如弁髦,而因以敝之?"孔疏:"弁謂緇布冠,髦謂童子垂髦。凡加冠之禮,先用緇布之冠,斂括垂髦。三加之後,去緇布之冠,不復更用。"因以"弁髦"喻棄置無用之物)。子貢僅以三寸之舌,稍折其焰。而後此八年,陳芊尹蓋乃能據聘禮爭執,以公孫貞子(陳大夫)之尸將事(奉命行事),吳竟不能拒,何前之倨,而後之巽(通"遜")耶?強弱之勢頓殊,非芋尹之才過於子貢也。

茅成子(邾國大夫)**以茅**(邾邑,在今山東金鄉縣西北)**叛**。哀七(前488年)。

成子之叛,非叛國也。見邾子之昏瞶,國將亡而不肯自救,迫於危急,乃與昏主絕而自立,卒能以乘韋束帛請救於吳。其孤忠直節實與申包胥比烈。清光緒甲午中東之戰,師敗議和,朝廷割台灣予日本,台民聚謀抗拒,自舉總統獨立,事雖不成,義昭千古,與茅成子正相類。

公山不狃與叔孫輒(二人本爲魯臣,後流亡至吳)**語**。哀八(前487年)。

韓范(明末學者,著有《左傳測要集評》《雲頌堂詩集》等)曰:"公山有意全魯,豈陽虎者流?前之以費(bì,季氏食邑,在今山東費縣)叛者,仇季氏也。故因之可以用魯,用魯可以興周。仲尼欲往觀,此可知其本末。"(清李紹崧《新訂批注左傳快讀》引韓范評語)

"故道險(杜注:"故由險道,欲使魯成備。")**,從武城**(指南武城,魯邑)**。"**哀八(前487年)。

"故道險"三字鍊(精煉)。凡道由其地而行,則曰道。古文通語,"道"字亦實字虛用。武城,今費縣西南九十里。

"何故使吾水滋?"哀八(前487年)。

滋,據《說文》段氏、雷氏(指雷浚,清後期訓詁學家,著有《說文外編》《説文引經例辨》等）説，當作"兹"。杜注："濁也。"《釋文》："音玄，又作'兹'，子絲反。《字林》云：'黑也。'"案《説文·玄部》："兹，黑也。从二玄。《春秋傳》曰：'何故使吾水兹?'"是古本作二玄之"兹"，後乃作从艸之"兹"。二字形近，致譌俗書。又因加水旁作"滋"，更成溷（同"混"）亂。陸氏作《釋文》時，已兩字錯出，故"兹"、"兹"二字並存。不知何時乃又作"滋"，此古今傳寫之誤。今惟賴杜注、陸《釋文》可考其迹耳。又案，《左傳》多古字，而杜氏本亦有與《説文》不同者，如"楚人惎(jì，教)之"（《左傳》宣公十二年），"惎"字許書作"鼻"是也。

"徐承（吳大夫）**率舟師，將自海入齊。"**哀十（前485年）。

《大事表》云："徐承自海入齊之道，即今登（登州府，今山東登州市）、萊（萊州府，治所在今山東煙臺市）之海道也。《國語》哀十三年越入吳，范蠡、舌庸（二人皆越大夫）帥師自海入淮，以絶吳歸路。此即今安東雲梯關（古關名，在今江蘇響水縣南）之海道也。"案，哀九年，吳城（築城）邗hán，溝通江、淮，《欽定》（指《欽定左傳讀本》）注云："邗城在今揚州府蜀岡，爲江北岸。淮在邗之北，中多水道而不相通，當由江入海，乃由海入淮。吳既城邗，乃溝通江、淮二水，南起於江北，至今淮城北五里末口（古邗溝入淮處謂之末口）合於淮，通糧道也。《國語》《吳越春秋》皆記此事，蓋爲伐齊争霸計。今其道南自瓜（瓜洲，今江蘇揚州邗江區瓜洲鎮）、儀（今江蘇儀徵市），北至清江浦（在今江蘇淮安市），則隋開皇大業、宋天禧①、政和、明永樂時修改成之。"顧氏《大事表》云："吳城邗，自揚州至淮安三百里，又爲深溝商、魯之間，自河南歸德考城（歸德府考城縣，今已併入河南蘭考縣）至開封府之封丘又四百里。今日之漕河，已及其半。蓋江、淮既通舟師，自淮入泗入沂，穿魯、宋之境，道極回

---

① 禧，原書誤作"祐"字，據《欽定左傳讀本》改。

遠."即今運河水道。吳思爭霸上國，內則通江、淮、達泗、沂，以穿宋、魯，外則出没海上以窺齊，其一時雄略鉅工，必非一手一足之烈。後之言運河、言海運者，皆踵吳人之緒餘耳，亦已偉矣。《禹貢》中江自太湖通蕪湖者，伍子胥伐楚時亦開之，見《方輿紀要》（即《讀史方輿紀要》，清初顧祖禹所撰历史地理名著）。

"用田賦。"哀十二（前483年）。

前年季孫以田賦訪仲尼，杜注：丘十六井，出戎馬一疋（同"匹"），牛三頭，是賦之常法。今欲別其田及家財，各爲一賦，當更出一馬三牛。李氏廉（元末學者，輯有《春秋諸傳會通》）云："杜氏於成元年'作丘甲'，已曰丘出甸賦，是一丘十六井，已出馬四匹、牛十二頭，此復以爲出馬一匹、牛三頭，前後自相戾。《胡傳》（胡安國《春秋傳》）則本之《國語》，大率以爲田主出粟，而賦則取之商賈之里廛（chán。里廛指店鋪、邸舍）。今魯以商賈所當出之賦，而令農民出之，非古制。古所謂里廛出賦者，蓋斂區域之征，以備馬牛車乘。《司馬法》所謂甸出一乘者，殆止出一乘之七十五人。觀《傳》載出兵多臨時授甲授車，則知馬牛車乘決非丘甸農民所出。"（李廉《春秋諸傳會通》）李氏此説，《大事表》稱爲卓論，可破千古之惑。備引《左氏》諸國出兵授兵，及《詩》《書》馬政牧政，以爲牛馬車乘本非農人所出，而因《胡傳》、李氏爲定論曰：宣之初税畝，加賦也；成之作丘甲，益兵也；哀之用田賦，則責丘甸備車馬也。（見顧棟高《春秋大事表·春秋田賦軍旅表》）今案顧氏此説，於理易通，即近世徵兵之制，亦止徵民之身，未有責鄉民備車馬器械者。從古經師之説，多有轇轕（jiāo gé，糾纏不清）牴牾（dǐ wǔ，抵觸），守門户者又排去宋以後説,遂成扞格。顧氏此書折衷多允,可爲說經之康莊達道矣。

"十有四年(前481年)春,西狩獲麟。"

獲麟之説,諸家紛如,或以爲文成致麟,或以爲感麟而作。大抵《公羊》説稍近神奇,何休諸儒競爲妖誕,其至言夫子知有秦項之戰、劉氏爲帝,作《春秋》授劉帝,孔穎達斥之爲"苟佞時世、妄爲虛誕"是也。而自漢以來,説《左氏》者,鄭玄、賈逵、服虔、穎容(東漢末學者。著有《春秋釋例》,已佚)等,亦有文成致麟之説。蓋東京尚讖緯,諸儒欲尊《左氏》、敵《公羊》,亦不免附會牽引。迄乎杜氏,乃一無取焉。孔疏又備引而痛闢之,一切斥之曰妖妄。自是儒者不復爲無稽之言。朱子云:"《春秋》獲麟,某不敢指定是書成感麟,亦不敢指定是感麟而作。大概出非其時,被人殺了,是不祥。"(《朱子語類·春秋》)《彙纂》案云:"此真通儒卓識,可以一洗紛紛穿鑿之論矣。至於絕筆獲麟,蓋以麟爲仁獸,聖王之嘉瑞也。今出非其時,被人殺之,聖心能無傷乎?然則感其不祥,而遂絕筆焉,聖人亦非無所寓意也。"《彙纂》此語,皆遵朱子爲定論。《左氏》云:"仲尼觀之曰:'麟也。'"只"麟也"二字,悲滄無限,勝於《公羊》"反袂拭面,涕沾袍"云云多矣。宜杜氏明絕之曰:"亦無取也。"(杜預《春秋左傳序》)

齊闞止與宰予,皆字子我。哀十四(前481年)。

姚薑塢(即姚範,號薑塢先生,清代桐城派學者)《援鶉堂筆記》云:"'《左傳》齊簡之在魯也,闞止有寵焉。及即位,使爲政。陳成子(即陳恆,又稱田常,齊正卿)憚之,殺子我,弒簡公。而《韓非子》言宰我爲田常所殺,《史記》言'宰我爲臨淄大夫,與田常作亂,以夷其族,孔子恥之',《淮南·人間》篇言田常、宰予弒簡公,皆與《左傳》不合。"蓋闞止、宰予皆字子我,諸家不見策書,相傳訛耳。姚氏此説,極爲有識。曾參殺人,陽虎貌似,其在諸子,尚不足怪。惟史遷居太史之職,修傳信之書,一意好奇,多爲怪誣,是則千秋之大玷。歷代儒者徒以其文之奇肆,不復考訂糾正,惟蘇子由(即蘇轍,字子由)譏其疏陋不學,蓋亦病其謬誤甚多也。余又疑《史記》中紀、傳、世家諸書中,固多未定之稿。今觀《孔子世家》《弟子列傳》,其文頗凌雜無次,如人未成之文稿也。明眼者,必以爲然。孔氏廣森(清中期經學家)《經學卮言》云:"世家文頗復錯亂,非稍加整比,條理棼(通"紊",紊亂)然。"與鄙見正同。

"子我夕。"同上。

杜注:"夕視事。"案,夕見曰夕,如"右尹子革夕"(《左傳》昭公十二年)之"夕"。

望視。同上。

杜注:"目望陽。"案《釋名》(訓詁書,東漢劉熙撰。體例仿《爾雅》,以同聲相諧,推論稱名辨物之意):"望佯:佯,陽也。言陽氣在上,舉頭高似若望之然也。"《莊子》:"望洋向若而歎。"皆與杜注所云"望陽"一語,蓋陽陽然上望之貌。

《傳》言仲尼之徒,皆忠於魯國。哀十五(前480年)。

成(魯國孟孫氏封邑)叛于齊,仲由(即孔子弟子子路)說陳瓘

(guàn。陳恆之兄)以善魯,子贛(又作"子貢",孔子弟子)爲子服景伯(即子服何,魯大夫)介(副使)如齊,以義利說公孫成(即成宰公孫宿)。又對陳恆"寡君願事君如衛君"之言,齊人竟歸成。杜注發其義云:"《傳》言仲尼之徒,皆忠於魯國",斯可謂大儒之言,發明史例,有功聖門者也。今考《左氏》自定十年夾谷(齊地,在今山東萊蕪市夾谷峪)之會以後,於孔子及諸弟子事特詳。於子路,則墮(同"隳"huī,毀)三都(指季孫之費、孟孫之成、叔孫之郈,合稱三都),辭小邾射(yì。小邾國的大夫,名射)之盟,終於結纓,死孔悝(衛大夫)之難。於有若,則泗上(魯邑,在今山東泗水縣)之役,與於微虎(魯大夫)之三百人。於冉求、樊遲,則郊之戰,一帥左師,一爲右;一用矛齊師,一率師逾溝。於高柴,則去衛之難,而蒙(地名,在今山東蒙陰縣東)之盟,對執牛耳之問,事多在魯國。而於子贛,則尤詳。邾隱公來朝,觀其容,而知其將亡。會吳於鄫(莒邑,在今山東棗莊市東),有"大國不以禮命諸侯"之對。艾陵(齊地,在今山東萊蕪市東)之戰,代叔孫稱"州仇(即叔孫氏,名州仇)奉甲從君"而拜。至陳恆納叛,折以數言,成邑復歸,不殊鄆yùn、讙huān、龜陰(三邑皆汶陽之地,分別在今山東鄆城縣東、山東肥城市南、山東新泰市西南。鞌之戰後,齊歸之於魯)之績。賢者繫國安危,三寸之舌,重於公車千乘。宜乎越人平陽(魯邑,在今山東鄒城市)之盟,邾田之求,康子(指季康子,魯正卿)言及子贛,曰:"若在此,吾不及此也。"哀二十七。

綜觀當日三十年中,中國衰敝,吳越迭興,方吳之強,欲爭中國,勢先陵魯,而後窺齊。二國皆政在強臣,各蘊異謀,莫憂公室。齊陳恆尤弑逆之賊,魯季孫又適構怨於邾。於是吳齊之兵交至,魯於此時,君闇臣離,勢若散沙,前後仇敵,萬無可爲。孔門諸賢,身非公臣,有職者,僅爲季氏宰耳。乃能勇者奮其武,智者騁其辯,戰陳則制勝出奇,壇坫(diàn。壇臺,談判場所)則片言九鼎,或哲或謀,允文允武。盛矣哉,而要(yāo,求取)其謀勇,一軌於正。《左氏》於冉有用矛於齊師,特稱"孔子曰:'義也'";而於邾隱來朝,子貢言其與定公皆將死亡;定公薨,稱"仲尼曰:'賜(即端木賜,字子貢)不幸而言中,是使賜多言者也'";及陳恆弑君,"孔子三日齊(同"齋",齋戒),而請伐齊三":皆史筆分明之處,見聖賢之行事,威乎雷霆,而昭乎日月也。始終以邾事點明子貢,尤見緣索。

惟是聖人之才,與羣賢之力,既爲人忌,復爲人慕。於是齊東野語(齊國東鄙野人之語,比喻荒誕不經、不足採信之言論。語本《孟子‧萬章上》:"此非君子之言,齊東野人之語也。")之流,乃僞造子貢一出亂齊、破吳、興晉、霸越之事。詭異百出,其意不過欲夸張聖賢之奇才,而不知其適以污衊聖賢,迹(追蹤)其詭詐卑惡,直爲鬼蜮伎倆。此正如後世稗官戲曲,裝演孔明事耳。史遷無識,直取之以爲子貢傳。漢人袁康、趙曄之徒,又竊之以爲《越絕書》《吳越春秋》,誕妄可笑。馬湖(即馬湖府,清雍正年間廢,治所在今四川屏山縣)盧氏(指盧秉鈞,清光緒年間學者,編校有《增訂漢魏叢書》等)言《越絕書》稱引孔子作《春秋》,改文尚質,譏二名,興素王,賜亦發憤記吳越,以爲其人傳公羊學而託之子貢,極爲有據。然則《史記》固妄采公羊家言,而故與《左氏》立異耳。噫!文人好奇,喜用非常可駭之說,至於誣妄淫詖(bì,偏頗),流毒人心而不卹,司馬遷其作俑者已。《國語》吳越二篇無子貢名,《吳語》於伐齊事甚詳,無子貢至吳事,即鄫會徵百牢事亦不載,則吳人自諱之也。

"朝聘而終,以尸將事之禮。"哀十五(前480年)。

陳使公孫貞子於吳,貞子道卒。上介(高級副使)芋尹蓋(芋尹之官,名蓋)將以尸入,吳人辭之。芋尹蓋卒據聘禮,使臣道死,以尸棺造朝將事之制,(見《儀禮·聘禮》:"賓入竟而死,遂也。主人爲之具而殯,介攝其命。")力争,吳人納之。案春秋時,朝聘會盟,能據周典行事者,幾未之覯(gòu,看見),獨此事明據聘禮,良爲僅見。然古之禮,實有不近人情,而萬不可行於後世者,如次尸棺將事之禮,亦其一也。夫使重君命,君命生,豈命死乎?聘敬鄰國,尸柩入朝,此爲敬乎?若曰使受命,舍尸命無以將,則不有介乎?子貢爲介,應對諸侯,《左史》重之,豈生可以□①對,死必以尸朝乎?吉凶異禮,不可相干,何尸柩將事之爲乎?

凡古禮有不近人情、萬不可行者:祭設尸,以童男女象祖考妣也;天子九嬪、二十七世婦、八十一御妻,九女當一夕也;夫人有姪娣,以姪從姑,共一夫也;奄人爲内侍也;父在,爲母期也;妻有七出之條,無子、惡疾,亦當出也。凡此皆洪荒榛狉(zhēn pī,草木叢生,野獸横行,形容未開化。語本柳宗元《封建論》:"彼其初與萬物皆生,草木榛榛,鹿豕狉狉。")之俗,聖人未能遽革者耳。儒者不知擇别,飾爲之説,假末流以攻吾禮教之柄矣。又案,《孟子》言"孔子主(朱熹集注:"主謂舍於其家,以之爲主人也。")司城(司城本爲官名,後以爲氏)貞子,爲陳侯周(陳湣公,名周)臣",即此貞子,陳大夫也。説見周柄中(清中期經學家)《四書典故辨正》。

"微二子(指楚令尹子西、司馬子期)者,楚不國矣。棄德從

---

① □,原書字迹漫漶不清,據文意,疑作"不"字。

賊，其可保乎？"哀十六（前479年）。

子高（即沈諸梁，字子高。時爲楚葉地之長，故又稱葉公）一言，二子論定，即《春秋》順逆是非之義大明也。不然，白公（楚平王之孫，名勝）、石乞（白公黨羽）之徒，且以信而勇名。好奇者且張之，以爲異幟攻難之士奔走爲亂，不爲賊而反爲德。是近世外夷之説，所謂政變、政潮，專爲亂人作麪糵（niè，酵頭），讓殺虐於無窮也。《左氏》大書葉公之語，使德與賊之名不兩立，而又極寫石乞之倔強，不負其主，蓋其小信、小勇，又未嘗不可敬。曾文正（即曾國藩，謚文正）於洪、楊諸酋之有才略者，固亦深嗟惜之，而公之肫zhūn誠（誠摯）廣大、氣度服人，殆亦近於葉公子高也。

"生拘石乞。"同上。

只"生拘"二字，寫得石乞雄勇非常，比與衛之石乞，敵子路者，同姓名而皆勇士，亦一異也。彼以"敵子路"三字，寫出仲子（即子路）之勇，皆《左氏》文妙處。

沈諸梁兼二事。同上。

《書》《詩》皆有三事之名，三事，三公也。六朝尚仍此種。此以令尹、司馬爲二事，皆爲重之之辭。

觀丁父（楚帥）、**彭仲爽**（楚令尹）。哀十七（前478年）。

二人前此未見，而忽於①處由太師子穀口中見之，史筆補點之法，《左氏》往往有此。如聲子（即公孫歸生，蔡

---

① 據文意，"於"後疑脱"此"字。

大夫)與令尹子木語所言繞角(蔡地,在今河南魯山縣東南)、桑隧(蔡地,在今河南確山縣東)之役,前後違異,而雍子(本楚大夫,後奔晉)一人,其人其事,亦別無所考,是皆史家錯落補見之筆。一書之中,且有參錯如此,然則執《國語》以考《左傳》,見其不同,即斷二書非一人作,亦安見其必然乎?

"如魚窺尾,衡(橫)流而方羊。"同上。

窺,借作頳chēng,赤色也。窺,《說文》本訓"正視也,从穴正見",蓋即偵探之偵。此文爲借義。方羊,當從劉炫説爲句,"羊"與下"亡"爲韻。方羊,即彷徉、尚羊、旁皇,疊韻字,變化甚多,亦即前之望羊(見前"望視"條注)也。

"志曰:'聖人不煩卜筮。'"哀十八(前477年)。

《左氏》記卜筮,奇驗者甚多,而皆近誕,亦所謂不可盡信者也。乃於楚惠王之不卜,稱其知聖人不煩卜筮之義,是凡神奇之説,盡化烟雲,無復迹相,此《左氏》靈妙處。孔子平生勤勤於禮樂,而《魯論》(即《魯論語》)乃有"玉帛云乎哉,鐘鼓云乎哉"之言,其故宜思矣。

"叔青(魯大夫)如京師,敬王崩故也。"哀十九(前476年)。

敬王崩,《左傳》未明著何年,《世本》、《史記》、杜預《世族譜》各有不同。又元王、定王世次亦不明。陸德明云衆説未詳其正,是唐初已無可考。孔疏云:"《史記》世代年月,事多舛錯,故班固以爲多牴牾,謂此類也。"又云："《世本》《史記》參差不同。良以書籍久遠，事多紕繆，故杜違《史①記》，亦何怪焉？劉炫據《史記》規杜，未知劉意能定與否。"案，孔氏此言，明通公溥（明白通曉，公允普遍），凡讀史籍牴牾甚者，惟有闕疑。必據某家駁某家，皆謬見耳。非獨史書然也，凡古書皆當守闕疑之例。郝懿行《爾雅義疏》揭其旨云："古書茫昧，千載無聲，編簡叢殘，遺文散落，夫孰從而辨之？"

顔涿聚。哀二十七（前468年）。

涿聚，名庚。二十三年，晉荀瑤伐齊，見禽（同"擒"）。《呂覽》言其少爲梁父（山名，在今山東新泰市）大盜，而卒受業於孔子，得爲名士。亦見《莊子》，此齊人也。與衛顔濁鄒，爲子路妻兄，主（使……寓居）孔子，而《孟子》作"顔讎由"者，爲兩人。《史記正義》誤以爲濁鄒即涿聚。其誤由顔師古注《漢書·人表》顔燭雛，以爲即涿聚，實則《人表》作燭雛，班氏亦未言即濁鄒。

要之，姓名偶相同者，史策極多説者往往誤合爲一人。子西、子我，前已言之。尚有明着者，如石乞，同時有兩人，鄭有行人子羽，衛亦有行人子羽。見哀十二。他如孟公綽，見《論語》及《仲尼弟子傳》，而齊又有公孟綽。見哀九。此類甚多，皆非一人，如近世于成龍，同時有兩人也。

"**違穀**（穀爲齊地，在今山東平陰縣東阿鎮）**七里**。"同上。

杜云："違，去也。"案，與前"去檇②李七里"文法同。

---

① 史，原書誤作"左"字，據阮刻本《春秋左傳正義》改。
② 檇，原書脱，據阮刻本《春秋左傳正義》補。

朱子引此文以解"忠恕違道不遠"（《禮記·中庸》）"違"字，此古人訓詁之法。

"成子（陳成子，齊正卿）**衣製、杖戈。"**同上。

杜云："製，雨衣。"此因上文"雨，不涉"，故云雨衣。前東郭書（齊大夫）"晳幘（zé。白色頭巾）而衣狸製"，定九。則云"製，裘也"。《欽定》（指《欽定左傳讀本》）注："狸製亦雨衣，色斑如狸。"

春秋之末，中國禮義不如吳、楚。

春秋之末，中國衰亂極矣。君弱臣強，晉、齊尤甚，其國皆奄奄一息，略無生氣。魯自昭公見逐，仲尼墮三都之策不成，迄於哀公，君妄而臣侈，卒至孫（通"遜"，出奔）越而死。衛則靈公無道，致其子若孫，父子爭國，擾攘二十餘年，倫常掃地，華夏貽羞，至此而極。中國也，而夷狄之不如矣！吳以泰伯之裔，天生季札大賢，爲東南冠冕，而楚以滅國之禍，艱難復興，全由人力，賢人衆多，道德純潔。觀子西、子期、子閭之交讓王位，子閭至五讓而後僞許昭王，卒仍立惠王。嗚呼！是吳僅一季子，而楚有三季子也，焉得不興？夫自古立國，未有爭而不亡、讓而不興者。又觀衛出公之亡，拳彌（衛大夫）"請適城鉏宋邑，在衛南而近越。以鉤（鉤連，聯繫）越，越有君"（《左傳》哀公二十五年），然則是時中國皆無君，惟越則有君，尚能爲國。夫子曰："夷狄之有君，不如諸夏之無也。"（《論語·八佾》）不啻流涕道之矣。《春秋》夷夏之義，當以此而分,焉得以山川、疆域、風土之別,而靦 tiǎn 然(厚顏貌)自居於華夏,而斥人曰夷也哉?

"悼之四年(前464年)**。"**

杜注:"哀公出孫,魯人立悼公。"孔疏云:"《魯世家》(即《史記·魯周公世家》)言魯人迎哀公復歸,卒於公孫有山氏(魯大夫)。案,《傳》稱國人施罪於有山氏,不得復歸卒於其家也。馬遷妄爾。"此孔疏據杜注以難馬,亦《史記》不當盡信之證。

餘論二條:
工黨。

衛莊公使匠久,石圃(衛卿)遂因匠氏作亂,至闔(閉)門而請,卒被弑。出公又使三匠久,褚師比(衛大夫)等亦因三匠作亂,執斤(斧)入公宮。是爾時工黨已甚可畏,其作亂之由,則爲使之過久,是亦如近人工潮,所爭不外加工價、減時間也。哀十七至二十五。靈公時欲叛晉,王孫賈(衛大夫)曰:"苟衛國有難,工商未嘗不爲患。"乃朝國人,使賈問於眾而決叛晉之策,定八。是靈公以能用工商而定國計,莊出以虐工而釀禍亂,一昏一明,禍福遂異。工商奚異焉?子(孔子)言王孫賈治軍旅,衛靈無道而不喪(見《論語·憲問》),豈無故哉?觀衛文之興,曰"通商惠工,敬教勸學",孔子告魯哀以九經(儒家治國平天下的九項準則,詳見《禮記·中庸》),"子(愛)庶民,來百工",列於"敬大臣,體(接納)羣臣"之後、"柔遠人"之前,《論》《孟》羣經,皆肫肫(zhūn zhūn,形容細緻詳盡)於關市商旅、百工技藝,且有工執藝事以諫之。法先王，安國本，育民生，達衆情之政，至纖至悉，又何至如蒯聵父子（即衛莊公、出公）之昏悖致亂哉？

女學。

近世興女學數十年，從前錮蔽之風盡革，然馴至（逐漸達到）婚姻自由，男女共學，爭選舉，爭參政，泯泯棼棼（mǐn mǐn fén fén，紛亂貌。典出《書·呂刑》："民興胥漸，泯泯棼棼。"），勢不可遏，此開闢以來，未有之奇也。尤異者，女子竟目男子爲敵人，至可駭歎。試思天然相愛者，惟男女耳；天然分工相助者，亦惟男女耳。古之聖人，皆因其天然相愛相助，不可違反之實，而爲之禮制，因男女而定爲夫婦，各順其生理，各如其體力，要皆歸於相愛相助，豈有相視爲仇敵之理乎？昔者錮閉時代，女子不學，然但聞人之夫妻相愛，父母子女相親，有相仇怨者，鄰里鄉黨必笑之。今也開通時代，女子皆學，而女界公然視男子如仇，呼號奮鬥，直詈曰敵人，乖戾忿怨之氣，充塞天地，不祥莫大。無怪守舊之人，以女學爲大忌也。吾今請兩解其蔽：夫今日婦女之所爭者，曰女子不得僅爲良妻賢母，必以能知國事爲榮耳；反其說者，則曰女子必不得與聞外事耳。此皆各執一偏之說也。

今且以《左傳》所載良妻賢母、淑女節婦，學識兼優、關繫國事者，略舉數人，平心察之，兩說之爭，可以立解其事，表之如下：

衛莊姜。

莊姜之事，詳於《左傳》《毛詩》，貌美德淑，而所遇者暴戾之莊公。莊姜能温惠淑慎，終無失禮。莊公没，州吁弒桓公,莊姜乃能與戴嬀(guī。衛莊公之妾,衛桓公之母)密謀定計,內倚老臣石碏(què。衛大夫),外結戴嬀母家陳國,卒誅州吁,定衛國。隱三至四。又見《列女傳》《詩·邶、衛風》諸篇。

楚武王夫人鄧曼。

楚武王伐隨(國名,故城在今湖北隨州市南),將行,心蕩。鄧曼曰:"王禄盡矣。盈而蕩,天之道也。若師徒無虧,王薨於行,國之福也。"王遂行,道卒。令尹莫敖祕喪,營軍(爲軍隊修築營壘)臨隨,定盟而還。莊四。

紀叔姬。

叔姬,紀侯夫人之娣也。紀國以魯莊四年,爲齊襄所滅,而紀侯命其弟季,以酅(xī,紀邑,在今山東淄博市東)入于齊,以存宗祀。紀侯卒,叔姬入于酅,在齊桓公時,守節奉祀,至莊二十九年卒,《春秋》備書其事,以著其大義。見齊襄能雖以淫暴滅人之國,而紀之宗祀,一寡婦能守義不屈以存之,然則人果有志,弱女子亦能抗強權、延國命也。莊十二,又二十九。

許穆夫人。

狄滅衛,許穆夫人賦《載馳》(《詩·鄘風》篇名),其詩曰:"載馳載驅,歸唁衛侯。"是女子有憂母家患難之誼。其後齊桓救衛,衛文復興。閔二。

齊桓公女姜氏。

晉公子重耳亡,至齊,齊桓公妻以女,公子安之。從者狐偃、趙衰 cuī 等以爲不可,將行,謀於桑下。蠶妾(育蠶女奴)在其上,以告姜氏。姜氏殺之,而告公子。公子曰:"無之。"姜曰:"行也!懷與安(林堯叟注:"懷人之寵與安己之居。")實敗名。"公子不可。姜與子犯(即狐偃,字子犯)謀,醉而遣之。醒,以戈逐子犯。《左氏》寫此事神妙,方新婚燕爾時,姜之英略誠過於鬚眉丈夫也。即謂晉文之霸,由其成就,亦可。僖二十三。

曹僖負羈妻。

晉公子至曹,曹共公聞其駢脅,欲觀其裸。浴,薄(簾。此作動詞用,即設簾)而觀之。僖負羈之妻曰:"吾觀晉公子之從者,皆足以相國。若以相,夫子必反其國;反其國,必得志於諸侯;得志於諸侯,而誅無禮,曹其首也。"當時曹國君臣知人之鑒,不如一婦人如此。同上。

晉郤缺妻。

晉胥臣(晉大夫)使(出使),過冀(冀爲郤缺的食邑,在今山西河津市東北),見郤缺耨(nòu,鋤草),其妻饁(yè,往田間送飯)之,敬,相待如賓。與之歸,言於文公曰:"敬,德之聚也。能敬必有德。德以治民,君請用之!"文公以缺爲下軍大夫,後敗狄于箕(晉邑,當在今山西蒲縣東北),獲白狄子(白狄首領)。缺與其妻愛之中有敬,故德器凝重,能爲良將。僖三十三。

齊辟司徒之妻。辟司徒,主壘壁者。辟,同"壁"。

鞌(ān,齊地,在今山東濟南市)之戰,齊師敗,齊侯自徐關(齊地,在今山東淄博市)入,辟女子,辟,使避君也。《孟子》:"行辟人可也。"女子曰:"君免乎?"曰:"免矣。""銳司徒免乎?"銳司徒,主銳兵者。曰:"免矣。"曰:"苟君與吾父免矣,可若何?"言餘人不可復如何,是亂急倉皇口吻。乃奔。齊侯以爲有禮,既而問之,辟司徒之妻也。與之石窌。音留,邑名,在長清縣(今山東濟南長清區)。夫兵敗國危之頃,其夫與父與君,皆在軍中。以情而論,最親愛者,父與夫也。乃先問君,次問父,而其夫,則不一問。是先公而後私,重國而輕家,能以公義制私情者,莫如此女子矣,故曰有禮。然其兩問之中,自含着有其夫在,無限關心,卻不出一字,至情至文,又令人叫絕。昔人謂老杜詩云"遙憐小兒女,未解憶長安"(杜甫五律《月夜》),言外自有一解憶者在,其寫情妙筆恐係從此脫化出來。然則古人之善於用情、妙於寫情如何?《毛評小序》(即《毛詩小序》。按,歷代學者對於《毛詩序》,常有大、小序之分。後引文所出,世人多稱《詩大序》然亦有稱《詩小序》者。姚際恆《古今偽書考》云:"《鄭譜》所謂大序,今所謂小序也;所謂小序,今所謂大序也。"陸德明《經典釋文》則認爲,《詩序》強分大小,頗有不妥:"今謂此序止是《關雎》之序,總論《詩》之綱領,無大小之異。")云:"發乎情,止乎禮義。發乎情,民之性也;止乎禮義,先王之澤也。"願今之言愛情者掩卷思之。成二①。

衛定姜。

定姜者,衛定公夫人也。定公惡孫林父,林父奔晉,晉侯爲之請,使郤犨送孫林父,見之定公。欲辭,定姜曰:"不可。是先君宗卿之嗣也(林堯叟注:"林父,孫良夫之子,是衛同姓之卿之嗣子也。"),大國又以爲請,不許,將亡。君其忍之!"定公從之。定公卒,子獻公立。時楚伐宋,衛侯救宋。鄭人侵衛,孫林父卜,追鄭師,獻兆(占卜時燒灼甲骨所呈現的預示吉凶的裂紋,稱爲兆)於定姜。其繇(zhòu,占卜之辭)曰:"兆如山陵,有夫出征,而喪其雄。"姜曰:"征者喪雄,禦寇之利也。"遂追之,獲鄭皇耳(鄭大夫,皇氏,名耳)。定姜明智,能斷大事,於夫則爲決容世臣,安國家之計,於子則代定解羣疑,禦外寇之策,而其妙解卜辭,靈機敏識,尤非常人所能及也。成十四、襄十。

---

① 二,原書誤作"三"字,據《左傳》原文改。

齊杞殖、華旋（一本作"還"xuán）之妻。

齊侯襲莒，杞殖、華還爲將。莒子使重賂之，請與盟。華周（即華還，字周）對曰："貪貨棄命，亦君所惡也。"莒子親鼓之，獲杞梁（即杞殖，字梁）。齊侯歸，遇杞梁之妻於郊，使弔之。辭曰："殖之有罪，何辱命焉？若免於罪，猶有先人之敝廬在，下妾不得與郊弔。"齊侯弔諸其室。《左傳》載杞梁妻之言，懍然嚴正如此，誠不愧壯士之妻也。而《孟子》載淳于髡（齊之辯士）言"華周、杞梁之妻善哭其夫而變國俗"，其事並見《檀弓》《列女傳》《說苑》，皆言二人並戰死，其妻向城悲哭，城爲之崩。古樂府有《崩城操》。合《左傳》觀之，於國則慷慨效死而無悔，於私則悲慟專精而極哀，誠可謂仁之至、義之盡者已。襄二十三。

莒紀鄣婦人。

莒有婦人，莒子殺其夫，已爲嫠婦（寡婦）。及老，託（寄居）于紀鄣。莒邑，在今贛榆縣（今江蘇連雲港市贛榆區）。紡麻爲繩，度與城等而藏之。其後齊人伐莒，莒子奔紀鄣。齊師至，婦人投繩城外，齊師縋而登，遂入紀鄣。莒子出奔。此婦能報夫仇，其智可畏。有類伍子胥之事，其夫之死，殆非其罪。不然，有罪受誅，國法無可仇。《公羊傳》已明其義矣。昭十九。

古語言嫠憂宗周（周王朝。因周爲所封諸侯之宗主國，故稱）之隕。

敬王時，王子朝之亂，晉國謀王室未決，鄭子太叔見范獻子曰："人有言曰：'嫠不恤其緯，緯，織橫絲也。織者常苦緯少，是寡婦所宜憂。而憂宗周之隕，爲將及焉。'國亡則禍及己身。今王室蠢蠢焉，吾小國懼矣。然大國之憂也，王室之不寧，晉之恥也。"獻子懼而與韓宣子圖之，乃徵會於諸侯。(此事見《左傳》昭公二十四年)觀子太叔所引是古之諺語，明古無男女之界分，皆當知有國家，且女亦無分老少、貴賤、貧富，皆當知國之不可亡也。孰謂古之人不知國家乎？又孰謂古之人不許女子問國事乎？所悲者，今人之智識不逮古人，古之嫠婦尚知身命所託之不可亡，而今之人則日日欲顛覆其國，以爲快耳。

　　右所舉凡十二條，皆就《左傳》中隱括大略。《左傳》中賢女不止此十數人，茲特就古女子之才德兼全有功國家者標出之耳。由此旁考古書傳記以及歷代史傳，吾國婦女之傑出鬚眉者不可勝道。彼歐美女子之囂張驕侈者，究不如吾先賢德義之純、風格之高者也。此即諸賢中，有貴族，有平民。至於嫠憂宗周之言，則更泛廣，普通其人，尤不可以姓名舉，殆如近人所謂無名之英雄也。然則人之地位，儘有貴賤、貧富、高下之階級。至於道德品格，絕無階級。既本無階級，又何必爭？人之生活，宜有夫婦男女天然之互助。至於見義當仁，有何男女之分？本來不分，又何必相名爲敵也哉？

　　更有一義，中明於後者，凡古之賢女，無不深於學問。女師姆傳，古有明訓，不待言矣。而學之事，亦不必異於男子。晉悼公子憖yìn亡在衛，使其女僕(僕指駕車)而田(田獵)。太叔懿子(衛大夫)止(挽留)而飲之酒，遂聘之(指聘之爲妻)，生悼子。太叔疾也，事見哀十一年。夫女可爲御車之僕，而田獵禽獸，此豈非女子亦兼學射御之明證乎？何休《公羊》注言："古男女有所怨恨，相從而歌，饑者歌其食，勞者歌其事。男年六十、女年五十無子者，官衣食之，使之民間求詩,由邑、國以聞於天子,故王者不出牖(yǒu,窗)户,盡知天下所苦。"宣十五"初稅畝"《傳》。然則古之女子,豈不從事於社會教育乎?此皆三代舊制,著於經傳,蓋古人男女並重如此。

女子之有學如此,而要其本,必在男女之有別。《樂記》(《禮記》篇名)曰:"婚姻冠笄(jī。鄭注:"男二十而冠,女許嫁而笄,成人之禮。"),所以別男女也。"又曰:"化不時(化育萬物不適時)則不生,男女無辨則亂升。"夫升者,氣之飛騰蒸鬱而不可止也。男女無辨,其亂至於陰陽之氣飛騰蒸鬱而不可止,則人道將反於何地乎?噫!吾不欲言之矣。

又今之破壞婚禮者,引誘愛戀,昌言自由,而指斥父母之命、媒妁之言,幾成罪案。噫!此不思之甚者也。夫婚禮起於儷皮(成對的鹿皮,古代用爲定婚的禮物),明由野合而進於文明。惟聖人重視男女人格,防其苟且自合,必至輕相離棄,故求媒妁以證之,尊父母以主之,一面所以信其約,一面所以防其變也。今人家聘一師,店主請一友,無不有居間之人爲之媒介。斷不能未成賓主之前,私密自定。蓋一則恥於自言,一則懼其變詐也。故自媒自衒(義同"炫"),古人以爲醜行。朋友之交,尚必由介紹而成,況男女之一合不可離者,而可曰自由乎?

雖然,古之爲父兄者,於子女婚姻,身主其事,而亦必徵諸子之志願,非如後世之不問子女願否,悍然以尊命壓之也。《禮》曰:"男女非有行媒,不相知名。非受幣,不交不親。"(《禮記·曲禮上》)明古父兄男女定婚之時,必使之互相聞知。覘(chān,觀察)其意向,然後爲之納徵(即納幣。古代婚禮六禮之一)、請期(納徵後請女家同意婚期,古代婚禮六禮之一)。其中父母、子女之間，儘有商榷審諦之地。或遇疑難莫定之際，有竟徇女子，自請而成其婚媾者。夫子母顏氏徵在，許叔梁訖之求婚，見於《家語》。孫堅吳夫人，少失父母，與弟居，有才貌。堅求婚吳氏，親戚以堅輕狡不許，夫人自請許之。適堅，生四男一女，男即策、權兄弟，女即適劉備孫夫人。此爲聖人英雄之母，其行事光昭史册。今更證以《左傳》，鄭徐吾犯之妹美，公孫楚既聘之矣，公孫黑又強委禽（下聘禮。古代婚禮，納采用雁，故稱委禽）。犯懼，告子產，子產請使女擇焉。女曰歸子南，楚字。遂適子南氏。昭元。吳之入郢，楚昭王與其妹季芈畀我（人名。季是排行，姓芈，名畀我）出入雲中（杜注：「入雲夢澤中，所謂江南之夢。」），遇盜。王奔鄖（地名，在今湖北京山縣、安陸市一帶），鍾建（楚大夫）負季芈以從。既復國，王將嫁，季芈辭曰：「所以爲女子，遠丈夫也。鍾建負我矣。」以妻鍾建，爲樂尹。定四至五年。是二事亦甚昭著。

總之，古所謂父母之命、媒妁之言者，所以重婚姻之事。信其約，防其變，而其間審決可否，從違仍必本諸子女之志願。斷非如後世頑愚之家，一味偏執強壓，致成種種不良之婚姻者也。

吾國今日欲改良婚姻制度，端在明禮學者發揮古義，熟史事者廣求實證，一方破愚頑之末俗，一方救狂蕩之異說；庶乎人趨正軌，不至縱橫流之慾，鈎引青年之男女，相率入於陷穽（同「阱」）而不自知。不然，二十年後，不獨禮教無可言，即氏族亦將自亂。茫茫禹域，將無處非墮溷淪落之棄婦。青春一去，逝水不囘（同「回」），華落色衰，嗟何及矣！蓋自來倡爲非禮之說者，皆男子之罪惡，而女子則被害之人也。悲夫！

附録　經説

古祭祀用尸記。

古者祭必有尸，漢已後不復立，而禮家論者不一，秦氏蕙田(清初經學家)《五禮通考》備列其説矣。謹案：疑尸之端發於曾子，而明言其爲上古樸陋之禮者爲杜佑(唐代政治家、史學家，著有《通典》)，又從而證實之者爲朱子。船山王氏(即明末清初思想家王夫之，人稱船山先生)更極論其求之情理，不得其安。事經大儒論定，今又不復行，原不必再議。惟是禮經巨典，儒者不敢非難。或者尚欲復行，如程子是。則亦不得不略爲辨之。

曾子問曰："祭必有尸乎？若厭祭(祭祀時不用尸，以食物直接供奉祖先，使之飽食，謂之厭祭。厭祭有陰厭和陽厭之別，陰厭祭於幽陰之西南隅，陽厭祭於向陽之西北隅)，亦可乎？"(《禮記·曾子問》)曾子之意，以尸爲無益，欲直如厭祭設饌食，以厭飫(yù。厭、飫同義，使……飽食)鬼神，是曾子已欲廢尸矣，特其言渾耳。

至《朱子語録》引杜佑説："古人用尸者，是上古樸陋之禮，至聖人時尚未改。至今世風氣日開，樸陋之禮已去，不可復用，去之方爲禮。而迂儒必欲復尸，可謂愚矣。"《通考》引杜氏議甚詳。朱子又備述當時蠻夷猺(yáo,南方少數民族名稱,今改作瑶)洞中,祭祀鬼神,必請鄉之魁梧姿美者爲尸,連日醉飽。邵武(今福建邵武市)村中,有所謂中王之神,皆以人輪爲之,而村人相率祭祀祈禱。此等皆古之遺聞,是朱子①已信杜佑②之説,惟又以爲古人用尸,自有深意。因言"今世鬼神附著生人説話者甚多,師巫(即巫師)亦有降神者"(《朱子語録·禮》),是則近於模稜,且聞巫風怪誕之事矣。

　　惟王船山氏之言曰:"古人陰厭陽厭,於彼於此,亦不敢信祖考之神必棲於尸。且祖考之尸,子用諸孫,祖妣之尸,必取諸孫女之列。一堂之上,敬事祖考;乃使女子與昆弟同几筵,而取象於夫婦。人道之别,不亦紊乎?案,古言吉禮止一尸,無女尸。船山謂禮文殘闕,必非一人而爲二鬼之尸,而以《詩》之有齊季女爲女尸(見《詩·召南·采蘋》:"于以奠之?宗室牖下。誰其尸之?有齊季女。")。説詳《毛詩稗疏》(王夫之撰)。無已,乃使爲祖尸者之婦爲之,則疑于同牢之禮,亦嫘(xiè,輕慢)甚矣;更無已,而妣無尸,以祖之尸攝之,則男子而婦人之,又已不倫。念及此,則不立尸爲猶愈也。禮有不必執古以非今者,此其一邪!"(王夫之《思問録·外篇》)船山之論,至爲允諦。其言必有二尸,亦勝于鄭康成精氣合之説之牽強。

　　凡諸儒之重尸,以其爲孝子極致之思耳,然社稷山川大小神祀皆有尸,其不專起於孝思可知也。曾子傳《孝經》而曰"祭必有尸乎",言可無尸也,曾子將不致其孝乎?

---

① 子,原書誤作"尸"字,據文意改。
② 佑,原書誤作"祐"字,據前文改。

又禮貴正名別嫌，以依神之名與在牀初死之名同，亦非名也。儒者於古制必爲曲護，不顧是非，不求事實，安得起曾子、杜佑、朱文公、王船山諸賢，聚於一堂，而一一正之？孟子有言曰："盡信《書》，則不如無《書》。"（《孟子·盡心下》）敢援斯義，以明古禮，所以不可復行之故。若擬之問孔刺孟，則將掩耳而走。

《春秋》譏二名辨。

定六年，季孫斯、仲孫忌（二者皆魯卿）帥師圍鄆（yùn，今山東鄆城縣東）。《公羊》云："此仲孫何忌也，曷爲謂之仲孫忌？譏二名非禮也。"何休云："爲其難諱。"劉原父（即劉敞，字原父。北宋經學家、史學家，著有《春秋權衡》《劉氏春秋傳》《春秋傳説例》《公是集》等）駁之云："古者君之名，臣不諱；子之名，父不諱。至於周臣諱君名，子諱父名，然猶諱其死，不諱其生，諱其同，不諱其嫌，二名則不偏諱也。仲尼之母名徵在，言徵不稱在，言在不稱徵。夫仲尼自不偏諱二名，反譏人之二名，豈理也哉？"（劉敞《春秋權衡》卷十三）案自是年，迄獲麟之歲，仲孫何忌卒，凡何忌之名，見於經者十餘，而止此一名稱"忌"，餘皆"何忌"也。若以難諱譏二名，則當於其卒譏。即曰卒在獲麟之後，亦當於其始見譏。今此文前有"仲孫何忌如晉"，胡爲不譏？此理之至不通者。如此説經，直以聖人之經爲射覆謎語，可笑之甚！鍾元常（即鍾繇，字元常，三國魏政治家、書法家）謂公羊爲賣餅家（典出《三國志·魏書·裴潛傳》裴松之注引《魏略》），殆此類矣。杜氏云："'何忌'不言'何'，闕文。"直截了當。《穀梁》無傳，固亦以爲闕文矣。

書顧棟高(清初經學家)**《春秋不書河徙論》後。**

周定王五年，河徙，當魯宣之七年，爲千古河流變遷之始。《春秋》不書，顧氏以爲魯史因赴告列國，不赴則不書。其時河徙當衛境，無甚患害，故不赴告。是說也，想像之空言也。

以史考之，自定王五年，河徙故道，至靈王二十二年，穀、洛鬭毀王宮室(見《國語·周語下》："靈王二十二年，穀、洛鬭，將毀王宮。"韋昭注："穀、洛，二水名也。洛在王城之南，穀在王城之北，東入於瀍。鬭者，兩水格，有似於鬭也。")。其後河患愈甚。至景王四年，昭元。虢之會，王使劉定公(周卿士)勞趙孟(指趙武)，館於雒汭(洛水入河處，在今河南鞏義市西)。劉子欲以治河事委晉，與趙孟言曰："美哉禹功！明德遠矣。微禹，吾其魚乎！吾與子弁冕(弁、冕皆爲古代男子所服之冠。吉禮之服用冕，常禮之服用弁)而臨諸侯，禹之力也。子盍亦遠績(繼)禹功？"而趙孟竟以偷食(苟且度日)，朝不謀夕謝之。又考，穀、洛鬭之明年襄二十四。秋①，大水。冬，齊人城郟 jiá。郟，王城也。晉不能爲王城之，而齊人爲義舉。子太叔云晉不恤宗周之闕(事見《左傳》襄二十九年)，是當時河患已可概見。

《春秋》之不書者，史文有缺。《左氏》所記，正可補經之遺。必曰不告不書，則書大水者數矣。豈河徙之事，反輕於大水，而不告哉？《班志》(指班固《漢書·溝洫志》)引王橫(王莽時之大司空掾)言："《周譜》(書名，已佚。清人沈欽韓認爲即《漢書·藝文志》所載《帝王諸侯世譜》《古來帝王年譜》之類)云：'定王五

---

① 秋，原書誤作"夏"字，據阮刻本《春秋左傳正義》改。

年,河徙。'"是周史固書之,漢人猶及見之,此正可證魯史不書爲缺文。而《班志》之密於《史記》,此類是也。此説本之《援鶉堂筆記》(清代桐城派學者姚范所撰,張舜徽稱其"在清人筆記中爲最精")而引申之。①

---

① 原書末及目錄有"三汀徵實紀要"條目和文章刊載説明,鑒於該文與《左傳》學無甚關係,故此次校注予以略去。

主要參考文獻

春秋經傳集解，（晉）杜預撰，日本宮內廳書陵部藏金澤文庫本，宮內廳書陵部網站影像版。

音注全文春秋括例始末左傳句讀直解，（宋）林堯叟撰，北京圖書館出版社二〇〇六年《中華再造善本》。

春秋權衡，（宋）劉敞撰，江蘇廣陵古籍刻印社一九九六年《通志堂經解》影印本。

春秋諸傳會通，（元）李廉撰，北京圖書館出版社二〇〇六年《中華再造善本》。

欽定春秋傳說彙纂，（清）王掞、張廷玉撰，臺灣《四庫全書》影印本。

欽定春秋左傳讀本，（清）英和等撰，國家圖書館藏同治九年武英殿重刊本。

春秋左傳釋人，（清）范照藜撰，上海古籍出版社《續修四庫全書》影印本。

左氏會箋，（日）竹添光鴻注，巴蜀書社二〇〇八年版。

左傳集評，李衛軍編著，北京大學出版社二〇一二年版。

春秋左傳注，楊伯峻編著，中華書局一九九〇年版。

春秋左傳新注，趙生群注，陝西人民出版社二〇〇八年版。

春秋地名考,顧頡剛編著,王晌華整理,北京圖書館出版社二〇〇六年版。

爾雅義疏,(清)郝懿行撰,上海古籍出版社一九八三年版。

十三經注疏,(清)阮元校刻,中華書局一九八〇年影印本。

敦煌經部文獻合集,張涌泉主編、審訂,中華書局二〇〇八年版。

景刊唐開成石經,中華書局一九九七年影印本。

續修四庫全書總目提要・經部,中國科學院圖書館整理,中華書局一九九三年版。

說文解字注,(漢)許慎撰,(清)段玉裁注,上海古籍出版社一九八一年版。

說文通訓定聲,(清)朱駿聲撰,中華書局一九八四年版。

史記,(漢)司馬遷撰,(宋)裴駰集解,(唐)司馬貞索隱,(唐)張守節正義,中華書局二〇一四年版。

漢書,(漢)班固撰,(唐)顏師古注,中華書局一九六二年版。

南史,(唐)李延壽撰,中華書局一九七五年版。

國語集解,徐元誥撰,中華書局二〇〇二年版。

莊子集釋,(清)郭慶藩撰,中華書局一九六一年《新編諸子集成》本。

朱子語錄,(宋)黎靖德編,中華書局一九八六年版。

困學紀聞,(宋)王應麟撰,(清)翁元圻等注,上海古籍出版社二〇〇八年全校本。

經義述聞,(清)王引之撰,上海書店出版社二〇一二年《中國經學史基本叢書》本。

林畏廬先生年譜,朱羲胄編,上海書店一九九一年《民國叢書》影印本。

桐城文學淵源撰述考,劉聲木撰,黄山書社一九八九年版。

圖書在版編目(CIP)數據

《左傳》讀法兩種/林紓選評；陳朝爵著；潘林編注.
--上海：華東師範大學出版社,2018
(經典與解釋・古學縱橫)
ISBN 978-7-5675-8295-8

Ⅰ.①左… Ⅱ.①林… ②陳… ③潘… Ⅲ.①中國歷史-
春秋時代-編年體 ②《左傳》-研究 Ⅳ.①K225.04

中國版本圖書館 CIP 數據核字(2018)第 205433 號

華東師範大學出版社六點分社
企劃人　倪為國

本書著作權、版式和裝幀設計受世界版權公約和中華人民共和國著作權法保護

古學縱橫

《左傳》讀法兩種

選 評 者　林　紓
著　　者　陳朝爵
編 注 者　潘　林
審 讀 編 輯　饒　品
責 任 編 輯　彭文曼
封 面 設 計　吳元瑛

出 版 發 行　華東師範大學出版社
社　　址　上海市中山北路 3663 號　　郵編　200062
網　　址　www.ecnupress.com.cn
電　　話　021-60821666　　行政傳真 021-62572105
客 服 電 話　021-62865537　　門市(郵購)電話 021-62869887
地　　址　上海市中山北路 3663 號華東師範大學校內先鋒路口
網　　店　http://hdsdcbs.tmall.com

印 刷 者　上海盛隆印務有限公司
開　　本　890×1240　1/32
插　　頁　2
印　　張　9.25
字　　數　187 千字
版　　次　2018 年 11 月第 1 版
印　　次　2018 年 11 月第 1 次
書　　號　ISBN 978-7-5675-8295-8/B.1156
定　　價　58.00 元

出 版 人　王　焰

(如發現本版圖書有印訂品質問題，請寄回本社客服中心調換或電話 021-62865537 聯繫)